普通高等教育“十二五”规划教材

建筑工程经济学

（第二版）

主　编　左　建　靳铁群　梁素韬　等

中国水利水电出版社
www.waterpub.com.cn

内 容 提 要

本书运用建筑工程经济分析的原理和方法，根据建筑产品及其生产特点，研究和阐述了社会主义市场经济条件下建筑工程经济运动和发展的客观规律。内容包括：建筑业，建筑工程经济学的基本原理，建筑产品的商品属性和建筑市场，建筑产品的社会生产组织形式，工程项目的可行性研究，建筑产品的价格、成本和利润的分析，建筑工程定额和预算的制定，技术经济分析的方法，建筑业的管理，建筑业的计划，建筑业的财务管理和经济核算，建筑物估价方法，电子计算机的应用，建筑产品的生产与环境保护，建筑业的科学发展。

本书可作为土木工程专业、建筑工程管理专业、公路管理专业、农业建筑专业的本科、专科教材及研究生参考书，也可作为建筑学、房地产专业选修课教材，还可供建筑经济研究人员和建筑业各级管理人员使用参考。

图书在版编目（CIP）数据

建筑工程经济学 / 左建等主编. -- 2版. -- 北京 : 中国水利水电出版社, 2014.1
普通高等教育“十二五”规划教材
ISBN 978-7-5170-1669-4

Ⅰ. ①建… Ⅱ. ①左… Ⅲ. ①建筑经济学－高等学校－教材 Ⅳ. ①F407.9

中国版本图书馆CIP数据核字(2014)第008722号

书　　名	普通高等教育“十二五”规划教材 **建筑工程经济学（第二版）**
作　　者	主编　左建　靳铁群　梁素韬　等
出版发行	中国水利水电出版社 （北京市海淀区玉渊潭南路1号D座　100038） 网址：www.waterpub.com.cn E-mail：sales@waterpub.com.cn 电话：(010) 68367658（发行部）
经　　售	北京科水图书销售中心（零售） 电话：(010) 88383994、63202643、68545874 全国各地新华书店和相关出版物销售网点
排　　版	中国水利水电出版社微机排版中心
印　　刷	北京瑞斯通印务发展有限公司
规　　格	184mm×260mm　16开本　15.25印张　362千字
版　　次	2003年11月第1版　2003年11月第1次印刷 2014年1月第2版　2014年1月第1次印刷
印　　数	0001—3000册
定　　价	**32.00**元

编 写 人 员 名 单

主　编　左　建（沈阳农业大学）
　　　　靳铁群（沈阳农业大学）
　　　　梁素韬（河北农业大学）
　　　　孔庆瑞（沈阳农业大学）
　　　　张春娟（西安理工大学）
　　　　邱卫国（上海交通大学）

副主编　左　青（沈阳职业技术学院）
　　　　王忠霞（沈阳农业大学）
　　　　王梓帆（沈阳农业大学）
　　　　宋　波（沈阳农业大学实验场）
　　　　张瑞琳（辽宁商贸职业技术学院）
　　　　张婉慧（沈阳大学）
　　　　左金阳（西北农林科技大学）
　　　　龙　巍（凌海大学）
　　　　张慰然（辽宁大学）

参　编　王文进（西安理工大学）
　　　　左　莎（沈阳石油化工厂）
　　　　左一妹（义县司法局）
　　　　李书仝（天津财经大学）
　　　　严家顺（云南农业大学）
　　　　张剑波（辽宁省农业技术学校）

主　审　戴蓬军（沈阳农业大学）

第二版前言

为了满足21世经人才培养的需要，为此，本教材在体制上，内容上也要作一些必要的修改和调整，更好地适应文化教育事业的大发展、大繁荣。

教育部1998年颁布的普通高等学校本科专业目录和专业介绍中，“建筑工程经济学”被列为土木工程专业的必修课程，本教材是按照上述专业培养目标而编写的。全书共十六章：建筑业，建筑工程经济学的基本原理，建筑产品的商品属性和建筑市场，建筑产品的社会生产组织形式，工程项目的可行性研究，建筑产品的价格、成本和利润的分析，建筑工程定额和预算的制定，技术经济分析方法，建筑业的管理，建筑业的计划，建筑业的财务管理和经济核算，建筑物估价方法，电子计算机的应用，建筑产品的生产与环境保护，建筑业的科学发展。

参加本教材编写的有：沈阳农业大学左建、孔庆瑞、靳轶群、戴蓬军，云南农业大学严家顺，西安理工大学王文进、张春娟，上海交通大学邱卫国，天津财经大学李书全，西北农林科技大学左金阳，河北农业大学梁素韬，辽宁省农业技术学校张剑波，沈阳大学张婉慧，沈阳石油化工厂左莎，辽宁商贸职业技术学院张瑞琳，沈阳职业技术学院左青，沈阳农业大学实验场宋波，义县司法局左一姝，凌海大学龙巍，辽宁大学张慰然。在审稿中提出了许多宝贵意见和建议；有关院校对本书给予了热情帮助和大力支持，使本书的质量有了很大提高。另外，中国水利水电出版社武丽丽、朱双林、魏素洁三位编辑也给予了大力支持。在此，我们对他们一并表示衷心的感谢。

由于编者水平有限，书中缺点错误难免存在，恳请广大读者批评指正。

编者

2013年10月

第一版前言

教育部1998年颁布的普通高等学校本科专业目录和专业介绍中，“建筑工程经济学”被列为土木工程专业的必修课程，本书是按照上述专业培养目标而编写的。全书共十五章：建筑业，建筑工程经济学的基本原理，建筑产品的商品属性和建筑市场，建筑产品的社会生产组织形式，工程项目的可行性研究，建筑产品的价格、成本和利润的分析，建筑工程定额和预算的制定，技术经济分析方法，建筑物估价方法，建筑业的管理，建筑业的计划，建筑业的财务管理和经济核算，建筑产品的生产与环境保护，电子计算机的应用，建筑业的科学发展。

本书可作为土木工程专业、建筑工程管理专业、公路管理专业、农建专业本科教材及研究生参考书，也可作为建筑学专业、房地产专业选修教材，还可供建筑经济研究人员和建筑业各级管理人员使用参考。

参加本教材编写的有：沈阳农业大学左建（绪论、第二章）；云南农业大学严家顺（第一章、第十五章）；西安理工大学王文进（第三章、第十章）；上海交通大学邱卫国（第四章）；西安理工大学张春娟（第五章）；天津财经学院李书全（第六章）；沈阳农业大学李玉清（第七章）；河北农业大学梁素韬（第八章）；沈阳农业大学陈立双、辽宁省国土资源咨询评估中心李志超，青岛市土地估价事物所刘玲玲（第九章）；沈阳石油化工厂左莎（第十一章；辽宁省国土资源咨询评估中心李谢昕、张晓东（第十二章）；沈阳农业大学孔庆瑞（第十三章）；沈阳农业大学靳轶群（第十四章）。

本书由沈阳农业大学戴蓬军主审，在审稿中提出了许多宝贵意见和建议；有关院校对本书给予了热情帮助和大力支持，使本书的质量有了很大提高。在此，我们对他们一并表示衷心的感谢。

由于编者水平有限，书中缺点错误难免存在，恳请广大读者批评指正。

编　者

2003年7月

目 录

绪　论

一、建筑业的形成和发展

建筑业就是从事各类建筑产品简单再生产与扩大再生产的物质生产部门。具体来说，建筑业是由从事各物质生产部门所需房屋、构筑物的建造、改造和各种设备、装置的安装，以及非物质生产部门所需房屋、设施等施工和各类建筑产品的勘察设计工作的企业及单位组成的。

建筑产品是人类社会存在和发展的必要条件，建筑生产活动自古以来就有了，最初时期建筑产品的生产活动，寓于农民家庭内，以后随着社会分工的深化，建筑业才逐渐形成一独立的行业。

远在奴隶社会的商朝，就出现了城市、宫殿、陵墓、防御工程等类建筑。从战国时开始修筑的万里长城，秦昭王时期李冰设计和施工的都江堰水利工程，秦朝的阿房宫和秦始皇陵及长安宫室，隋朝开凿的大运河及河北赵县的石拱安济桥，唐朝的寺庙宝塔和都城长安（今西安），宋朝的江浙海塘和西湖名胜，明清的皇城建筑群、苏州园林等，在设计、施工、组织和管理方面，都达到了相当高的水平。随着商品生产的发展，尤其是资本主义商品经济和社会化大生产的发展，就宏观看，铁道、交通、建筑的兴建及有利于商品交易而进行的商埠城市和港口建设，使建筑业更迅速地发展起来。

从鸦片战争到国民党统治时期，由于连年战祸、国穷民困，当时除了中山陵、钱塘江铁桥、京张铁路等少数负有盛名的工程外，就基本上没有什么像样的建筑了，整个建筑业是衰落的，直到 1949 年，建筑职工还不到 20 万人，只占全国职工总数的 2.5%。

新中国成立后，为了迎接大规模的建设，我国从 1951 年开始，组建了一批国营建筑公司和设计公司。1952 年国家成立了建筑工程部，同时在各大区建立了建筑工程管理局，领导、管理直属企业和地方企业。有些产业部门也相继组织了自己的专业建筑队伍。

党的十一届三中全会以后，建筑业进入了发展的新阶段。党中央、国务院对发展和搞活建筑业非常重视，作出了一系列重要指示和决策。建筑业恢复了“十年动乱”以前行之有效的固定工、合同工和临时工等各种用工形式，壮大了以国营经济为主导、多种经济形式共同发展的建筑业队伍。1984 年，全国城镇建筑业职工共达 845 万人，比 1978 年的 619.6 万人增加 36.4%。与此同时，建筑设计和建筑科研力量得到恢复和发展，并取得了许多重要成果。

1984 年，国家决定对建筑行业进行全面改革，积极推行投资包干制和招标承包制，使建筑业进入更加生机勃勃的全面改革的新阶段。

二、建筑工程经济学的任务

（一）建筑工程经济学的属性

建筑工程经济学的任务是从劳动消耗和提供经济效益的观点来评价技术活动。研究劳动消耗是经济学的范畴，从这点来看，建筑工程经济学具有经济科学的属性。但建筑工程经济学还要研究技术的开发、试验、完善和推广应用，为此就需要进行技术经济预测，对技术的先进性、可靠性、适用性进行综合评价，研究技术前进的方向，这些都属于技术科学的范畴。所以说，建筑工程经济学也具有技术科学的属性。

纵观近代科学技术发展的特点，一方面是科学技术的分工越来越细；另一方面是综合性的边缘科学日益发展。建筑工程经济学就是一门新兴的学科，它是根据现代科学技术的进步和国民经济发展的需要，逐渐在自然科学技术和社会经济科学的发展过程中，相互渗透和交叉而形成并发展起来的一门综合性的边缘科学。

建筑工程经济学的理论基础是马克思主义的政治经济学和生产力经济学。要提高社会生产和建设的经济效益，必须从生产力和生产关系两方面进行研究。政治经济学以生产关系为主要研究对象；而生产力经济学则以生产力为主要研究对象。生产力经济学尚处在初步研究的阶段，主要是研究社会生产力本身发展，运动的规律；生产力的组织和管理，生产过程中各方面因素的合理配合；生产力的布局，地区、部门、企业生产力配置的最佳经济规模等。例如，国民经济各物质生产部门之间、全国各地区之间经济结构和比例的研究；各种技术（机械化、半机械化、自动化、半自动化、手工操作）的发展和应用的研究；大、中、小各类企业经济规模的研究。

生产力经济学研究的重点在于全社会宏观的生产力发展的基本理论问题，而各个物质生产部门研究本部门生产力发展的技术经济效益的学问。两者统称为技术经济学。各部门的生产技术差别很大，而技术经济学的研究与本部门的专业技术和生产特点有着密切的联系，所以技术经济按不同的物质生产部门划分为若干个分支，如农业技术经济学、交通运输技术经济学、机械工业技术经济学、化学工业技术经济学、能源技术经济学、建筑工程经济学等。

（二）建筑工程经济学的任务

社会的生产与生活对建筑的数量和质量的要求日益提高。为了满足社会对建筑的需求，需要不断降低劳动消耗和增加经济效益。但是，在建筑产品的生产过程中，各种技术和经济因素相互影响，错综复杂，难以直观地、简单地做出决断。因此，为了获得最好的经济效益，就需要对建筑技术和经济之间的关系及其协调发展的规律进行研究。

建筑工程经济学的任务，就是对建筑产品的技术方案（包括建筑项目的投资方案、工程设计、施工方案、技术措施和技术政策）进行技术与经济的分析、计算、比较和评价，从中选出技术上先进、经济上合理的最优方案，为决策提供科学的依据。

由于科学技术的发展，人们掌握的技术越来越多。为了满足生产、生活对建筑的需要，可以采用若干种不同的建筑技术方案。这些不同的技术方案随着时间、地点、条件的变化，会产生不同的经济效益，这就需要对各种可行的技术方案进行经济效益的分析和比较，从中选择最佳的方案。例如，为了满足居住的需要，就可以提出许多种住宅设计方案，在建筑面积、设备标准统一规定的情况下，由于采用的材料不同、结构体系不同、平面设计和立体设计的各种参数不同，都会使住宅建筑的设计方案产生不同的经济效益；再加上建设地点的条件变化和施工方法的不同，又会改变该方案的经济效益。所以，建筑工程经济学的研究是以提高经济效益为目的、以对多方案进行分析、对比、优选为手段，通过优选所确定的最优方案，不应理解为绝对的“最佳”。因为，建筑工程经济分析的结论，是在技术和经济多方面的约束条件下取得的，只能做到尽可能地适用和经济，得到比较满意的方案，而不能要求达到绝对的“最佳”。

在科学技术的范畴中和社会的经济领域中，客观存在的可变因素是复杂的，既有数量化的，也有非数量化的。因此，在建筑工程经济效益的分析研究中，就需要既要有定量计算的结果，也要有定性论证的结论。在作比较时，既不能只满足于定性的分析，也不应只重视定量的计算，而应综合地使用定性和定量分析的方法。

三、学习建筑工程经济学的目的和要求

我国社会主义经济建设经过50多年的努力，取得了巨大的成就，积累了丰富的经验和教训，中共中央《关于建国以来党的若干历史问题的决议》中指出：“在工业建设中取得重大成就，逐步建立了独立的比较完整的工业体系和国民经济体系。”同时又指出：“我们过去在经济工作中长期存在的‘左’倾错误的主要表现，就是离开了我国的国情，超越了实际的可能性，忽视了生产建设、经营管理的经济效果和各项经济计划、经济政策、经济措施的科学论证，从而造成大量的浪费和损失。”党中央对我国过去经济建设中存在的问题，从指导思想到问题的症结所在和严重的后果，都作了切中要害的论断。这将对今后经济建设中加强科学论证、提高经济效益产生深远的影响。

为了促进我国社会主义经济建设的全面高涨，党中央已经制定了我国经济发展的战略目标、战略重点、战略步骤和一系列正确的方针，将从我国的实际情况出发，走上一条速度比较适当、经济效益比较好、人民可以得到更多实惠的具有我国特色的社会主义新路子。

我国经济建设的新形势和任务，对工程技术人才的培养提出了更高的要求。未来的新型建筑师和工程师们，应当是既精通专业技术，又具有经济头脑；既善于科学思维，又掌握技术经济论证的理论和方法；不仅能够做到“精心设计、精心施工”，还能在建筑生产活动中少花钱、多办事，取得良好的经济效益。因此，建筑工程经济学就成为建筑工程有关专业的必修课程之一。

建筑工程经济学，在我国是近几年才开始研究的学科，它的基本理论，分析方法都还不成熟，需要不断地开发和充实。所以，要求我们在学习的过程中，不唯书、不唯上，勤于思考，勇于探索，努力实践，开拓新的领域。

建筑工程经济学，是一门政策性和思想性较强的应用科学。学习中，必须以辩证唯物主义和历史唯物主义的原理为指导；认真学习党和国家有关经济建设和建筑业的方针政策；要不断总结并发展我国建筑工程经济工作中行之有效的理论和方法；要从我国的国情出发，学习借鉴国外技术经济分析的理论和方法，切忌生搬硬套，要在“消化”上下功夫。

第一章　建　筑　业

第一节　建筑业在国民经济中的地位和作用

建筑业是一个独立的、重要的物质生产部门，是从事建筑工程勘察设计、施工安装和设备更新的物质生产部门。建筑业围绕建筑生产活动的全过程来开展自己的生产经营活动，如各种生产和生活用房等的建造、各种构建物（铁路、公路桥梁、水塔）、影剧院、公共设施、运动场等的建造以及各种机器设备的安装、各种房屋、构筑物的维修更新和与建筑对象有关的工程地质勘察及设计等。

一个独立的物质生产部门，应具备三方面的条件：有固定的产品；有别于其他国民经济部门的技术经济特点；有一定的生产技术基础和稳定的技术工人与机构。当代建筑业的发展已具备了上述条件，与其他物质生产部门有清晰的界限，所以许多国家都把建筑业和工业、农业、交通运输业等并列为国民经济独立的物质生产部门。我国《国民经济和社会发展第六个五年计划》中，将建筑业与农业、工业、运输、邮电、商业、对外贸易等部门，并列为重要的国民经济部门。联合国把建筑业与采矿业、制造业，作为第二产业部门；第一产业部门为农林牧渔业；第三产业部门为服务性行业，包括商业、交通运输、公用事业和金融保险等。

我国的社会国民经济，建立在生产资料公有制为主体，其他非公有制经济为补充的基础上，为了满足国家和人民不断增长的物质文化需要，就要求国民经济各部门按照社会主义市场经济的客观规律，持续稳定协调地向前发展。

从我国基本建设投资构成来看，建筑安装工程费用占 60%，设备购置费约占 30%，其他费用约占 10%。对于住宅文化教育事业的建设，投资的 90%以上用于建筑工程费用。

建筑的地位和作用，主要体现在下述六个方面。

1. 建筑业在国民收入中占有重要地位，能为社会创造价值，提供积累

一个国家的建筑业对国民经济的发展起着举足轻重的作用，新中国成立以来，我国建筑业在国民收入中占 3.11%～6.84%。从国民收入构成比重看，以 1990 年为例：农业为 34.5%，工业为 45.8%，建筑业为 5.7%，运输业为 4.39%，商业为 5.95%。建筑业的国民收入生产总值（GDP）比农业、工业、商业少，排在第四位，高于运输业。在国际上，有些国家建筑业占 GDP 的比重已超过农业、运输业等部门。如美国把建筑业作为国民经济三大支柱之一，建筑业产值约占 GDP 的 15%（含国际部门产值），日本为 71.8%。我国 1999 年达到 6.0%，到 2002 年稳定在 6.6%～6.9%之间，据相关媒体预测：中国建筑业占 GDP 的比重到 2012 年将达到 9.2%。

2. 建筑业为社会及各部门提供生产和生活所需的固定资产

建筑业为社会和国民经济各部门提供建筑产品，满足生产的发展和人民物质文化生活

的需要，促进四个现代化的具体实现，功不可没。能扩大生产能力，发展新型工业，在提高生产力的基础上逐步改善人民的物质文化生活，如文化、教育、卫生、城市公用设施以及住宅的建设，都是直接为满足人民的物质文化生活需要服务的。

3. 建筑业是重工业和其他行业的重要市场

建筑业一方面以自己的产品为社会和国民经济各部门服务；另一方面建筑业的发展需要依赖工业提供机械设备和原料，在建筑生产过程中，又要大量消耗其他国民经济部门的产品。建筑业的发展要依赖于建材、冶金、化工、林业、仪表、机械制造和轻工业部门的发展，同时建筑业的发展亦刺激着这些部门的发展。所以，国民经济的兴衰和建筑业紧紧相联系在一起。据相关报道：建筑业的发展，可以推动30多个行业的发展。

建筑业与建材工业建筑材料的消耗量很大，据1979年统计资料分析，其中建筑钢材消耗量占全国总消耗量的24.2%，木材占26.8%，水泥占66.5%，再加玻璃、油毡、油漆和涂料，其绝大多数用于建筑业。日本建筑消耗钢材占全国钢材总消耗量的50%，木材占90%，水泥占90%。

冶金、化工、仪表、林业、机械制造工业、轻工业都是为建筑业提供原材料服务的，所占比重同样很高。建筑业的发展，同样刺激着这些部门的发展。

建筑业还要占用大量的运输工具，因此，建筑业的发展和交通运输业的发展也有着密切的关系，消耗运力和运输工具约占社会运输总量的8%。

4. 建筑业是劳动就业的重要部门

各国在实现现代化的过程中，都存在劳动力的就业问题，建筑业是解决这个问题的重要场所。从整个国民经济就业人数的构成来看，建筑业属于劳动密集型部门。例如美国，1977年建筑业就业人数占全国就业人员的6.1%，而同期钢铁工业不过0.6%，汽车工业0.8%。据《大英百科全书》指出：美国每10个就业人员中就有1个与建筑业有直接或间接关系。发达的资本主义国家，建筑业的就业人数占国民经济全部就业人数的比重，大约在6%～9%之间，据1978年统计，美国为6.2%，西德为7.2%，法国为8.3%，日本为9.4%。

随着工业化程度的提高，建筑业的就业人数占国民经济全部就业人数的比重，仍在上升。如美国，1870年建筑业工人占各部门工人总数的5.8%，100多年后的1978年，比重上升为6.2%。又如日本，1920年建筑业的就业人数占就业总数的2.6%，半个多世纪后的1980年，比重上升为9.9%，每10个劳动力中就有1个人从事土建工作。建筑业是劳动密集型的行业，还表现在每个职工平均占用的固定资产少，技术装备费用低。例如日本，建筑业的职工平均每人占用的固定资产金额为100万日元，相当于轻工业的1/2，重工业的1/4。

我国的建筑业同样也是劳动密集型部门。据1981年统计，全国建筑业职工（城镇以上的）约790万人，农村社队建筑队伍约300万人，已形成一支约千万人的劳动大军。

我国建筑业的有机构成也比其他工业部门低，国营工业企业每个劳动力平均固定资产装备费，工业为1万元，而建筑业不到2000元，就是说同样数量的投资，建筑业可吸收较多的劳动力。

5. 建筑业可以参加国际建筑市场的竞争，进行综合性的输出

当今世界是开放的世界，随着世界科技发展的不平衡与经济交往的增加，国际间建筑承包活动亦在迅速发展，许多国家都非常重视国际承包工程的市场竞争。因为这种承包活动，不但可以推动建筑业的发展，而且亦带动着资本、技术、劳务、设备和商品的输出，扩大政治、经济影响，并可赚取一定数量的外汇，增加国民经济收入，扩大再生产。

我国从 1979 年下半年开始进行有组织有计划地开展国际劳务合作，包括公路、铁路、房屋建筑、水利水电建设等工程项目的勘测、设计、施工以及设备安装和生产运行。

实践证明：开展海外承包和劳务合作是扩大对外经济交往的有效方式，对国内经济的发展有重要作用。概括来说，它的作用表现在以下几个方面：

(1) 开展海外承包和劳务合作，不需要花很多钱，就可为社会主义现代化建设积累资金。据统计，按 1982 年水平，我国出国劳务人员每人每月平均可为国家获取外汇 200 美元左右。

(2) 能够广泛深入地接触国外先进的科学技术，开阔视野，充实知识，锻炼和培养我们的建设队伍，从而促进国内建设，积极推广国外的先进技术和先进经验。

(3) 对外承包和劳务合作，尤其是承包成套工程，不但需要提供勘测、设计和施工人员，扩大就业范围，而且还需提供厂房工艺设备和建筑材料，可以促进国内产品和原材料出口，发展国内制造工业。

目前，我国海外承包工程经营业务面虽不大，但已经取得了显著成绩。如果扩大业务，积极发展，改善经营管理，进一步提高队伍素质，严格履行合同，开展多种经营，经济效益必将更加显著。如印度在海外承包主要采取“交钥匙”方式，从技术咨询到设计方案，从设备供应到建筑工程，从投资到经营管理一包到底，不但用承包工作形式出口劳务，而且带动资本、货物出口。据印度官方统计，通过“交钥匙”工程所带动的资本货物出口额，1973～1974 年为 6.404 亿卢比，占印度当年机械产品出口总额的 33%；1975～1976 年度增长到 15.488 亿卢比，占当年机械产品出口总额的 38%；1980～1981 年又增长到 37.1 亿卢比，占当年机械产品出口总额的 40%。由此可以清楚地表明：发展海外承包和劳务合作，对国内经济有很大的影响；劳务出口仅是初级方式，如果能从一般承包工作发展到综合开发或“交钥匙”方式，则经济效益将随之提高。

今后，我们必须以更加勇敢的姿态进入世界经济舞台。

6. 建筑业是先导行业，对国民经济的发展能起一定的调节作用

建筑业为国民经济各部门生产建筑产品，构成生产基础的基础，所以建筑业在商品生产和商品市场上的地位都很敏感，特别在资本主义社会，每当经济危机到来时，工厂往往开工不足，固定资产大量闲置，社会对建筑产品的需求减少，建筑市场先显萎缩；而在经济复苏开始时，资本又首先投向建筑市场。由于建筑消费量大，涉及的部门众多，建筑业可向相关产业部门订购大量材料、制品和设备，容纳大量就业人员，从而又会刺激国民经济各部门的发展。又由于建筑工期一般较长，需求弹性较大，所以资本主义国家常以建筑任务的增减作为干预国民经济的手段。

我国古代，常用“以工代赈”的办法来救济饥民。如管仲就曾提出：在灾荒年内用修建宫室台榭等消费性建筑的办法使“失本”之民取得衣食，度过灾荒。这就说明，我国古

代已经利用建筑作为调节国民经济的手段。

第二节 建筑产品生产的技术经济特点

建筑业是以最终产品为生产对象。从事建筑产品的生产，同一般工业生产相比较，有共同的地方，同样是把资源投入产品的生产过程，其生产上的阶段性和连续性，组织上的专业化、协作化和联合化，是和工业产品的生产一致。但是，建筑产品的生产同一般工业生产相比，它又具有一系列的技术经济特点。建筑产品的特点是：产品具有固定性、多样性，建筑物体积庞大。

一、建筑产品的特点

1. 建筑产品在空间上的固定性

建筑产品——各种建筑物和构筑物，在一个地方建造后不能移动，只能在建造的地方供长期使用，它直接与作为基础的土地连接起来，在许多情况下，这些产品本身甚至就是土地的不可分割的一部分。例如油气田、地下铁道和水库，建筑产品本身是固定不动的。

2. 建筑产品的多样性

建筑业根据不同的用途，不同的地区，建造不同型式的多种多样的房屋和构筑物，这就表现出建筑产品的多样性。建筑业的每一个建筑产品，都需要一套单独的设计图纸，而在建造时，根据各地区的施工条件，采用不同的施工方法和施工组织。就是采用同一种设计图纸的建筑产品，由于地形、地质、水文、气候等自然条件的影响，以及交通、材料资源等社会条件的不同，在建造时，往往也需要对设计图纸及施工方法和施工组织等做相应的改变。

3. 建筑产品的体积庞大

建筑产品的体积庞大，在建造过程中要消耗大量的人力、物力和财力，所需建筑材料数量巨大，品种复杂，规格繁多，常数以万计。由于建筑产品的体积庞大，因此占用空间也多。

二、建筑生产的技术经济特点

1. 建筑产品生产的单件性

每件建筑产品都有专门的用途，都需采用不同的造型、不同的结构、不同的施工方法，使用不同的材料、设备和建筑艺术形式。根据使用性质、耐用年限和抗震要求，采用不同的耐用等级、耐火等级和抗震等级。

随着建筑新技术、新材料、新结构的不断涌现，建筑艺术形式经常推陈出新，即使用途相同的建筑产品，由于兴建时期的不同，采用的材料、结构和艺术形式也会不同。

2. 建筑生产的流动性

建筑产品的固定性和严格的施工顺序，带来了建筑产品生产的流动性，使生产者和生产工具经常流动转移，要从一个施工段转到另一个施工段，从房屋这个部位转到那个部位，在工程完工后，还要从一个工地转移到另一个工地。

生产设备、材料、附属生产加工企业，生产和生活设施经常迁移，增加一些费用，施工地点在边远地区，还须计算远征工程费。

3. 建筑产品的生产过程具有综合性

建筑产品的生产首先由勘察单位进行勘测，设计单位进行设计，建设单位进行施工准备，建筑安装单位进行施工，最后经过竣工验收交付使用。所以建安单位在生产过程中，要和兴建单位、建设银行、设计单位、材料供应部门、分包等单位配合协作。由于生产过程复杂，协作单位多，是一个特殊的生产过程，这就决定了单价构成不一。

4. 建筑生产受气候条件影响很大

建筑产品生产过程中，受到的影响因素很多。例如设计的变更、情况的变化、资金和物资的供应条件、专业化协作状况，以及城市交通和环境等，这些因素对工程进度、工程质量、建筑成本等都有很大影响。

由于建筑产品具有固定性，只能在露天进行操作，受气候条件影响很大，生产者劳动条件差，不管是烈日当空的夏天，还是天寒地冻的冬天，为了祖国的建设事业，建筑工人不辞辛劳，装扮着城市和乡村，使它变得更加美丽。

5. 建筑生产过程的不可间断性

一个建筑产品的生产全过程是：确定项目、选择地点、勘察设计、征地拆迁、购置设备和材料、建筑施工和安装、试车（或试水、试电）验收，直到竣工投产（或使用），这是一个不可间断的、完整的周期性的生产过程；再从建筑施工和安装来看，要能形成建筑产品，需要经过场地平整、基础工程、主体工程、装饰工程，最后交工验收。

建筑产品是一个长期持续不断的劳动过程的成果。这种产品，只有到生产过程终了，才能完成，才能发挥作用。当然，在这过程中也可以生产出一些中间产品或局部产品。

建筑生产过程的不可间断性要求产品在生产过程中各阶段、各环节、各项工作必须有条不紊地组织起来，在时间上不间断，空间上不脱节；要求生产过程的各项工作必须合理组织、统筹安排，遵守施工程序，按照合理的施工顺序科学地组织施工。

6. 建筑产品的生产周期长

建筑产品的生产周期是指建设项目或单位工程在建设过程所耗用的时间，即从开始施工起，到全部建成投产或交付使用、发挥效益时止所经历的时间。

建筑产品生产周期长，有的建筑项目，少则一二年，多则三四年、五六年，甚至上十年。因此它必须长期大量占用和消耗人力、物力和财力，要到整个生产周期完结，才能出产品。故应科学地组织建筑生产，不断缩短生产周期，尽快提高投资效果。

第三节　基本建设的一般概念

一、基本建设的含义

1952 年我国政务院规定："凡固定资产扩大再生产的新建、改建、扩建、恢复工程及与之连带的工作为基本建设。"

基本建设是扩大再生产以提高人民物质、文化生活水平和加强国防实力的重要手段。具体作用是：为国民经济各部门提供生产能力；影响和改变各产业部门内部之间、各部门之间的构成和比例关系；使全国生产力的配置更趋合理；用先进的技术改造国民经济，基本建设还为社会提供住宅、文化设施、市政设施，为解决社会重大问题提供了物质基础。

应当指出的是：进行基本建设是为了扩大再生产，但它绝不是扩大再生产的唯一源泉。因为，扩大再生产分为外延与内涵两个方面。如果在生产场所方面扩大了，就是在外延上扩大；如果在生产效率方面提高了，就是在内涵上扩大了。所以，提高企业的经济效益与总的收益，必须不断努力提高固定资产的生产效率，而不应当单纯追求基本建设投资的增加。

二、基本建设的作用

基本建设对于发展国民经济，对于迅速实现现代化，对于满足人民群众日益增长的物质生活和文化生活的需要，都有十分重要的作用。

1. 提供生产能力和效益

社会主义生产要不断地进行，并且不断地扩大，就必须有相应的生产能力和效益。例如，要不断地有新的矿井投入生产，一方面弥补原有矿井的生产能力的递减和一些矿井报废，以维持简单再生产；另一方面增加新的生产能力和效益，扩大生产规模。这些生产能力和效益相当大的部分是通过基本建设提供的，或者采取建设新企业的办法，或者采取对原有企业进行改建、扩建的办法。

1950～1980 年，我国用于基本建设方面的投资，总数达 7000 多亿元，新增固定资产 5000 亿元左右，建成了 3600 多个大中型骨干项目，形成了一个独立的比较完整的工业体系和国民经济体系，为实现四个现代化奠定了较好的物质技术基础。改革开放后，我国的基本建设工作和成就更是取得了长足的进步，完成许多举世瞩目的大工程，如三峡工程等。

为适应我国国民经济持续发展的要求，必须大力增加农业和工业交通的生产能力。基本建设将从两方面扩大生产能力和效益，一方面建成一批新建项目，特别是能源工业、交通运输、原材料工业将增加一批新企业、新干线；另一方面用新技术扩建现有企业，对现有企业进行整体性技术改造（改建）。

2. 调整产业结构

一个国家的国民经济由哪些部门（行业）构成，以及它们之间的比例关系，也要通过基本建设完成。旧中国的工业十分落后，主要是轻工业和修理工业。新中国成立后，经过大规模的基本建设，不但增加了许多新的部门，如矿山设备、冶金设备、发电设备、高精度机床、拖拉机、汽车、飞机、远航轮船等制造工业，而且有了石油化工、电子等新兴工业，形成了门类比较齐全的独立的国民经济体系。但是，由于长期以来片面实行优先发展重工业的方针，“以钢为纲”，结果比例失调，使得我国的产业结构不合理。当前改革开放，要调整全国范围内的产业结构，关键就是要改变投资比例，优化资源配置。

3. 合理配置生产力

过去我国生产力的布局不尽合理，工业主要集中在沿海的一些大城市，约占 70%，只有 30%在内地。为了平衡工业发展的布局，必须大力发展内地工业，这就需要适当地增加内地投资，开发资源，建设工厂。几十年来，我们是朝着这个方向努力的，使布局不合理的状况有了改善。

在实现现代化进程中，各个地区都要发挥优势，扬长避短，充分利用当地的资源和技术经济特点发展经济。同时，又要在全国统一规划下，做到合理配置生产力。这是基本建设的一项重要任务。

4. 用先进技术改造国民经济

我们要实现现代化，就是要用现代科学技术武装国民经济各个部门，用先进技术改造现有工业，实质上也就是我国工业不断提高技术水平，向现代化过渡的问题。这个问题在任何时候都存在，对我们来说，将会愈来愈重要，应该成为基本建设投资的重点。

5. 直接为人民生活服务

社会主义生产的目的就是为了满足人民群众日益增长的物质生活和文化生活的需要，基本建设就是为社会提供住宅、文化设施、市政设施等，直接为人民生活服务。新中国成立后，全国城镇新建了大量住宅、学校、影剧院及道路、桥梁、自来水管道等市政设施，但也还存在不少问题。例如，国家针对住宅十分紧张的状况，一方面增加了对住宅建设的投入；另一方面开发房地产事业，加快了住宅建设的速度，很快地解决了我国原来城镇住宅短缺的矛盾，取得了住宅建设史上的巨大成就。

复习思考题

1. 建筑业在国民经济中有何意义？
2. 为什么说建筑业能为社会创造价值？
3. 建筑业为社会及各部门能提供哪些资产？
4. 为什么说建筑业是其他行业的重要市场？
5. 如何理解建筑业是劳动就业部门？

第二章　建筑工程经济学的基本原理

第一节　经济效果原理

一、经济效果的概念

经济效果是20世纪50年代末我国经济学界提出来的一个名词。这个名词的科学概念可以这样表述：经济效果是对于各种社会实践活动在经济上合乎目的性程度的评价，社会主义条件下的经济效果就是从各种社会实践所取得的效果和社会劳动消耗相互间量的关系的角度，对人们的实践活动进行评价。还有其他各种不同的表述，如使用价值对劳动消耗的比较、有用效果和劳动消耗的比较、所得和所费的比较、产出和投入的比较、满足社会需要和劳动消耗的比较、收入和支出的比较等。各种不同表述表示的都是经济效果，可以根据不同的评价领域和评价对象灵活运用。

人们在社会实践中从事每种活动都有一定的目的，都是为了取得一定的效果，由于从事活动性质的不同，所以取得的效果也不同。许许多多互相不同的效果大致可以分为两大类：一类属于生产活动领域所产生的效果（如生产建设效果），这类效果都是为了完成一定的生产任务，创造一定的使用价值和财富，它有一个特点，就是其效果可以用经济数字（如产量、产值等）来表示；另一类属于非生产活动领域所产生的效果，这类效果一般很难直接用经济数字来表示。但是，不论从事什么实践活动及其产生的效果属于哪一种，都必须消耗劳动，都和经济有联系。因此，经济效果就是对人们为达到一定目的而进行的实践活动所作的关于劳动消耗量的节约或浪费的评价。

人们为达到一定目的而进行的实践活动都有一个效果问题和经济效果问题。它们之间的关系是：经济效果等于效果和劳动消耗量的比值。用数学式表示，即为

$$E(\text{经济效果})=\frac{X(\text{效果})}{L(\text{劳动消耗量})}$$

劳动消耗量包括活劳动和物化劳动。物化劳动的消耗实际上就是其他生产部门的劳动者的活劳动消耗。如果对投资方案的经济效果只从它本身所消耗的活劳动数量来考察的话，那是很不够的。从整个社会来说，应该同时考察投资方案所消耗的物化劳动的数量，也就是从事其他生产部门的劳动者消耗的活劳动数量。

所以，从整个社会来考察生产领域的经济效果，最起码的标准是

$$E=\frac{X}{L}>1$$

就是说在生产活动中所创造的价值，必须大于所投入的劳动价值。社会经济效果 E 越大，社会生产力发展速度就越快。

按照效果性质的不同，经济效果也可分为两大类：生产活动领域的经济效果和非生产

活动领域的经济效果。

经济效果还可以按生产和非生产领域中的不同部门进行分类，如农业经济效果、冶金工业经济效果、建筑工业经济效果、化学工业经济效果、邮电经济效果、教育经济效果等。

经济效果按评价的立足点不同，可分为全国、地区、部门、企业、车间等各种不同的经济效果。

二、经济效益的含义

所谓经济效益，就是指实现了的经济效果，即有用的效果。也就是说，所产生的效果，是被社会所承认和需要的，而且，为产生这一效果，所消耗的劳动也是节约的。

讲求经济效益，就是要以尽量少的劳动消耗和物化劳动消耗，生产出更多符合社会需要的产品。

作为工程项目投资来说，经济效益就是指投资建设的项目，是发展国民经济和改善人民生活所需要的，所付出的投资是节约的。

我们在这里所讨论的经济效果，就是指有用的经济效果，在客观上能实现的经济效果，而不是盲目生产、盲目建设，不问是否符合社会需要，仅以产值或投资额通过想当然的计算而得出的“经济效果”。否则的话，只能重复过去那种“工业报喜、商业报优、仓库积压、财政虚收”的现象，而不能带来任何的经济效益。只有从这个观点出发，研究经济效果问题，才能对发展国民经济和不断改善人民物质和文化生活有现实的意义。

三、工程项目投资经济效果包含的因素

（1）个别工程项目的投资经济效果和整个国民经济的投资经济效果，包括微观经济效果和宏观经济效果。

（2）工程项目投资经济效果要统一考虑建设过程中和投产使用后两方面的效果。所以，工程项目投资经济效果包括近期效果与远期效果两个方面。

（3）工程项目投资经济效果不是某一个方面可能完全反映的，即它不仅反映在工程造价上，还反映在工程质量、建设速度上。因此，它是一个综合的、全面的经济效果。

工程项目投资的经济效果，既包含可以计量的因素，也包含不可计量的因素。社会主义工程项目投资的经济效果所包含的各种因素，并不是都完全可以直接地用实物或货币来表示的，有的因素很难用数字来计量其经济效果。所以，评价工程项目投资经济效果时，不仅要考虑可以计量的经济效果，还要考虑那些不能直接计量的经济效果。

我国在1950～1984年的30多年中，工程建设投资共9658亿元。各时期工程项目投资在国民收入中都占很大比重，见表2－1。所以，工程项目投资活动是我国举足轻重、攸关大局的经济活动，而工程项目投资的经济效果又是工程建设工作的核心问题。一个国家经济发展速度的快慢，固然取决于能把国民收入中的多大比例用于投资，同时也取决于怎样有效地利用这些投资。在投资总额不变的条件下、利用得越好，效果就越大，

表2－1　我国工程建设投资情况

时　间	工程项目投资占国民收入的比重（%）
“一五”期间	14.6
“二五”期间	22.0
1963～1965年	11.9
“三五”期间	12.2
“四五”期间	15.5
“五五”期间	15.5

经济发展就越快。

四、工程项目投资经济效果的评价原则

社会主义工程项目投资的经济效果，体现着社会主义的生产关系，反映社会主义经济规律的要求。为此，投资经济效果的评价原则必须是：

(1) 符合我国社会主义基本经济规律和国民经济有计划按市场发展规律的要求。社会主义基本经济规律就是要求“用在高度技术基础上使社会主义生产不断完善的办法，来保证最大限度地满足整个社会经常增长的物质和文化的需要”。社会主义社会进行工程项目建设的目的就是以最少的工程项目投资来增加最多的固定资产和社会产品，以最大限度地满足社会和人民的需要。国民经济有计划按市场发展规律，要求一切经济活动和整个国民经济的发展必须从实际出发，服从国家的统一计划和管理，并保持一定的比例关系。

(2) 宏观经济效果与微观经济效果的结合。整个国民经济的工程项目投资经济效果和个别建设单位的工程项目投资经济效果，是宏观和微观、全局和局部的关系，两者在根本上是一致的。因为个别建设单位的工程项目投资经济效果的提高，是实现更大的整个国民经济的工程项目投资经济效果的基础。同时，也只有符合整个国民经济的工程项目投资经济效果的要求，个别建设单位的工程项目投资效果的提高才有更积极的意义。

(3) 近期的经济效果与长远的经济效果的结合。工程项目建设按其完成的期限来说，大体上可分两类：一类是短期内（例如一二年内）建成和投入生产或使用；另一类是需较长时间（例如几年或十几年）才能完成和投入生产或使用。在社会主义制度下，生产的目的是为了满足社会及其成员的需要，国民经济发展的目前利益和长远利益是一致的。为适应社会主义工业化和人民生活的需要，客观上要求工程项目投资不但要用于那些与当前经济生活直接有关、规模较小、建设时间短、能迅速发挥投资经济效果的工程项目建设；而且还要进行那些建设时间较长、规模较大，虽然不能迅速发挥投资的经济效果，但对完成现代化建设，建立现代化物质技术基础十分重要的工程项目建设。

所以，评价工程项目投资的经济效果，把近期的经济效果与长远的经济效果这两方面正确地结合起来，是社会主义建设的客观要求。

(4) 使用价值和价值效果的结合。工程项目建设的最终目的是为了发展生产，提供更多的社会产品，满足不断增长的需要。因此，必须从符合社会的需要出发，增加符合社会需要的产品，才能有经济效果。否则，产品不是社会所需要的，生产得越多，浪费就越大。同时，工程项目建设要耗费一定的人力、物力、财力，在它竣工、投入生产后所提供的产品，则正是这些被耗费掉的人力、物力、财力的凝聚。因此，应当通过价值的计算，即计算投资、产量、产值、净产值、利润的多少来比较出效果的大小。只有产品符合社会的需要，才能使它的劳动消耗得到社会的承认，才能使它的价值和使用价值得以实现。所以评价工程项目投资的经济效果，必须将使用价值和价值效果相结合，才能真正提高经济效益。

(5) 正确处理政治效果与经济效果的关系。评价工程项目投资经济效果时，也要注意政治效果，正确处理政治与经济的关系问题。事实上，投资效果不但反映在经济方面，而且对政治、国防、文化、人民生活等方面都产生直接或间接的影响。经济不仅是政治的出发点，也是它的归宿。所以，政治效果和经济效果在根本上应该是一致的。

第二节　工程项目投资的经济要素

对工程项目投资经济效果的评价，包括的因素是多方面的，从可计量的经济分析来说，投资经济效果受投资额、流动资金、产品成本、固定资产折旧、销售收入、税金、利息和利润等经济要素的影响。因此，要评价投资经济效果，必须对各经济要素进行认真的分析。

一、投资

投资是指用于工程项目建设的全部费用的总和。

（一）投资的构成

工程项目的投资系由以下几项费用构成：

（1）勘察设计费用。

（2）建设场地准备费用。

（3）建筑工程费用。

（4）设备购置费用。

（5）设备安装工程费用。

（6）建设管理和生产准备费用等。

（二）投资的类别

1. 工程项目投资拨款

工程项目投资拨款，即国家的预算拨款。我国的工程项目投资，过去大部分是通过工程项目建设拨款进行分配的，就是把国民经济计划中规定的工程项目建设投资，有计划地拨给建设单位，将这些资金用到工程项目建设上去。

2. 工程项目投资贷款

为了适应现阶段国民经济发展的要求，国家决定：除事业单位和少数重大项目继续由财政拨款外，今后对所有具备偿还能力的企业单位的工程项目投资，将一律改由银行贷款。这种工程项目贷款，是国家预算提供贷款基金，交由建设银行按照信贷方式进行分配和管理的一部分工程项目建设资金。

3. 自筹资金

自筹资金，即在国家预算之外，由各级地方财政部门、各主管部门、各企业单位，在规定的原则和范围之内，将地方财政结余、企业利润留成、专项资金的结余部分用于工程项目建设的资金。

4. 引进外资

在经济上、技术上有利于我国经济建设的情况下，利用国外资金，不仅可以补充工程项目建设投资的不足，还可以促进新兴工业的发展。目前外资来源主要有：官方贷款、出口信贷和自由外汇贷款和合资经营等。

二、流动资金

流动资金是生产性工程项目建成后，为投入生产经营，用于购买原材料、燃料、支付职工工资等需用的资金，是维持生产顺利进行的前提条件。

拟建工程项目所需流动资金的数额，一般按其固定资产总值的10%～20%，或项目预计销售收入的25%进行估算。

三、产品成本

（一）产品成本的构成

产品成本是指拟建的生产性工程项目投产后花费在产品生产和销售上面的各项费用之总和。我国工业产品，其成本构成如图2-1所示。

原料及主要材料费、辅助材料费、燃料费、动力费、生产工人费、生产工人工资附加费、车间经费 → 车间成本

车间成本 + 企业管理费 → 工厂成本

工厂成本 + 销售费 → 销售成本（全部成本）

图2-1　产品成本构成图

在实际工作中，为了核算的方便，可按各项费用摊入成本的方式不同，分为直接费用（可直接摊入产品成本的，如材料费、生产工人工资等）和间接费用（不能直接摊入产品成本的，如车间经费、企业管理费等）；也可按费用随产量变化的关系不同，分为可变费用和固定费用。

（二）产品成本的估算

拟建工程项目产品成本的估算，主要根据已有的同类项目产品的成本进行。

可以参照相应定额，先估算出拟建项目产品成本中占比重较大的费用（如原料、燃料费），然后按已有的同类产品的成本构成比例，估算出产品的全部成本。

也可参照已有的同类产品的成本，根据拟建项目的技术、装备情况和价格变化情况，用一些调整系数来对已掌握的产品成本数据进行修正，而得出拟建项目的产品成本估算值。

四、折旧

折旧的计算方法可分为直线折旧法、余额递减折旧法和双倍递减余额法。

（一）直线折旧法

直线折旧法又称使用年限平均折旧法，就是将固定资产原值，按照预计的折旧年限等额平均分摊，每年摊入的折旧费数额相等，折旧的累计额呈直线变化。此法计算简便，常用于成本估算和方案比较。其计算公式为

$$D=\frac{P-L}{n}$$

式中　D——每年折旧额，元/年；

P——固定资产原值，元；

L——固定资产残值，元；

n——折旧年限，年。

（二）余额递减折旧法

余额递减折旧法系按一定的折旧比率，将每年的固定资产现值减去当年折旧额后的余额乘以这个比率，作为下期折旧额，如此连续计算。由于每次参与折旧的余额基数是递减的，因此，每年折旧额也是逐年递减的。其计算公式为

$$L_n=P(1-f)^n$$

式中　L_n——第 n 年折旧后的残值；

P——固定资产原值；

f——折旧率；

n——折旧年限。

由上式可得

$$f=1-\sqrt[n]{\frac{L_n}{P}}$$

则有

$$D_1=Pf$$

$$D_2=(P-D_1)f=Pf-Pf^2=P(1-f)f$$

$$D_3=(P-D_1-D_2)f=P(1-f)^2f$$

$$\vdots$$

$$D_m=P(1-f)^{m-1}f$$

式中　D_1、D_2、D_3、…、D_m——第一年到第 m 年的折旧额。

余额递减折旧法考虑到新旧设备效率上的差别，效率高的新设备多提折旧，折旧额随设备的老化、效率的下降而递减，这样更符合实际情况。

（三）双倍递减余额法

双倍递减余额法也是一种固定折旧率的余额递减折旧方法，其折旧率为直线折旧法的2倍。由于折旧率高，所以每年折旧后的余额递减速度更大。在直线折旧法中，其折旧率为 $1/n$，故双倍递减余额法的折旧率为 $2/n$，将此折旧率代入余额递减折旧法公式，即可得出双倍递减余额法计算每年折旧额的公式。其计算公式为

$$D_m=P\left(1-\frac{2}{n}\right)^{m-1}\frac{2}{n}$$

采用这一方法，固定资产折旧的速度能够加快，也就能促使设备更新加速，有利于技术进步和经济效益的提高。

五、销售收入

销售收入是指拟建工程项目投产后预计的年销售量与出厂价格的乘积。

六、税金

税金是国家根据税法，按预先规定的标准，对纳税人的经济收入强制无偿地征收的金额。税收是国家取得财政收入的一种手段，纳税是纳税人对社会所做的贡献。

根据1984年9月18日国务院批准颁布的《国营企业第二步利改税试行办法》的规定，现行税种主要有：产品税、增值税、盐税、营业税、资源税、城市维护建设税、房产税、土地使用税、车船使用税、所得税、调节税、屠宰税、燃油特别税、农（牧）税、建

筑税以及奖金税等。

生产性或盈利性拟建工程项目投产后要依法纳税。所以，评价项目投资的经济效果，必须对应纳税金进行正确的测算。

七、利息

生产性或盈利性工程项目的投资要计算利息，评价项目的投资回收期，要考虑利息的因素。关于利息的计算，将在本章第三节中详细讨论。

八、利润

如上所述，生产性或盈利性拟建项目投产后的利润是销售收入扣除成本和税金后的纯收入。正确地测算利润是评价项目投资经济效果的重要因素之一。

第三节　工程项目投资的时间价值计算方法

一、研究资金时间价值的意义

货币如果作为社会生产的资金（资本），参与再生产的过程，就会得到增值，货币这种增值的现象就称为资金的时间价值。

资金的时间价值，不是资金本身能够增值，而是在生产和流通领域和劳动力相结合，才会产生增值。

重视资金的时间价值，可促使有限的资金合理使用，使有限的资金发挥更大的作用，在基本建设过程中，尽量缩短建设周期，加速资金的周转，节省资金占用的时间和数量，提高资金使用的经济效益。

二、衡量资金时间价值的尺度

（一）利息、盈利或净收益：绝对尺度

利息是指银行存款获得的资金增值。

盈利或净收益：资金投入生产建设产生的资金增值。

利息、盈利或净收益都是资金时间价值的体现，是衡量资金时间价值的绝对尺度。

（二）利率、盈利率或收益率：相对尺度

利率、盈利率或收益率是使用资金的报酬率。

一定时间（通常为年）的利息或收益占原投入资金的比率（$i=6\%$，百分数表示）。

利息周期：用以表示利率的时间单位。（一年、半年、一季度，一个月）

它们反映了资金随时间变化的增值率，因此衡量资金时间价值的相对尺度。

技术经济分析中，利息．利率与盈利率、收益率是不同的概念。

研究某一项目投资的经济效果时，常使用净收益（盈利、收益率等概念）；计算分析资金信贷时，使用利息、利率。

三、现金流量与等值的概念

（一）现金流量

企业在研究周期内，实际支出（流出）的资金与收入（流入）的资金的代数和。

现金流量有正负之分，正的现金流量：表示在一定研究周期内的净收入；负的现金流量：表示在一定的研究周期内现金流量的净支出。

现金流量图是将现金流量绘入一时间坐标中，一建设项目（一个企业）的资金有收有支，流入为正，流出为负。

正的现金流量在时间标尺的上方，画一向上的箭头；负的现金流量在时间标尺的下方画一向下的箭头，如图 2-2 所示。

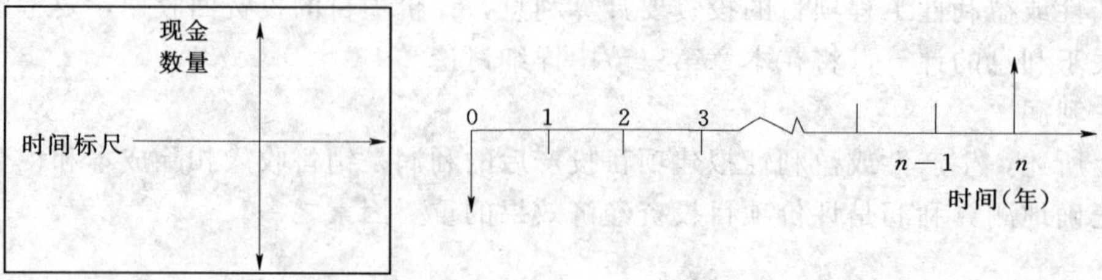

图 2-2　现金流量时间标尺

对图 2-2 有几点说明：

(1) 画一水平线为时间标尺，时间的推移自左向右，每一格表示一个时间单位（每一格为一个计息周期，计息周期为年、月等)，应注意的是每一格的终点与下一格的起点是重合的，即每一个计息周期的终点和下一个计息周期的起点是重合的。

(2) 箭头表示现金流动的方向，在时间标尺的下方，向下的箭头表示（现金的减少）支出；在时间标尺的上方，向上的箭头表示（现金的增加）收入。箭头的位置要画在计息周期的起点或终点的位置且与时间标尺垂直。箭头的长短与收入（或支出）的大小成比例。在箭头的地方，标明资金的数额，最后标明利率。

(3) 现金流量图与立脚点的位置有关。

（二）现值 P

发生在或折算为某一特定时间序列起点的效益或费用。

（三）终值 F(S)

发生在或折算为某一特定时间序列终点的效益或费用。

（四）等额年金 R(A)

发生在或折算为某一特定时间序列各计息期末（不包括 0 期）的等额序列。

（五）时值

资金随时间增值，在每个计息期末的数值不等，在时点的资金。

（六）时点

时间点。

（七）贴现和贴现率

把将来的现金流量折算为现值，就称为贴现。贴现值所用的利率，贴现率，它是复利计算的倒数。

（八）等值

不同的时间不同的金额可以具有相等的经济价值。

等值包括三要素：即时间、金额和利率。如现在的 1000 元，利率为 8%，一年以后的利息为 80 元，本利和为 1080 元。

等值是技术经济分析、比较和评价不同时期的资金使用效果的重要依据。

四、计算资金时间价值的方法

计算资金时间价值的方法也是计算利息的方法，分为单利法和复利法。

（一）单利法

仅用本金来计算利息，不计算利息的利息，即利息不再生利。

单利法计算公式为

$$F=P(1+ni)=P+Pni$$

式中　i——利率，%；

n——计算周期数（通常为年）；

P——本金（投资的现值）；

F——本利和，本利和＝本金＋利息（投资的未来值）。

单利法的特点是在一定程度上，考虑了资金的时间价值，不彻底，没有计算利息的利息，是一种不完善的方法。

【例 2-1】 某项目贷款 1000 万元，四年后偿还，年利率为 3%，按单利计息，求四年后应还贷款的本利和？

解： 计算过程见表 2-2。

表 2-2　　例 2-1（单利）计算过程

计算周期（年）	年初本金（万元）	当年利息（万元）	年末本利和（万元）	年初本金（万元）
1	1000	1000×3%=30	1000+30=1030	1000
2	1000	1000×3%=30	1030+30=1060	1000
3	1000	1000×3%=30	1060+30=1090	1000
4	1000	1000×3%=30	1090+30=1120	1000
⋮	…	…	…	…
n	P	Pi	$F=P+nPi$	P

下面直接利用单利法计算公式，求出本利和。

已知：$P=1000$ 万元，$n=4$ 年，$i=3\%$。求 F。

解： $F=P(1+ni)=1000\times(1+4\times0.03)=1120$（万元）

如图 2-3 所示。

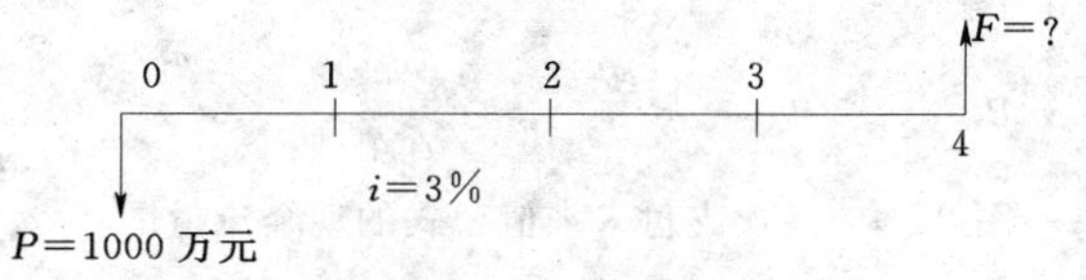

图 2-3　例 2-1 现金流量图

（二）复利法

用本金和累计利息之和计算资金时间价值的方法。

除了本金的利息之外，还要计算利息的利息，即利息还要生利。

计算公式为

$$F=P(1+i)^n$$

式中　字母含义同上。

特点是能充分反映资金时间价值，符合客观实际，普遍采用的方法。

以例 2-1 为例，按复利计息，计算四年后偿还的本利和是多少。

解：计算过程如表 2-3。

表 2-3　　例 2-1（复利）计算过程

计算周期（年）	年初本金（万元）	当年利息（万元）	年末本利和（万元）
1	1000	1000×3%=30	1000+30=1030 $P+Pi$
2	1030 $P(1+i)$	1030×3%=30.9 $P(1+i)\ i$	1030+30.9=1060.9 $P(1+i)^2$
3	1060.9 $P(1+i)^2$	1060.9×3%=31.83 $P(1+i)^2 i$	1060.9+31.83=1092.73 $P(1+i)^3$
4	1092.73 $P(1+i)^3$	1092.73×3%=32.78 $P(1+i)^3 i$	1092.73+32.78=1125.51 $P(1+i)^4$
⋮	…	…	…
n	$P(1+i)^{n-1}$	$P(1+i)^{n-1} i$	$F=P(1+i)^n$

可以看出，不仅本金逐期计息，而且累计的利息也逐期加利，这与单利法不同。

五、计算资金的时间因素的普通复利公式

工程项目投资贷款时，常采用以下几种支付方式：

一次贷款，一次偿还——属于一次支付序列；

一次贷款，分期等额偿还；

分期等额贷款，一次偿还——属于等额支付序列。

普通复利公式是指以年复利公式计息，按年进行支付的复利计算公式。按支付方式和等值换算的时点不同，可以分为不同的类型。

（一）一次支付复利公式

1. 一次支付未来值公式为

$$F=P(1+i)^n$$

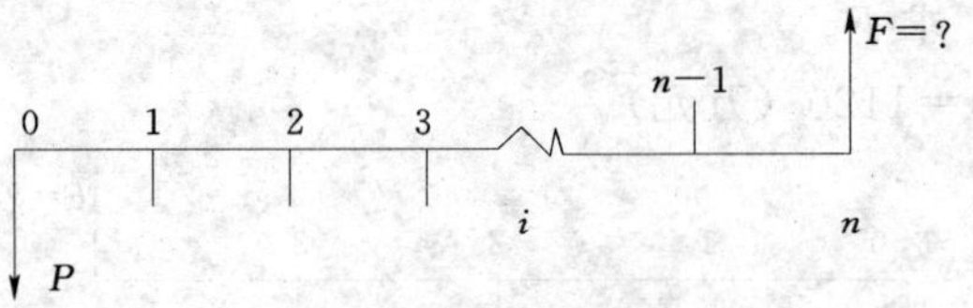

图 2-4　一次支付未来值公式的现金流量图

考虑：现在投资 P 元，利率为 i，到第 n 年末累计本利和将为多少？

如图 2-4 所示。

为计算方便，按不同利率 i 和计息周期 n，计算出的 $(1+i)^n$ 列成一个系数表，称为一次支付未来值系数，通常用 $(F/P,\ i,\ n)$ 来表示。可以查普通复利表。

查表步骤：先找到利率 i，然后查系数 $(F/P,\ i,\ n)$，找到 $n=4$，对应的值即为所求。上式可改成：$F=P(F/P,i,n)$

2. 一次支付序列现值公式（与未来值成倒数关系）

折现（贴现）：把将来一定时间所得的收益换算成现在时刻的价值。

考虑：想在 n 年末得到 F 资金，在年利率为 i 下，现应投资多少？

如图 2-5 所示。

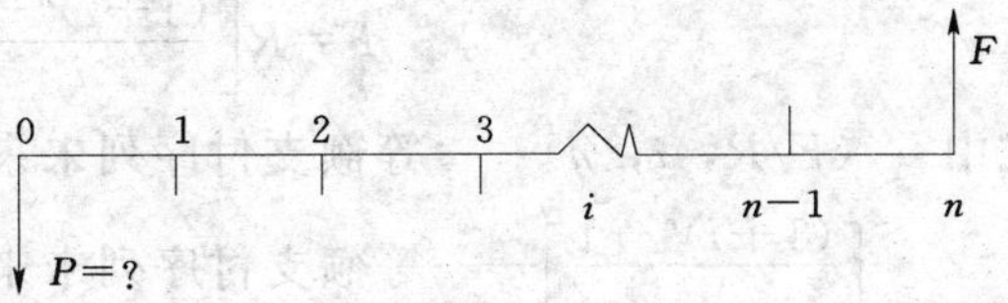

图 2-5　一次支付序列现值公式的现金流量图

计算公式：$P=F/(1+i)^n=F(1+i)^{-n}=F(P/F,i,n)$

其中，$(1+i)^{-n}$ 叫做一次支付现值系数，用 $(P/F,\ i,\ n)$ 来表示，该现值系数可以查普通复利系数表。

【例 2-2】 为在 4 年后，得到 1216 元，按复利计息，年利率为 5%，现投资多少？

解： $P=F/(1+i)^n=1216/(1+0.05)^4=1000$（元）

$P=F(P/F,i,n)=1216\times(P/F,5\%,4)=1216\times0.8227=1000$（元）

（二）等额支付序列复利公式

按等值换算的时点不同，分 4 种情况。

1. 等额支付序列终值公式

在 n 年后，每年末投资 R 元，求第 n 年末累积值是多少？

如图 2-6 所示。

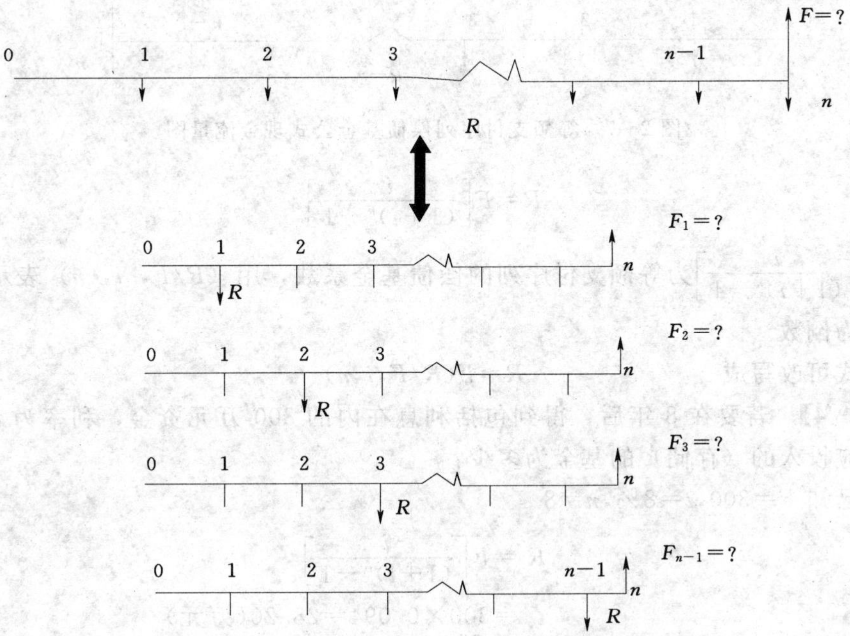

图 2-6　等额支付序列终值公式的现金流量图

分解成 n 个一次支付序列，由一次支付未来值公式：$F=P(1+i)^n$，得

$$F_1=R(1+i)^{n-1},F_2=R(1+i)^{n-2},F_3=R(1+i)^{n-3},\cdots,F_{n-1}=R(1+i)^1,F_n=R$$

$$\begin{aligned}F&=F_1+F_2+F_3+\cdots+F_{n-1}+F_n\\&=[R(1+i)^{n-1}+R(1+i)^{n-2}+R(1+i)^{n-3}+\cdots+R(1+i)^1+R]\\&=R[(1+i)^{n-1}+(1+i)^{n-2}+(1+i)^{n-3}+\cdots+(1+i)^1+1]\end{aligned}$$

$$F=R\left[\frac{(1+i)^n-1}{i}\right]=R(F/R,i,n)$$

式中　$(F/R,\ i,\ n)$——等额支付序列未来值系数；

$\left[\frac{(1+i)^n-1}{i}\right]$——等额支付序列未来值系数，可以用 $(F/R,\ i,\ n)$ 表示。

故上式又可以表示为 $F=R(F/R,\ i,\ n)$。

【例 2-3】 某人每到年末在某银行存款 500 元，连续五年，银行年复利率为 5%，在第五年末存入第五次存款时，账上共有多少钱？

解： $F=R\left[\frac{(1+i)^n-1}{i}\right]=500\times5.526=2763$（元）

在第五年末存入第五次存款时，账上共有 2763 元。

2. 等额支付序列偿债基金公式

问题：为了在 n 年后，得到一笔未来资金 F，从现在起，每年年末必须投入多少资金 R（存储基金）？

如图 2-7 所示。

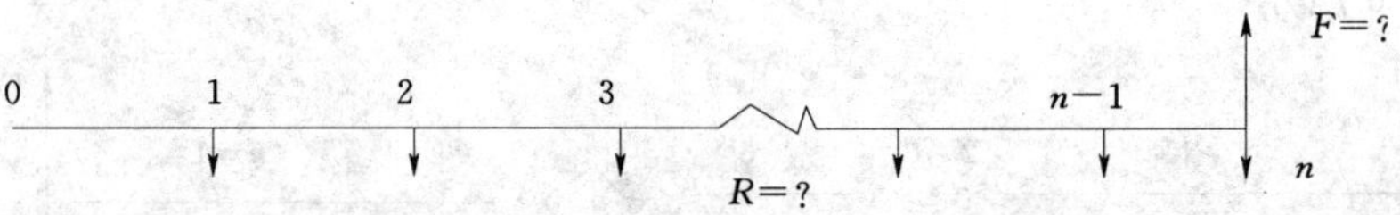

图 2-7　等额支付序列偿债基金公式现金流量图

$$R=F\left[\frac{i}{(1+i)^n-1}\right]$$

式中 $\left[\frac{i}{(1+i)^n-1}\right]$ 为等额支付序列的偿债基金系数，用 $(R/F,\ i,\ n)$ 表示，与未来值系数互为倒数。

则上式可改写成　　　　$R=F(R/F,i,n)$

【例 2-4】 若要在 8 年后，得到包括利息在内的 300 万元资金，利率为 8% 的情况下，每年应投入的（存储）的基金为多少？

解： 已知 $F=300, i=8\%, n=8$

$$R=F\left[\frac{i}{(1+i)^n-1}\right]$$
$$=300\times0.094=28.20\text{(万元)}$$

3. 等额支付序列资金回收公式

问题：若按年利率 i，投入一笔资金 P，希望在 n 年后，每年年末提取等额资金 R 的方式回收，其 R 值是多少？

如图 2-8 所示。

在 n 年内全部回收初始投资 P，必须在 n 年内每年末等额提取的 R 值为多少？

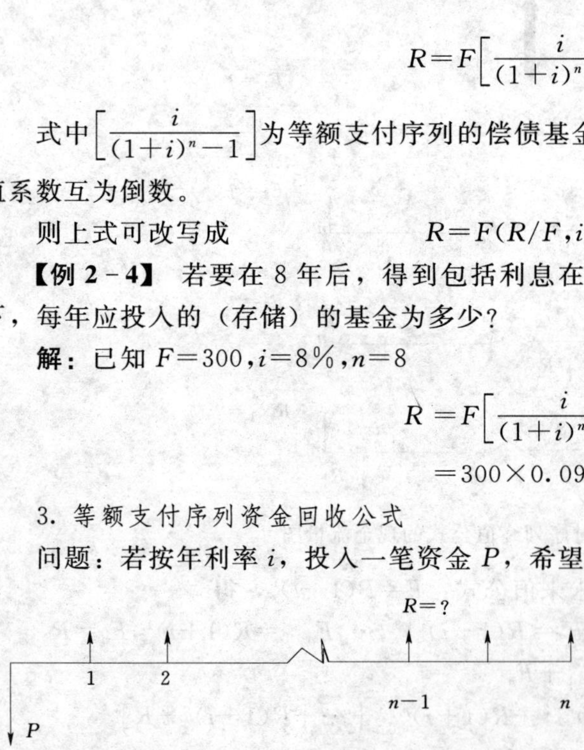

图 2-8　等额支付序列资金回收公式现金流量图

由偿债基金公式 $R=F\left[\frac{i}{(1+i)^n-1}\right]$ 和一次支付序列未来值公式 $F=P(1+i)^n$ 可得：

$$R=P(1+i)^n\left[\frac{i}{(1+i)^n-1}\right]$$

$$R=P\left[\frac{i(1+i)^n}{(1+i)^n-1}\right]$$

式中 $\left[\frac{i(1+i)^n}{(1+i)^n-1}\right]$ 称为等额支付序列资金回收系数，可用（R/P，i，n）表示，则公式可以表示为：$R=P(R/P, i, n)$。

【例 2－5】 元旦，某人将 5000 元存入银行，年复利率为 6%，他想从第一年的 12 月 31 日起，分五年每年年末等额取回，问他每年可取回多少钱？

解： 已知 $P=5000$ 元，$i=6\%$，$n=5$

$$\begin{aligned}R&=P\left[\frac{i(1+i)^n}{(1+i)^n-1}\right]\\&=5000\times0.2374\\&=1187(\text{元})\end{aligned}$$

他每年可取回 1187 元。

4. 等额支付序列现值公式

问题：在利率为 i 情况下，在 n 年内，每年年末能提取等额存款为 R，现需要投入多少资金？

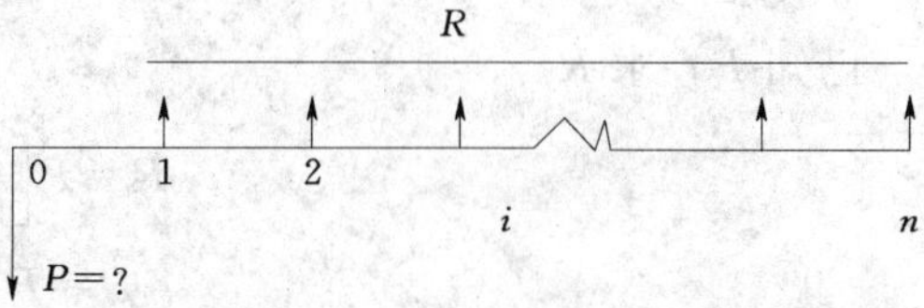

图 2－9　等额支付序列现值公式现金流量图

如图 2－9 所示。

公式为

$$P=R\left[\frac{(1+i)^n-1}{i(1+i)^n}\right]$$

式中 $\left[\frac{(1+i)^n-1}{i(1+i)^n}\right]$ 为等额支付序列的现值系数，用（P/R，i，n）表示，现值因子是资金回收系数的倒数。则上式可表示为：$P=R(P/R, i, n)$。

【例 2－6】 为在未来的 15 年中的每年末取回 8 万元，现需以 8% 的利率向银行存入现金多少？

解： 已知 $R=8$ 万元，$n=15$，$i=8\%$

$$\begin{aligned}P&=R\left[\frac{(1+i)^n-1}{i(1+i)^n}\right]\\&=8\times8.559=68.48(\text{万元})\end{aligned}$$

需以 8% 的利率向银行存入 68.48 万元。

（三）普通复利公式小结

1. 一次支付序列未来值公式

已知 P，求 F。

$$F=P(1+i)^n=P(F/P,i,n)$$

2. 一次支付序列现值公式

已知 F，求 P。

$$P=F\left[\frac{1}{(1+i)^n}\right]$$
$$P=F(P/F,i,n)$$

3. 等额支付序列终值公式

已知 R，求 F。

$$F=R\left[\frac{(1+i)^n-1}{i}\right]$$
$$F=R(F/R,i,n)$$

4. 等额支付序列偿债基金公式

已知 F，求 R。

$$R=F\left[\frac{i}{(1+i)^n-1}\right]$$
$$R=F(R/F,i,n)$$

5. 等额支付序列资金回收公式

已知 P，求 R。

$$R=P\left[\frac{i(1+i)^n}{(1+i)^n-1}\right]$$
$$R=P(R/P,i,n)$$

6. 等额支付序列现值公式

已知 R，求 P。

$$P=R\left[\frac{i(1+i)^n-1}{i(1+i)^n}\right]$$
$$P=R(P/R,i,n)$$

六、名义利率和实际利率

在实际应用中，计息的周期数并不一定以每年为一周期，可能是半年，或每月、每周计一次。由于利息的周期长短不同，同一笔资金在占用的总时间相等的情况下，所付的利息会有明显的差别。

在进行工程方案的经济比较时，若按复利计息，而各方案在一年中计算利息的次数不同，就难以比较各方案经济效益的优劣。这就需要将各方案计息的“名义利率”全部换算成“实际利率”，然后再进行比较。

现举例说明名义利率和实际利率的概念。

【例 2-7】　贷款 1000 元，年利率 12%，按年计息，求一年后的本利和。

解： $F_1=1000\times(1+0.12)=1000\times1.12=1120$（元）

【例 2-8】　贷款 1000 元，年利率 12%，按月计息，求一年后的本利和。

解： $F_2=1000\times\left(1+\frac{0.12}{12}\right)^{12}=1000\times1.127=1127$（元）

例 2-7 和例 2-8 的贷款额和占用时间相同、年利率相同，只因计息的周期不同，F_2

就比 F_1 多 7 元。例 2-7 的利率计算单位和利息的计算周期一致，都是以年为单位。而例 2-8 的利率计算单位是年，利息计算的周期是月，二者不一致。例 2-8 的年利率 12%是其名义利率，实际利率是年利率 12.68%。

名义利率与实际利率的关系式为

$$i=\left(1+\frac{r}{c}\right)^{c}-1$$

$$r=c\left[(1+i)^{\frac{1}{c}}-1\right]$$

上二式中　i——实际利率；

r——名义利率；

c——每年计息次数。

实际利率大于或等于名义利率。每年计息的次数越多，则实际利率增加的就越多。从例 2-7 和例 2-8 可以看出，按月利率 1%计息的结果，大于按年利率 12%的计算结果。按月利率 1%计息，12 个月所得的利息额，相当于按年利率 12.68%一次计息的利息额。

在技术经济分析中，有关投资利率的计算，应以实际利率为比较的基础。

【例 2-9】　某厂向外商订购设备，有两个银行可提供贷款，甲银行年利率 16%，计息周期为年，乙银行年利率 15%，但按月复利计息。试比较应向哪家银行贷款。

解：甲银行的实际利率就是名义利率，为 16%；

乙银行的名义利率 $r=15\%$，需求出实际利率 i；$c=12$，则

$$i=\left(1+\frac{0.15}{12}\right)^{12}-1=16.075(\%)$$

乙银行的实际利率略高于甲银行的实际利率，故向甲银行贷款较优。

第四节　边 际 均 等 原 理

一、边际分析的涵义

边际这个词，英文叫做“marginal”。它是一个形容词，英文的解释是“added”，意思为“增加的”。在建筑业生产过程中，资源投入量的增量 Δx 与取得产品的增量 Δy 之比称为边际资源报酬率，亦即边际产量，用数学公式表示为

$$边际产量=\frac{\Delta y}{\Delta x}$$

式中资源投入量的增量的货币表示称为边际成本，产品增量的货币表示称为边际收益。边际分析就是分析最后一个单位资源的耗费所引起的产品产量的变化，探讨如何根据投入与产出之间的辩证关系，从边际资源报酬率的变化中，寻求投入和产出的最佳组合，从而取得最大的经济效益。

二、资源报酬变化规律

建筑业生产中，客观上存在着资源报酬增减变化的现象。在技术条件不变和其他资源因素投入固定的情况下，某一资源因素继续投入，随着投入量的增加，其所得的报酬（产量）呈不断地变化，开始时每增加一个单位的资源投入可能取得递增或比较平稳的报酬。

当继续追加的投入到了一定限度之后，再追加资源的投入量，单位投入量的报酬就可能出现递减，直到得不偿失。这种客观存在的现象，人们把它叫做资源报酬变化规律。它是边际均等原理的理论基础。从历史发展过程看，科学技术总的趋势是日益进步的，建筑产品产量是不断提高的。若从历史发展的阶段考察，也会发现有技术相对不变和建筑业生产缓慢发展的时期，其延续时间不等，从几年到几十年。但在农作物的一个生产周期内，一般地说，建筑业技术不会有重大的变化，这就为资源报酬变化论发生作用提供了客观条件。

三、边际均等原理

边际均等原理也叫边际平衡原理。它指导人们正确确定农业资源利用的限变，谋取最大的经济效益。从这个要求出发，建筑业资源利用以达到边际收益与边际成本相等为度，这时的总经济效益为最大。在经济效益的边际分析中，这是一个基本原理，称为边际均等原理。在资源投入过程中，只要边际收益大于边际成本，就可以继续投入更多的资源，以期获得更大的经济效益。如果边际成本大于边际收益，那就不要投资，以避免遭受增产减收或减产减收的损失。

复习思考题

1. 什么是经济效果？
2. 经济效果与经济效益有何不同？
3. 工程项目投资经济效果包含哪些因素？
4. 工程项目投资经济效果评价原则是什么？
5. 工程项目投资的经济要素都有哪些？

第三章　建筑产品的商品属性和建筑市场

第一节　建　筑　产　品

作为国民经济中独立的物质生产部门，建筑业向社会提供自己的产品。建筑业的产品是社会总产品中的重要组成部分。与国民经济其他物质生产部门的产品相比，建筑业的产品无论在实物形态方面，还是在价值形态和功能目的等方面，都有着显著的特征。正是由于建筑业的产品所具有的这些特征，才使得建筑经济运动具有特殊的规律性。因此，分析研究建筑业产品的性质、技术和经济特征，不仅是进一步研究建筑生产活动经济问题的基础，也是研究整个建筑经济运动规律的基础，因而是建筑工程经济学研究的重要内容之一。

一、建筑产品的概念

所谓建筑产品，是指建筑业向社会所提供的具有一定功能、可供人类使用的最终产品，是经过勘察设计、建筑施工、构配件制作和设备安装等一系列劳动而最终形成的。在我国，通常把建筑产品分为房屋建筑、构筑物以及机械设备和管道的安装工程。房屋建筑，是指那些具有顶盖、梁柱、墙壁、基础而形成内部空间，具有满足人类生产或生活活动所需要的各种功能的建筑产品，如厂房、住宅、办公楼、医院、学校、影剧院、商场等；构筑物，是指那些仅具有基础结构和上部结构、不具有内部空间，或虽有一定的内部空间、但不以人类在其中活动为功能目的的建筑产品，如桥梁、铁路、公路、隧道、涵洞、烟囱、机坪等。至于机械设备，虽然其本身的价值不是由建筑业所创造，不是建筑业的产品，但是，要真正实现其使用价值，还有赖于建筑业的劳动，如：建造机座、按照生产工艺的需要将其固定安装在一定的位置上等。这部分安装工程的价值则属于建筑产品的范畴。

另外，我国通常还把建筑产品按其施工完成程度分为已完工程、已完施工和未完施工。所谓已完工程，是指已完成设计的全部要求、实现预期的使用功能、整个工程全部竣工可以交付使用的建筑产品；所谓已完施工，是指已经完成设计要求、不需要再进行加工的分部分项工程；所谓未完施工，是指已经投入人工、材料、机具等，但尚未完成设计要求的分部分项工程。不难看出，只有已完工程才是具有实质意义的建筑产品。之所以把建筑产品按其完成程度作这样的划分，是因为建筑产品的生产环节多、生产周期长、占用资金多，一般采用按月结算的方式，以利于控制生产进度和加速流动资金周转。月度结算的依据是已完施工的数额。从这个意义上说，已完施工已经完成了生产和交换过程，可以看作是“假定产品”。

为了研究建筑产品的性质、技术和经济特征，必须进一步把建筑产品从概念上严格化，最重要的是要把建筑产品与建筑工程项目从概念上严格区分开来（图 3－1）。

建筑工程项目有广义和狭义之分。广义的建筑工程项目包括项目评估、决策和项目实

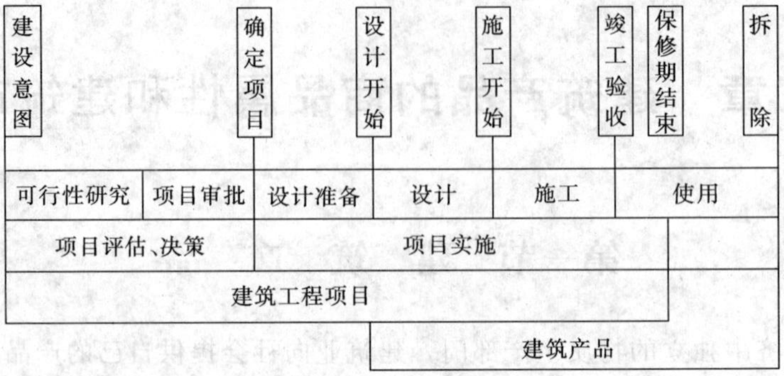

图 3-1　建筑工程项目和建筑产品的时间范畴

施两个阶段，而狭义的建筑工程项目仅指项目实施阶段。

不论是广义的还是狭义的建筑工程项目，都有明确的开始时间和预定的结束时间。虽然实际的结束时间与预定的结束时间之间往往有一定的差异，但是，在正确进行项目决策并有效地进行项目实施阶段管理的前提下，这两者之间的差异不会很大，有时甚至是完全一致的。而建筑产品虽有明确的开始时间，却没有明确的结束时间。当然，人们也可以对建筑产品规定一个预期的结束时间，但由于建筑产品使用过程中的不确定因素太多，如人为因素、自然因素、环境因素、社会因素等，这些因素都是很难提前几十年预先作出精确估计的。因此，即使给建筑产品一个预定的结束时间，也往往与实际的结束时间有很大的差异，因而，可以认为建筑产品的结束时间是不确定的。需要说明的是，建筑产品的拆除工作表现为一个过程，要持续一定时间。从实物形态上看，只有到拆除工作完毕后，建筑产品才消失了，才真正“结束”了。但是，当建筑产品到了必须拆除的时刻，就已经丧失了其全部作用价值，从这个意义上说，建筑产品已经结束了。因此，这里把“拆除”理解为一个瞬时时刻，而不是一个时间区间。

从图 3-1 中可以看出，不仅广义的建筑工程项目的开始时间早于建筑产品，而且狭义的建筑工程项目的开始时间也早于建筑产品。不论是广义的还是狭义的建筑工程项目的结束时间都早于建筑产品。明确这一点非常有必要。因为不仅在实践中有许多人把建筑产品仅仅理解为设计和施工两个阶段，而且在理论界也有不少学者持这种观点，至少从他们的专著或论述中得到这种印象或产生这样误解。这是造成把建筑产品与狭义的建筑工程项目在概念上混淆起来的重要原因，也是建筑工程经济学与有关学科，如基本建设经济学、建筑工程项目管理学等相混淆的重要原因。

应当提出，图 3-1 中的建筑工程项目的时间范畴是指经可行性研究认定“可行”、已作出建造决策并经项目实施而最终实现的建筑工程项目而言的。实际上，一个建筑工程项目可能在项目评估、决策阶段就被可行性研究否定而告结束，也可能在项目实施阶段由于意外的困难，如资金短缺、天灾等原因而停建、缓建或不建，提前结束或者推迟预定的结束时间。如果从实物形态上分析，一个建筑工程项目可能仅仅停留在建设意图或设计的某个阶段，而根本没有形成工程实体；也可能虽然形成了工程实体，但还没有完全实现设计所要达到的形体和功能要求就已经结束了。而建筑产品则是由外在形体和内在功能所构成的一个综合概念，功能不能脱离形体而孤立地存在，没有形体也就根本谈不上功能；若仅具有预定的形体却不具备预定的功能就不成其为预定的建筑产品，甚至可能不成其为建筑产品。例如，一个预期的歌剧院可能由于建筑声学设计不合理，或吸音材料不符合要求而不能达到上演歌剧的功能要求，只好稍作修改或不作修改而作为电影院投入使用。在这种情况下，歌剧院是预定的建筑产品，而电影院虽然还是建筑产品，但已经丧失了预定的功能。又如，一座大型铁路公路两用钢制桥梁，在建成以后可能由于其自身的固有频率与某种不常见的风速下的频率非常接近而产生共振现象。虽然这座钢桥的结构没有完全毁坏，但已经完全丧失承受荷载的能力。在这种情况下，这座钢桥已经实现并能保持设计所要求的形体，但却没有实现预期的功能（通火车和汽车）。因此，它充其量只是一个具有桥梁形体的钢铁堆砌物，而不是具有使用功能和意义的桥梁。换句话说，它不仅未成为预定的建筑产品，也未成为建筑产品。

当然，建筑工程项目和建筑产品在时间范畴上也有重叠的区间，尤其是狭义的建筑工程项目，其大部分时间与建筑产品重叠。在这重叠的时间区间内，建筑产品和建筑工程项目都有许多类似甚至相同的问题，只是由于研究考察的角度和出发点不同，而形成不同学科研究内容的差异和特征。例如，同为费用问题，投资经济学侧重于研究如何合理确定投资方向和投资结构，并在此基础上研究如何确定一个工程项目（这里涉及的是广义的建筑工程项目）的投资规模和投资方案；建筑工程项目管理学则侧重于在既定的投资条件下，研究如何实现一个工程项目（这时涉及的是狭义的建筑工程项目）的投资目标；而建筑工程经济学却侧重于研究设计与施工的相关性、设计对项目经济性的影响，以及建筑产品的价值形态、价格形成过程和价格构成等问题。因此，在明确建筑产品和建筑工程项目时间范畴的前提下，要特别注意两者在时间重叠区间内的特征和区别，以避免把两者混淆起来，从而混淆建筑工程经济学与相关学科之间的界限。

还需要说明的是，我们把建筑产品和建筑工程项目从概念上加以严格区分，是出于明确不同学科研究对象的需要，是人为规定的。而实际上，建筑工程项目和建筑产品往往表现为一个连续的过程，并不能截然分开，这两个概念可能同时依附于一个工程实体。从图3-1中可以看出，当工程竣工验收后，具有预定形体和功能的建筑产品已经形成，同时也形成建筑工程项目的实体，而建筑工程项目并未到此结束。这时，就工程实体而言，区分建筑产品和建筑工程项目并无意义。

二、建筑产品的经济属性

从经济属性上来分析，建筑产品既具有一般工业产品的共性，又具有其自身明显的特征。下面就建筑产品的资本和资产功能加以说明。

建筑产品经济属性的核心是它具有资本和资产的功能。我们知道，资本是动态概念，它着眼于资本在经济活动中的作用。资本可分为实物资本和金融资本，亦可分固定资本和流动资本。资本与投资有关而与消费相反，它最重要的作用是生产剩余价值或附加价值。建筑产品是实物资本、固定资本。至于资产则是静态概念，它是以市场价格为中心的。资产既可分为有形资产和无形资产，也可分为固定资产和流动资产以及其他资产。资产与企业的生产和经营密切相连，流动资产通常是一次性摊入产品成本，而固定资产则是以折旧方式分期摊入产品成本。建筑产品是有形的固定资产。不论是叫资本还是叫资产，作为建筑产品的价值来说都是相同的。也可以认为，资本是建筑产品的价值形态，资产是建筑产品的实物形态。

与工业生产的机械、设备相比较，建筑产品的资本或资产功能有所不同。机械、设备等直接与生产过程相结合，它的运转率的大小直接影响资本的耗损程度。而建筑产品本身并不直接参与生产过程，不完全受机械、设备运转率的影响。只是因为如果没有建筑产品，工业生产就不能进行，才将其参加到资本之中的。从这一点来看，建筑产品的资本功能是间接性的。另外，从机械、设备的角度来看，一般都要求建筑产品在温度、湿度、光线、稳定、防震、平整度等方面有足够的使用功能，以保证机械、设备的正常运行和规定的加工精度；从工人的角度来看，如果工厂的劳动环境好，生产的积极性和劳动效率相对就高一些。从这一点来看，建筑产品资本功能又具有直接的经济效果。当然，最能直接表现建筑产品资本功能的例子，是旅馆、出租式办公楼或公寓。这时，通过房租的一系列收益，可以直接计算建筑产品这一资本的价值。不过这时应注意，要扣除由土地所带来的收益。

至于像私人房产这种在现实中不产生收益的资产，怎样看待它的资本功能呢？对这个问题，可用“假定房租”的模拟思考。即假设这幢住宅是租来的，可按房租多少计算出它的假设收益。也就是在私有房产居住者的全部收入中，相当于把假设收益的那部分不用来支付房租而作他用，然后再把这些收益部分看作是从住宅中取得的。其实，不仅是住宅，其他许多建筑产品也都可以分成自己使用的和出租的。也就是说，上述想法不只是单纯的模拟，在现实中也是行得通的。

固定资产与流动资产是相对而言的，前者是指难以现金化而长期使用的资产，后者则是指现金和能转化为现金的证券等。因此，建筑投资是流动资产向固定资产转化，并不增减资产价值的总额。随着时间的推移，建筑产品作为资产也将逐渐贬值，到了使用年限终了时，其资产价值也消失了。为了维持资产价值的总额，就要不断使固定资产向流动资产转化。这种转化之所以可能，就是因为建筑产品具有资本的功能。更确切地说，建筑资本的增值部分和回收部分，是靠一系列的收益来维持的。

评价建筑产品资本和资产功能的方法如下：

建筑产品作为资本的功能，尤其是它的物理性能，即使到了使用年限的终了时，仍具有相当的活力。因此，在把建筑产品作为资产来评价时，可以采用资产净值和资产原值两种方法。这两种方法分析的角度不同，作用也不完全相同。资产净值反映的是资产的现有价值，虽然从数值上看，这只是资产的账面价值，受折旧方法和折旧年限的影响，但在统一折旧原则的条件下，资产净值与其实际的市场价值基本上是保持一致的。资产原值则一般认为是近似地反映资产的使用价值，把资产看作在整个使用期内都不减值，不论经过多少年，都按照新产品的价值进行计算。这样，对于建筑产品来说，按资产原值评定比按资产净值评定更接近资本的物理性能，另外，还能避免逐年贬值计算上的麻烦和折旧的方法的影响。

从资产角度评价建筑产品时，还涉及到净原比这个概念，它反映资产净值与资产原值的比值，即

$$净原值=\frac{资产净值}{资产原值}\times 100\%$$

净原值是反映资产有用程度或新旧程度的指标。当然，净原比的大小是受折旧方法和折旧年限的影响的。因此，以建筑资产的净原比与其他有形固定资产（如机械设备、交通工具等）的净原比直接比较，并无很大的经济意义。即使对于不同类别的建筑资产，也要在统一折旧方法的前提下进行比较才有意义。

第二节　建筑产品的价值

对价值这个概念，在政治经济学中表达为“凝结在商品中的一般的无差别的人类劳动或抽象的人类劳动”。实际上，人们对“价值”的理解往往并不是这么抽象化的。人们判断某一物品有无“价值”，常常是从物品的“有用性”（注意：不要与使用价值相混淆）来考虑的。例如，在价值工程中，把价值定义为功能与费用之比，价值又总是与具体的物质联系在一起的。物质和价值是两个不可分割、互相补充的概念。经济价值的承担者始终是物质。从一般的经济意义来看，某一物品有无价值，取决于对该物品的需求、该物品所具有的效用及其相对稀缺性。

这里是从一般经济意义出发来阐述建筑产品的价值的，须注意将其与政治经济学中的“价值”概念相区别。这并不意味着否定政治经济学中关于“价值”的定义，只是阐述的角度不同。

一、建筑产品的价值形态

建筑产品的价值形态，可以根据不同的分类目的和方法来划分，如果我们以建筑产品的“有用性”作为划分标准，建筑产品的价值形态有以下三种：使用价值、交换价值和收益价值。

1. 使用价值

所谓建筑产品的使用价值，是指建筑产品直接用于某种需求所表现出来的价值。对建筑产品的使用价值，不要局限于物质生产和日常生活需要的范围来理解，而要从建筑产品可能具有的一切功能来分析。建筑产品的使用价值是通过它所具备的功能体现出来的。不同的建筑产品具有不同的功能，但这些功能都可以归纳为使用功能和形象功能两大类。使用功能为满足技术或经济目的的所有功能，而形象功能则是指那些非技术、非经济的功能，例如美学、舒适、代表性（显示拥有者或使用者的地位、身份、权力）等。建筑产品的使用功能又可以按照功能级别划分为必要功能、应有功能、可能功能、不应功能和不许功能。必要功能又称主要功能，如建筑物的坚固性、内部技术设施的可靠性等；应有功能又称次要功能，如卫生设备和采暖设备要易于维修等；可能功能是指一些可有可无的功能，如某些已经过时的功能；不应功能是指应力求避免的功能，如耗能较高、隔声效果不佳等；不许功能则是指不允许出现的功能，如耗能指标超过规定标准、防火不符合要求等。

各种建筑产品满足以上功能的程度各不相同。正是由于这种差异性，才显示出建筑产品使用价值的差异。一般来说，同类建筑产品的使用价值较易比较，而不同类建筑产品之间则较难比较它们的使用价值。如果把某一建筑产品的使用价值看作常数，其形象功能与使用功能就显示出此起彼落的状况。

2. 交换价值

所谓建筑产品的交换价值，是指建筑产品用于交换其他产品所表现出来的价值。

建筑产品的交换价值首先决定于在社会（部门）平均的劳动熟练程度和劳动强度情况下，生产该建筑产品所需要的必要劳动时间。简言之，取决于社会必要劳动时间。容易看出，这就是政治经济学中定义的“价值”。为区别起见，这里称之“创造价值”。

需要作以下几点说明：一是由于建筑产品具有多样性的特点，一般建筑产品不能按照最终产品的劳动时间来确定它的社会必要劳动时间，而通常是按照分部、分项工程所消耗的时间来确定，但其确定社会必要劳动时间的原理仍然是适用的。二是建筑产品的必要劳动时间也包括生产该建筑产品所需要的物化劳动时间，这部分劳动时间不直接表现为建筑企业所消耗的劳动时间，而是通过转移价值的形式间接反映出来的。三是建筑产品的价值往往与其生产费用相关联，有时从表面看似乎是由生产费用决定的。这实际上是一种错误的观念，是把社会必要劳动时间和生产费用混淆起来了。虽然劳动消耗总是以工资、利润等形式表现出来，但真正体现建筑产品交换价值的是凝聚在不同产品中的“无差别的劳动”，而工资、利润等则受到许多因素的影响，有时在不同部门之间存在由于人为因素产生的较大差异。四是建筑产品的交换价值取决于其社会必要劳动时间这一结论，是基于这样一个假设的前提——各部门生产出的产品都是人们所需要的商品。换句话说，社会总劳动在各生产部门的分配是完全符合社会需要的。而这一假定是任何经济系统都难以真正实现的，充其量只能达到动态平衡。

因此，建筑产品的交换价值还取决于它的效用。建筑产品的效用表示人们对建筑产品的需要所得到的满足程度。建筑产品的效用是客观和主观的统一。说其是客观的，是因为：第一，建筑产品的自然属性本身是客观的，也就是说，能提供效用的建筑产品必然具有一定的使用价值，同时，能满足人们需要的建筑产品又客观存在；第二，人们对建筑产品欲望的满足，虽然表现为意识，但是欲望本身并不决定意识，而只是借助于意识间接地表现出来，真正决定人对建筑产品的欲望是否满足和满足程度如何的，是他所处的历史条件和经济地位。说建筑产品的效用是主观的，是因为建筑产品能否满足人们的欲望以及满足的程度如何，必须以人的心理意识为中介而反映出来。只有客观的一面或只有主观的一面都不能反映建筑产品的效用。

建筑产品所能提供的效用，会因人们的经济条件、文化素养、民族传统、习惯爱好等的不同而有所不同，因而较难对其进行描述。

综上所述，建筑产品的交换价值由生产该建筑产品的社会必要劳动时间和该建筑产品所具有的效用两方面因素决定。

3. 收益价值

建筑产品的收益价值，是指建筑产品通过一系列价值转换过程所能得到的收益的价值。如前所述，建筑产品具有资本和资产的功能，这一功能是通过在使用过程中产生的收益表现出来的。人们在取得建筑产品（建造、购置或租赁）之前，除了考虑它的使用功能之外，很重要的一个出发点就是考虑能否收回用于该建筑产品的投资并从中得到所期望的收益。

建筑产品在使用过程中的收益一般是按年计算的。由于这些收益发生在不同的年份，因而要采用现值法统一折算到取得建筑产品时的年份。这样，建筑产品的收益价值就可以表示为建筑产品各年度收益的现值之和。

二、评价建筑产品价值的影响因素

以上分别对建筑产品的使用价值、交换价值和收益价值进行了分析。作为一种客观存在，建筑产品各种形态的价值表现出它内在的、不以人的意愿为转移的属性。但是，作为相对于人而存在的客体，建筑产品各种形态价值量的高低总是要通过人对它的评价而表现出来。在评价建筑产品价值时往往要受到许多因素的影响，这些影响因素可归纳为主观因素、社会因素、地区因素、环境因素、市场因素和科技因素等六个方面，现分述如下。

1. 主观因素

主观因素包括价值观念、道德观念、消费能力、消费观念、消费心理等。既然人是作为主体对作为客体的建筑产品进行评价的，人的主观因素必然影响到评价结果。例如，人所处的社会阶层和消费能力不同，对建筑产品使用价值的追求就不同。大多数人满足于使用功能中的必要功能和应有功能，而少数人则看重建筑产品的形象功能；人的职业、思想境界、文化素养、习惯爱好各不相同，所能接受的价值评价方法和标准就会有差异，评价建筑产品价值的出发点也就不同；即使在消费能力相同或基本相同的条件下，由于存在消费观念和消费心理的差异，对建筑产品价值的评价也会产生截然不同的结果。

由于人的主观因素相对来说是不稳定的，在很短的时间内可能发生很大的变化，因而对建筑产品价值评价的影响不很持久，这也使得对建筑产品价值的评价产生一定的不确定性。因此，在评价建筑产品价值时，要注意避免由于主观因素而产生的差异性、不稳定性和不确定性，尽可能使评价结果客观而合理。

由于主观因素存在的差异，同一使用价值的建筑产品会产生不同的效用。从另一方面来看，即使是同一种建筑产品，对于同一个人，也会因该建筑产品提供的时间和数量的不同而发生变化。一个人消费同一建筑产品（例如住宅），消费后一单位建筑产品所产生的效用，总是比消费前一单位建筑产品所产生的效用来得少，这就是经济学所说的边际效用递减规律。在现实社会中，一方面由于消费能力的限制，人们不可能在建筑产品的消费得到充分满足后才去消费其他产品；另一方面由于生产能力的限制，社会不可能为每个人提供足够的、适合他们消费欲望的建筑产品。

这就产生了如何在现有生产能力和消费能力的条件下取得最大总效用的问题。这是每个经济系统都希望努力达到却又难以真正实现的目标。但是，根据边际效用递减的基本原理，优先安排需求量和供给量差距较大的建筑产品的生产，应当是能够做到的。如果能确实做到这一点，就可以在对建筑产品总投入不变的前提下，提高建筑产品总价值量，并产生良好的社会效果。

2. 社会因素

社会因素包括政治、经济、法律、文化等。一个国家的政治制度、经济制度、所有制形式、与建筑产品有关的税收制度和技术规范或条例、社会经济发展的状况和水平等，都直接影响到对建筑产品价值的评价。例如，在公有制条件下，尤其是当土地和建筑产品无偿使用或低价使用时，建筑产品的效用均较高，但它的收益价值却显得很低；在社会经济状况不够稳定时，建筑产品的交换价值和收益价值一般都会提高；而当房产税、土地使用税（费）提高时，似乎直接导致降低建筑产品的收益价值，其实很可能恰恰相反。

社会因素对评价各类建筑产品的价值均有影响，其影响力比较持久。当社会因素发生变化后，原有的影响仍将在相当长的一段时间内起作用。在这种新旧社会因素交替的时期内，由于各种社会因素同时存在多种状态，使得对建筑产品价值评价的影响复杂化，也直接影响到评价结果。另外，社会因素的各个方面是相互联系、相互影响的有机整体。如果仅仅其中某一方面发生重大变化，而其他方面却基本维持原状，则对建筑产品价值的评价一般不会产生太大的影响。这意味着，如果想通过改变社会因素的现状来改变原来对建筑产品价值评价的方法和标准，必须对社会因素的各个方面进行综合考虑，才可能取得预期的效果。

3. 地区因素

地区因素是指由于建筑产品所处的地理位置不同而对评价其价值所产生的影响。“地区”这个概念范围很广，可指世界各国、各地区，也可指某确定的建筑区域（如住宅小区）内的具体位置。这里在分析评价建筑产品价值的地区影响因素时，主要是从国家和城市两个方面来考虑。

任何一个国家，都存在经济发达地区和经济不发达地区，也都存在城市和农村之别。同一建筑产品在不同地区所表现出的交换价值和收益价值就有很大差异。例如，在偏僻的农村，一个使用功能良好、创造价值较高的建筑产品所产生的交换价值和收益价值很低，有时甚至可能无法实现其交换价值和收益价值；而类似的建筑产品在城市，尤其是大城市，其交换价值和收益价值则将成倍乃至成十倍百倍地提高。

从一个城市来看，无论是自然形成还是通过城市规划有计划地建设，城市都是由许多不同的功能区域构成的。建筑产品要适得其所，才能充分发挥它固有的功能并充分实现其价值。同一建筑产品在城市不同的功能区域所表现出的价值也不同。例如，在工业区建造住宅虽有便于职工上下班的优点，但仅限于对该工业区的职工有一定吸引力，总体上则价值较低；而在繁华商业区建造住宅，虽然可以提高住宅的交换价值和收益价值，但却远不如建造商业建筑更合适；如果在生活区建造对环境有污染的工业建筑，则将大大降低生活区建筑的价值。

地区因素对建筑产品价值的影响是显而易见的。尽可能将建筑产品建造在能产生较大交换价值和收益价值的地区，符合一般的经济要求，是无可指责的。但是，要注意避免急功近利的思想和做法。就国家范围而言，片面追求建筑产品短期的交换价值和收益价值，就有可能导致地区间经济不平衡的状况日益加剧。因此，不但要充分考虑建筑产品在不同地区所表现出的价值差异，还要从长远的观点考虑和利用地区因素对建筑产品价值的影响。

4. 环境因素

这里所说的环境因素是指建筑产品的外部环境，主要包括建筑产品周围的商业、文化、教育、医疗设施，公共交通以及一般交通条件、绿化用地和休息场所等。

所谓外部环境，是相对于作为评价对象的建筑产品而言的。而大多数“外部环境”本身也是建筑产品。所以，“外部环境”对建筑产品价值的影响，实际上也可以看作是建筑产品之间的相互影响或相关作用。“外部环境”的条件状况，主要影响到建筑产品的交换价值和收益价值。在建筑产品本身的使用功能和创造价值一定的前提下，改善其“外部环境”，将提高其交换价值和收益价值，其提高的幅度在确定的时间内与“外部环境”改善的程度呈正相关，但也存在与边际效用类似的递减规律。

与建筑产品“外部环境”有关的因素对评价建筑产品价值的影响是错综复杂的。在多种外部环境因素并存时，一般都表现为综合作用，很难逐一分解，也很难确立被普遍接受的定量化评价标准。但是，不管怎么说，只要能使每个建筑产品都具有必要的、尽可能好的“外部环境”，就可以在对建筑产品总投入不变的前提下，提高建筑产品总的价值量。

环境因素与地区因素既有区别又有联系，当“地区”所指的范围较小时，尤其要注意这两者之间的区别。这时的“地区因素”，可以认为是以“外部环境”既定且相对稳定为前提，对特定的建筑产品的价值进行评价，它强调该建筑产品要与“外部环境”相适应，才能最大限度地体现其价值；而环境因素所考虑的“外部环境”则相对不稳定、不完善，尚处于不断的开发过程之中，它侧重于强调通过改善“外部环境”来提高已有建筑产品的价值。

5. 市场因素

这里所说的市场因素，主要是指资金市场和土地市场。

在不完全以自有资金建造建筑产品时，资金市场首先就影响到建筑产品的“创造价值”。即使完全使用自有资金，也要参照资金市场的利率来计算“创造价值”。其次，在计算建筑产品收益价值时，资金市场的利率是起决定作用的参数之一。当然，资金市场本身也受很多因素的影响。就国内资金市场而言，利率的高低往往是多种因素的综合体现。

我国已废除了土地私有制，城市土地归国家所有，农村土地归集体所有，因而土地市场具有相应的特点，在土地公有制的条件下，在土地市场中实现的不是土地所有权的转移，而是土地使用权的转移。土地的使用权也可以转让、继承、抵押。这样，就出现了“地尽其用”，即最佳地利用土地资源的问题。土地市场的开放程度越高，对建筑产品价值的影响就越大、越深、越久。在城市，土地价值的增长速度一般都高于建筑产品本身价值的增长速度。在评价建筑产品时，要尽可能合理地将由于土地增值而产生的影响予以扣除。不同地区、不同城市以及同一城市的不同区域，土地市场对建筑产品价值的影响甚为悬殊。只要认真研究、客观分析，是可以加以区分的。

资金市场和土地市场是两类性质不同的市场，各有其自身的运动规律。但是，就对评价建筑产品价值的影响来说，两者又具有一定的共性，主要表现在：一是都具有资源有限性，常常表现出需求大于供给，尤以土地市场为甚；二是都可以进行定量计算，容易找出其变化规律。不过，土地价值计算的数学模型还涉及到有关的经济理论，观点尚不尽一致，因而也就显得更为复杂。

6. 科技因素

毋庸置疑，建筑领域科学技术的任何发展都会对建筑产品的价值产生影响，其中影响较为突出的主要有以下几个方面：①新型建筑材料，包括结构材料、围护材料、装饰材料；②新的建筑设计、结构设计理论和新的结构形式；③新型施工机械和施工工艺；④科学地确定建筑产品技术寿命和经济寿命的理论和方法。

不同的科技因素对建筑产品价值的影响也不同。有的可以改善建筑产品的使用功能，如保暖、隔热、隔声、采光、通风、内部空间的利用和灵活安排等，从而使建筑产品更适合人的使用要求，提高其使用价值；有的可以降低建造费用，或加快施工进度，从而直接提高建筑产品的收益价值；有的可以提高结构耐久性，或减缓建筑产品及其组成部分的老化过程，减少维修费用和其他使用费用，从而延长其技术寿命和经济寿命，当然也就相应地提高了收益价值；有的则可以加深人们对建筑产品技术寿命和经济寿命的认识，更加客观地反映它们的运动规律，从而使建筑产品价值计算的结果更为准确可靠。

同一科技因素对建筑产品价值的影响往往是多方面的。例如，某种新型建筑材料可能既改善了使用功能，又具有便于施工操作的优点，而且可以减少维修费用；某种新的结构形式可能既提高了结构耐久性，又具有便于灵活安排内部空间的优点，而且可以降低建造费用、加快施工进度。这种多方面的影响反映了科技因素的综合作用，也反映了分析科技因素对评价建筑产品价值影响的复杂性。

不同科技因素往往要相互结合才能实现其对建筑产品价值的影响。例如，新结构常常需要采用新型高强、轻质材料才能变为现实；新材料、新结构可能需要研制开发新型建筑机械或施工工艺才能用于建造建筑产品；新的结构设计理论又常常与确定技术寿命和经济寿命的理论和方法密切相关。不同科技因素之间的相互结合、相互使用在许多情况下又是互为条件、互为前提的。因此，在分析各种科技因素对评价建筑产品价值的影响时，要尽可能地客观，不要片面强调或突出某种科技因素的影响。

从以上分析可以看出，这六方面影响因素对建筑产品不同的价值形态所产生的影响不尽相同。例如，主观因素和社会因素是影响建筑产品形象功能的主要因素；环境因素和科技因素则主要是影响使用功能和收益价值；地区因素和市场因素主要影响建筑产品的交换价值和收益价值；社会因素虽然影响面最广，但对使用功能的影响却相对较小。因此，明确对建筑产品某一价值形态进行评价时，为简单起见，可着重考虑与此价值形态密切有关的影响因素，而对其他因素则不予考虑。

以上分别对评价建筑产品价值的六个方面影响因素进行分析，并对各因素的主要影响作了归纳。有必要特别指出，这六个方面影响因素不仅各含有多种因素，而且相互之间存在着交互作用，不能截然分开。例如，人的价值观念往往在相当程度上与社会政治制度和经济制度密切相关；社会的经济发展状况决定了科技水平、市场条件、地区状况、消费能力；科技的发展水平不仅会改变建筑产品的使用功能、技术寿命和经济寿命，而且可能逐步改变人的消费观念乃至价值观念。总之，这些影响因素总是综合发挥作用，难以区分主次，且大多难以进行定量分析。但是在评价建筑产品价值时，尤其是对其进行定量分析时，对以上各方面因素进行客观分析（尽管是定性的），会使评价结果更为合理。

还应看到，这六个方面影响因素本身也在发展变化。在一定时期内，各种影响因素发展变化的速率不可能完全相同，这也会影响到建筑产品价值的评价结果。例如，在一般情况下，科技因素的影响相对稳定，但当科学技术或有关的理论研究取得突破性进展时，对建筑产品价值的评价就会产生重大影响。

三、建筑产品价值形态之间的关系

建筑产品的使用价值、交换价值和收益价值是三个相互区别而又相互联系的概念。分析建筑产品这三种价值形态之间的关系有助于加深对它们的理解。

建筑产品的使用价值首先表现为其交换价值和收益价值的物质承担者。如果某一建筑产品没有使用价值，就是无用之物，无用之物就根本不具有价值，严格地说，也就不成其为建筑产品。尽管人们在生产建筑产品时花费了大量的劳动，但这些劳动被白白浪费掉了，不能形成价值。其次，建筑产品的使用价值是实现其交换价值和收益价值的前提条件。对于期货生产的建筑产品来说，总是为满足某种特定的需要而生产的，因而一般都能实现其交换价值和收益价值。但是对于现货生产的建筑产品，如果它的使用价值不符合社会的需要，就不能实现其交换价值和收益价值，它的价值就不会被社会所承认；而即使它的使用价值符合社会需要，但其生产的数量超过了社会对它的需要量，则多余部分的建筑产品就不能实现其交换价值和收益价值，也就“丧失了”其所具有的使用价值。

从另一角度来分析，建筑产品的交换价值在建筑产品三种价值形态中处于一种核心的地位。如前所述，建筑产品的交换价值由社会必要劳动时间和效用两方面因素决定。其中效用这一因素既能反映建筑产品的使用价值，又能反映建筑产品的收益价值。而社会必要劳动时间这一因素则在一定程度上决定着建筑产品的使用价值和收益价值。如果某一建筑产品不具有交换价值，也就意味着它没有使用价值，也没有收益价值；如果某一建筑产品消耗了许多社会必要劳动时间，但所具有的效用却很低，则意味着它所具有的使用价值要么不能全部实现，要么不符合社会的需要，也就很难实现其收益价值。这里，尤其要注意建筑产品交换价值和收益价值两者之间的区别：前者反映了建筑产品客观上具有的价值量，虽然也受主观因素影响，但客观性占主导地位，而后者所反映的建筑产品的价值量，固然不能脱离客观实际，但却带有强烈的主观判断性（估计）；前者主要体现了建筑产品总体或某类建筑产品所具有的价值量，而后者则体现的是具体的建筑产品所具有的价值量；前者是对建筑产品价值量的一种定性、抽象的描述，而后者则是通过一系列参数对建筑产品的价值量进行具体的、实实在在的计算。

从建筑产品所具有的资本和资产功能这一属性来看，正是由于建筑产品具有收益价值才会产生对建筑产品的投资行为。换句话说，建筑产品的收益价值是建筑产品投资者所追求的目标。由于建筑产品的收益价值不能脱离其使用价值和交换价值而独立存在，这就要求在确立建筑产品收益价值目标时，必须同时确定与收益价值相适应的使用价值，并考虑交换价值中社会必要劳动时间和效用两因素对收益价值的影响。对建筑产品的投资者主要是指收益价值，也可包括交换价值；对建筑产品的使用者或消费者，是使用价值。如果建筑产品没有收益价值，则建筑产品的投资者就不会对其投资；而如果建筑产品没有使用价值，建筑产品的使用者或消费者就会不购买建筑产品，这样，建筑产品的投资者进行投资所期望得到的收益价值就无法实现。另外，对于建筑产品的生产者来说，主要考虑的是建筑产品的交换价值，而且主要考虑的是其中的社会必要劳动时间。

从价值量的大小来看，在一般情况下，建筑产品的三种价值形态往往表现出某种一致性。例如，以交换价值为出发点，如果某种建筑产品的交换价值较高，一般就意味着它具有较高的使用价值，其使用价值之所以较高，是因为凝聚在建筑产品中的社会必要劳动时间较多，并且充分体现在使用价值之中；也意味着它具有较高的收益价值，其收益价值之所以较高，是因为它具有较高的效用，能够产生较高的年度收益，也因为它投入了较多的社会必要劳动时间，技术寿命和经济寿命均较长。很难设想，某种交换价值很低的建筑产品会有很高的收益价值，而如果某种建筑产品具有很高的交换价值，却只得到很低的收益价值，同样使人不可思议。再如，以使用价值为出发点，如果某建筑产品的使用价值较高，一般就意味着它具有较高的交换价值。其交换价值之所以较高，除了因为使用价值与社会必要劳动时间之间在正常情况下所存在的正相关性之外，更主要的是，因为在建筑产品供给量一定的条件下，使用价值的提高总是促使对建筑产品的需要量的增加，从而提高建筑产品的效用；也意味着它可能具有较高的收益价值，其原因毋庸赘述。当然，建筑产品三种价值形态的价值量之间的这种一致性，只是相对的，而不是绝对的，更不存在某种比例关系。

建筑产品三种价值形态的价值量之间也可能出现不一致的情况。出现这种情况的主要原因，一是其使用价值与社会需要不相适应，要么落后于社会需要的发展，要么高于当时社会普遍的实际需要；二是其所消费的社会必要劳动时间与所创造出的使用价值未同步增长，甚至出现社会必要劳动时间增加，而使用价值却下降的不正常现象；三是建筑产品的供给量大于其需要量，导致其效用下降。以上几种情况都将导致社会资源的极大浪费，是应当尽力加以避免，也是能够避免的。

第三节 建筑市场

建筑市场是国民经济总市场中的一个组成部分，有其自身的运行规律，同时，它又服从一般市场的运行规律。因此，为了加深对建筑市场的理解，便于对建筑市场的分析和阐述，有必要先了解一般市场的基本概念。

一、市场的一般概念

市场的涵义可以从不同角度作出不同的解释。从字义上解释，“市”就是交易，“场”就是场所，商品交易的场所就称为市场。人们通常都习惯于把在一定时间、一定地点进行商品买卖的地方称为市场。但是，在生产者和商业经营者看来，市场不过是提供产品或劳务销售的场所，是某种产品或劳务的潜在需求，因而市场是产品销路和产品需求的同义词。以上都属于狭义市场的解释，是指具体的商品交易场所。从经济学角度来解释，市场则是广义的，是指整个商品流通领域，或指商品供求关系的总和。它是同商品、货币、价值、价格等相联系的一个经济范畴，或者简单地说，市场是和商品经济相联系的一个经济范畴。所以，经济学讲的市场是抽象的市场，而不是指某一特定的商品交易场所，但它又包含了所有的具体的市场。

（一）市场的构成要素及其活动

1. 市场的构成要素

不论是狭义的市场还是广义的市场，它的形成都必须包含以下几个要素：

（1）有供交换的商品（包括货币）。市场本身就是商品交换的产物。如果生产出的产品并不用于交换，就不能称其为商品。而没有商品，就不能形成市场。

（2）同时有商品的卖方和买方。有了商品，也就有了商品的卖方，但是，如果没有需要这种商品的买方，还是不能实现商品交换；反之，如果存在需要某种商品的买方，却没有相应的卖方，实际上也就没有这种商品，自然也就无法实现商品交换。商品交换活动是由人来进行的，有卖有买才能形成市场。

（3）具备买卖双方都能接受的价格和交易条件。因为买卖双方是商品、货币所有者，只有自愿互利，价格和交易的条件双方都能接受，商品交换才能完成，这就是通常所说的“自愿让渡”规律。“自愿让渡”是商品交换的一般规律，违背这个规律的要求，其结果是要么不能完成商品交换，要么将造成不良后果。

以上是形成市场的三个基本要素，只有同时具备了这三个要素，才能形成现实的而不是观念上的市场。

2. 市场的活动

如前所述，市场是整个商品流通领域，是商品供求关系的总和。商品从生产领域进入消费领域的流通过程的活动，就是市场活动的基本内容，而其核心则是商品的供给和需求，其他市场活动都是围绕供求而展开的。因此，可以把市场活动分为两部分：一部分属于供给一方的活动，主要包括市场调查预测，产品设计，选择商品销售路线，进行商品的集中和分散、运输和保管，制定商品价格，扩大商品推销，以及提供售后服务等；另一部分则属于需求一方的购买活动，包括选择购买对象、时间、地点和方式方法等。这两方面的活动必须互相适应、互相配合，才能完成商品流通过程。而在一般情况下，商品供给方的活动必须适应需求方的要求。

（二）市场活动的当事人

形成市场要有商品，而商品交易通过市场千百万当事人才能实现。参与市场商品交易的当事人的情况极其复杂，但归纳起来不外乎是三种人，即生产者、消费者和商业中介人。这三种人在市场上所处的地位和所起的作用是不同的，参加市场商品交换活动的目的和要求也不一样，他们都有各自不同的经济利益。以下分别对这三种人作一简单的描述。

1. 生产者

生产者是一个抽象的概括。在不同的社会制度下有不同所有制的生产者。而不论社会制度如何，作为商品生产者的共性来说，他们处于市场活动的起点，属于供给一方，是商品的出卖者。生产者的基本作用，是为市场活动提供物质基础，即提供商品。没有生产者提供商品，市场便不存在。从生产和流通的关系来看，生产决定流通，生产是本源，没有生产便没有流通，也就没有可供消费的物资。

商品生产者参加市场活动的共同要求，是希望能够按照自己的意愿把商品卖出去，从而取得价值补偿。但是不同的生产者，参加市场活动的最终目的是不同的。例如，资本主义企业参加市场活动的最终目的，是为了实现剩余价值。小生产者参加市场活动是为买而卖，只要出售商品后能够补偿他的物化劳动和活劳动的消耗，他就把生产继续下去。而社会主义企业生产的最终目的，则是为了满足人民群众的物质文化生活需要。当然，为实现这一目的，社会主义企业也要在补偿物化劳动和活劳动消耗的基础上获得一定的利润，以便维持正常的生产活动并进行扩大再生产，以适应人民群众日益提高的物质文化生活需要。

2. 消费者

消费者也是一个抽象的概括。消费者人数众多、类型极其复杂，既有生产资料的消费者，又有生活资料的消费者；既包括企业、社会团体等集体消费者，也包括个人消费者。但不论消费者的类型如何，作为消费者的共性来说，他们处于市场活动的终点，属于商品需求一方，是商品的购买者。消费者的基本作用，是完成商品流通过程，实现生产的目的。市场如果没有消费者，或者市场的商品不符合消费者的需要，市场活动便不能完成，生产也就无法继续进行。所以，消费者是决定市场活动能否完成的关键。

消费者参加市场活动的共同要求，是希望能够按照自己的意愿买到所需要的商品。但是，不同的消费者，购买商品的目的和动机又是不同的。生产资料的消费者，实际上也是生产者。但他向市场提供的商品与他所消费的商品不同。他向市场购买原料和生产设备，是为了满足生产和经营上的需要，为了生产他能够向市场提供的商品。而生活资料的消费者向市场购买商品，则是为了满足家庭和个人的生活需要。从某种意义上说，生活资料的消费是最终消费。当然，这两类消费者购买商品的具体要求和动机还有很多区别，在此不予详述。

3. 商业中介人

商业中介人的种类很多，从业务经营的性质来看，有居间商业、代理商业、批发商业和零售商业等。商业中介人在市场信息中具有双重身份：他既不是生产者，也不是消费者；但既是商品的供给者，又是商品的购买者，一方面向生产者买进商品；另一方面又向消费者出售商品，是既买又卖者。商业中介人活动的特点是转手买卖，在市场中处于生产者和消费者之间的中介地位，起着商品交换的媒介作用。没有商品流通，就不可能产生商业中介人；而没有商业中介人，生产者与消费者之间的流通也能进行下去，但要困难得多，要花费更多的时间和费用才能完成商品交换活动。这对生产者和消费者来说都是不合算的。商业中介人的存在，对于加速商品流通、及时反馈商品消费信息，从而使商品生产更适合消费者的需要，以及促进消费、引导消费等，都有积极作用。

商业中介人参加市场活动的一般要求，是有买有卖，买是为了卖，并从买进和卖出差价中取得费用的补偿和利润收入。只要进销差价能补偿流通费用开支并取得一定利润，商业中介人的转手买卖活动便有存在的基础，至于商品价格水平的高低并不影响商业活动的存在。所以，买价低于卖价是商业活动的一般要求，假如买价高于销价或者进销没有差价，商业活动便会亏损而不能维持下去。当然，在特殊情况下也有例外。例如，在我国商业经营中，为了保障生产者和消费者两方面的利益，就有一些商品的进销价格倒挂，而造成政策性亏损。但是，就整个商业系统的经营来说，大多数商业是销价高于进价，进销差价除补偿流通费用支出之外，还应有一定的利润，以盈补亏之后，整个商业经营仍然是盈利的。

二、建筑市场的概念及其特点

（一）建筑市场的概念

由市场的一般概念可知，对建筑市场可以从狭义和广义两个方面来理解。狭义的建筑市场，是指以建筑产品为交换内容的场所；广义的建筑市场，则是指建筑产品供求关系的总和，本章关于建筑市场的内容，都是从广义的角度加以阐述的，当然，其中也包含着狭义建筑市场。如果我们不拘泥于市场的一般概念，还可以把建筑市场的概念进一步抽象化，把它理解为由建筑产品、建筑生产活动和与建筑生产活动有关的机构所组成的三维空间。

（二）建筑市场的特点

与一般市场相比，建筑市场具有许多特点，主要表现在以下几个方面。

1. 建筑市场中没有商业中介人，由建筑产品的需求者和生产者直接进行交易活动

建筑市场这一特点是由建筑产品的特性所决定的。在一般商品的市场中，用于交换的商品具有同质性或可替代性，也就是说，同一产品的不同生产者向市场提供的商品对消费者来说是基本相同的。而建筑产品则不具有同质性，它表现出多样性的特征。而且，建筑产品的这一特征不是由生产者决定的，而由需求者决定的。因此，建筑产品的生产者就不可能像制造电视机、电冰箱、洗衣机、汽车、机床等产品那样，预先生产出某种产品，再通过批发、零售环节进入市场，等候消费者挑选和购买；而只能直接与消费者商定交易条件，按照他的具体要求，在指定的地点为他生产特定的建筑产品。

2. 在建筑市场中，交换关系的确立在产品生产之前

这一特点与第一个特点是相关联的。在一般市场中，总是先由生产者生产出产品，待商品（产品）进入市场后，根据其适应消费者需要的程度、生产者平均消耗的劳动量即产品的价值量，以及市场中对该产品的供求关系等因素，由生产者和消费者通过中介人实现商品的交换关系。但在建筑市场中并不以具有实物形态的建筑产品作为交换对象，而是就拟建建筑产品的质量、标准、功能、价格、交货时间、付款方式和时间等内容，由需求者和生产者达成交易条件，从而确立双方之间的交换关系。经双方达成一致的这些交易条件，不仅规定了生产者今后的生产活动，同时也明确了需求者的权利和义务，对供求双方都是约束条件。另外，建筑产品的交换关系并不一定以最终产品为对象，或者说在大多数情况下不以最终产品为对象。这意味着，对于一个确定的建筑产品来说，一个需求者往往要和多个生产者分别确立交换关系，其交换内容为建筑产品的某一部分或中间产品。当然，这些分别确立的交换关系都在相应的交换内容的生产之前。

3. 与一般商品的交换相比，建筑产品的交换过程很长

众所周知，一般商品的交换基本上都是“一手交钱、一手交货”，交换是一次完成的，无所谓交换过程（交换条件的确立需要花费时间，有时要经历很长的过程）。但建筑产品的交换则不同，由于不是以具有实物形态的建筑产品作为交换对象，因而无法进行这种“一手交钱、一手交货”的现货交易。而且，由于建筑产品价值巨大、生产周期长，因而在确立交易条件时，生产者不可能接受先垫付资金进行生产、待交货后由需求者全额付款的结算方式；同样，需求者也不可能接受先支付全部工程价款、待工程完全建成后才由生产者向需求者交货的交易方式。因此，建筑产品的交换基本上都是采用分期交货（中间产品或部分产品）、分期付款的方式，通常是按月度进行结算。这样，从货款支付和交货过程（即建筑产品实物形态形成的过程）来看，建筑产品的交换就表现为一个很长的过程。

需要说明的是，对于一些高价耐用消费品如汽车、家具、家用电器等，也可以采用分期付款的方式，这在工业发达国家应用很普遍，我国也在少数商品领域开始应用。但是，这实际是促进商品销售的一种方式，与建筑产品的交换方式仍有根本的不同。因为这种商

品交换方式只是改变了“一手交钱”的付款方式，而并未改变“一手交货”的供货方式，仍然是先有商品、后有交换。从货款支付的角度来看，这种交换方式的过程很长；而从交货方式来看，这种交换方式仍然是一次完成的。

由上可知，建筑产品的交换过程在时间上与其生产过程相伴随，但两者并不完全一致。建筑产品的交换过程始于生产者和需求者交换关系的确立，而终于交换关系的终止，即保修期结束。因而交换过程先于生产过程开始，而迟于生产过程结束（若保修业务未发生或不发生在保修期的最后期限）或与生产过程同时结束（保修业务一直持续到保修期结束）。另外，建筑产品的交换过程严格地说并不表现为一个连续的“过程”，而是间断发生的交换行为，即定期地交货和付款；而建筑产品的生产过程则是一个连续的过程（虽然也可能有中断），直到最终建筑产品建成为止。尽管建筑产品的交换过程与生产过程的时间基本一致，但要注意不要把这两者混淆起来，它们毕竟是两个完全不同的概念：建筑产品的生产过程是建筑产品生产者单方的活动，而建筑产品的交换过程则是生产者和需求者双方的活动，缺少任何一方都不能完成交换过程。

4. 建筑市场具有显著的区域性

这一特点是由建筑产品的固定性所决定的。如前所述，不论建筑产品是作为生产资料还是作为消费资料，它建在哪里，就只能在哪里实现它的功能和作用。也就是说，建筑产品的生产地点和消费地点是一致的，建筑市场中没有建筑产品的实物流通。对于建筑产品的生产者来说，他无权选择特定建筑产品的具体生产地点，但他可以选择自己生产经营的区域范围。由于大规模远距离的流动生产势必增加生产成本、降低竞争能力，因而建筑产品生产者的生产经营范围总有一个相对稳定和集中的地理区域（并不排斥其拓展和变化）。从建筑产品的需求者方面来看，他一旦选定了拟建建筑产品的建造地点，也就在一定程度上限制了对生产者的选择范围。这意味着，建筑产品生产者和需求者相互之间的选择都有一定的局限性，只能在一定范围内确定相互之间的交换关系，表现出明显的区域性。当然，建筑市场的区域性并不是截然分开割的，它是随建筑市场供求关系的变化而变化的。

建筑市场是一个很大的概念，作为建筑市场交换对象的建筑产品有很多类型，规模大小也有很大差异，具体的建筑产品的特点会在一定程度上影响建筑市场的特点。建筑市场的区域性就与建筑产品的规模大小、复杂程度有关。一般来说，建筑产品的规模越小、技术越简单，建筑市场的区域性越强，或者说区域范围越小；反之，建筑产品的规模越大、技术越复杂，建筑市场的区域性越弱，即区域范围越大。这是因为小型建筑产品多由小型建筑企业承建，大型建筑产品则必须由大型建筑企业承建，而小型建筑企业生产经营的地理区域范围较小，大型建筑企业则可以在较大区域范围内承建工程，可以采用多种灵活的承包方式。另外，建筑产品本身所具有的地区特点也是形成建筑市场区域性的一个原因。但是，这是从市场交换内容来理解的，如果从市场交换活动来看，则也许可以忽略这一因素。

5. 建筑市场中的竞争较为激烈

建筑业生产要素的集中程度远远低于资金、技术密集型行业，不可能采用生产要素高度集中的生产方式，而是采用生产要素相对分散的生产方式，大型企业的市场占有率较低。因此，在建筑市场中，建筑产品生产者之间的竞争就显得较为激烈。而且，由于建筑产品的不可替代性，建筑产品的生产者无法自己制定产品计划和相应的生产计划，而基本上是被动地去适应需求者的需要。也就是说，在建筑市场中，需求者相对来说处于主导地位，甚至处于相对垄断的地位，这自然就加剧了建筑市场竞争的激烈程度，常常出现一个需求者面对几个、十几个、甚至几十个生产者竞争的局面。

由于建筑产品的类型、形式、功能、质量标准等有关其使用价值的内容是由需求者决定的，也是每个参与竞争的生产者必须满足和实现的，因而建筑产品生产者之间的竞争首先表现为价格上的竞争。虽然产品的使用价值与价值之间存在着某种一致性，但需求者和生产者的出发点却根本不同。对于建筑产品的需求者来说，主要关心的是其使用价值能否实现，而不关心和较少关心其究竟要消耗多少劳动量，即不关心其实际的价值量，因而总希望在建筑产品功能和质量一定的条件下价格尽可能地低。而作为建筑产品的生产者，既要保证实现建筑产品的既定使用价值，又要尽可能降低实际消耗的劳动量，即降低其实际的价值量。相对而言，生产者更关心产品的价值。由于不同的建筑产品生产者在专业特长、管理和技术水平、生产组织的具体方式、对建筑产品所在地各方面情况了解和熟悉程度以及竞争策略等方面有较大的差异，因而他们之间的生产价格会有较大差异，从而使价格竞争具有现实的可能性，而且表现得尤为激烈。

另外，建筑产品的需求者还非常关心拟建建筑产品投入使用的时间，因而建筑产品生产者之间的竞争还表现为交换时间即生产周期的竞争。在这一点上需求者和生产者的出发点也不相同：需求者希望在价格一定的条件下交货时间尽可能地早，生产者则希望在价格一定的条件下按生产成本最低原则确定生产周期。由于建筑产品的生产周期和速度在很大程度上受到技术规律和自然规律的制约，因而不同生产者在这方面的差异较小，竞争程度相对来说不甚激烈。而且，建筑产品需求者往往预先规定了交货时间，而这一期限往往对大多数生产者来说都显得十分紧迫，几乎不可能再予以提前。这样一来，建筑产品生产者之间的竞争就主要表现为价格上的竞争。

6. *建筑市场中风险较大，不仅对生产者有风险，而且对需求者也有风险*

从建筑产品生产者方面来看，建筑市场的风险主要表现在三个方面：一是定价风险。由于建筑市场中的竞争主要表现为价格上的竞争，定价过高就意味着竞争失败，招揽不到生产任务；定价过低则可能导致亏本、甚至企业破产。而建筑产品是先定价、后生产，这种预先确定的价格很难保证其合理性。二是生产过程中的风险。建筑产品的生产周期长，在生产过程中会遇到许多干扰因素，如气候条件、地质条件、环境条件的变化等。这些干扰因素有些是可以预见到的，但未必能预见到其发生的确切时间和严重程度，有些则是难以预见的。这些干扰因素不仅直接影响到生产成本，而且会影响生产周期，甚至影响到建筑产品的质量和功能。三是需求者支付能力的风险。建筑产品的价值巨大，其生产过程中的干扰因素可能使生产成本和价格升高，从而超过需求者的支付能力；或因贷款条件变化而使需求者筹措资金发生困难。甚至有可能需求者一开始就不具备足够的支付能力。凡此种种，都有可能出现需求者对生产者已完成的阶段产品或部分产品拖延支付、甚至中断支付的情况。这无疑将影响生产者的资金周转，使生产者难以连续、有效、合理地组织生产。

建筑市场对需求者的风险主要是由先确定交换关系，后进行产品生产的特点所引起的。其主要表现在于：一是价格与质量的矛盾。如上所述，建筑产品的需求者往往希望在产品功能和质量一定的条件下价格尽可能地低。但是，这种“一定的”质量要求和标准其实并不确定，难以保证绝对严格和准确。这样，就有可能使需求者和生产者对最终产品的质量标准产生理解上的分歧，从而在既定的价格条件下达不到需求者预期的质量标准。另外，价格与价值毕竟有着内在的联系，当生产者以低于价值水平的价格接受建筑产品的订货生产之后，为了使自己有利可图或至少不亏本，就只能降低产品的价值量，即降低质量标准。虽然这是违背建筑生产者职业道德的，却是客观存在的事实。二是价格与交货时间的矛盾。建筑产品的需求者往往对影响建筑产品生产周期的各种干扰因素估计不足，提出的交货日期有时很不现实，生产者为得到生产任务当然要接受这一条件，但却有相应的对策。例如，业主应承担的工作往往不能按时完成，从而成为生产者向需求者提出工期索赔和费用索赔的依据，使需求者陷入要么增加费用、要么延长工期的两难境地，甚至既增加费用又延长工期。又如，生产者有时并不担心不能按规定时间交货，因为由此而产生的生产者损失（如拖延工期罚款）可能小于需求者的损失，生产者因此而破产将使需求者产生更大的损失。一个未完成的建筑产品有时很难找到愿意续建的生产者，或要付出较高的代价，从而使需求者陷入“骑虎难下”的境地。三是预付工程款的风险。由于建筑产品的价值巨大，生产者一般无力垫付巨额生产资金，故多由需求者先向生产者支付一笔工程款，以后随着工程进展逐步扣回。这就可能使某些经营作风不正的生产者有机可乘，给需求者造成严重的经济损失。

建筑市场中需求者的风险有些是可以避免的，关键在于需求者对建筑生产的技术经济规律要有一个客观、正确的认识，不要片面追求低价格和短工期，还要充分了解自己应完成的工作，这是与一般市场需求者的不同之处。另外，对有些风险可以采取适当的方式加以防范或转移，如要求生产者（承包商）提供履约保证和预付款保证，或在合同中列入某些与风险有关的条款。

第四节 建筑市场的影响因素

作为一个系统，建筑市场有其自身的运行规律，并且表现出许多与一般市场不同的特点。在现代社会，任何经济系统都不可能是绝对封闭的系统，建筑市场当然也是一个开放性的系统。建筑市场的供求关系变化、运行机制和规律都不可避免地要受到许多外界因素的影响，其中最主要的影响因素有：固定资产投资、建筑材料工业及市场、劳动力市场、房地产业及市场。

一、固定资产投资

建筑市场的需求在总体上表现为固定资产投资。因此，固定资产投资对建筑市场有举足轻重的影响，这种影响主要表现在投资需求、投资规模、投资结构和投资项目四个方面。

1. 投资需求

投资需求从总体上说，既包括固定资产投资需求，也包括流动资产投资需求。这里仅考虑固定资产的投资需求。要合理地确定固定资产的投资规模，首先必须正确地提出固定资产的投资需求。这主要取决于以下几方面因素：

(1) 社会经济发展的需要和投资系数的高低。发展生产，不仅从发展速度上影响固定资产的投资需求，而且从结构比例上影响投资需求。因为各生产部门技术装备程度不一，因而对投资总量的需求也发生相应的变化。

生产发展对生产性固定资产投资的需求，包括重置投资（更新投资）和净投资（新增投资）两个部分。其中重置投资是利用基本折旧进行投资，一般是按照折旧更新的规模数量来确定，因而研究投资需求的关键，是要确定净投资的数量和规模。一般地说，国民经济增长得越快，需要增加的净投资也越多。同时，固定资产投资系数（即每增加单位国民收入所需要的生产性固定资产投资额）的高低，也会影响投资的需要量。

投资系数与固定资产利用状况密切相关。固定资产利用情况好，增加单位国民收入所需要的投资额就减少；反之，就增加。

(2) 人口增长和人民物质文化生活水平提高的要求。在人口不断增长的条件下，要保证人民物质文化生活水平的不断提高，不仅要求生产部门直接提供日益丰足的生活资料以满足经常消费的需要，而且要求增加非生产性的固定资产（主要是住宅建筑）以满足长期消费的需要，此外，还要求增加文化、教育、卫生、旅游、娱乐等各种设施以满足社会集体消费的需要。

(3) 在建工程规模和投资方式的变化。在建工程是指在前期和本期开工的、但本期内不能发挥效果的还在建设的未完工程。在投资额一定的条件下，如果期末未完工程价值大于期初未完工程价值，在建工期的规模就要扩大，从而投资需求量也会随之增加。另外，投资需求量随着在建工程所处的阶段也有所不同。如果在建工程大多数处于厂房建设和设备购置阶段，则所需投资就较多；如果多数在建工程处于收尾阶段，则所需投资就较少。在建工程规模太大，会占用过多的人力、物力和财力，延长建设周期，降低投资效果，并影响当前的生产和人民生活需要，在建工程规模太小，又会使人力、物力和财力得不到充分利用，影响未来时期生产的发展和人民生活的改善。

扩大再生产既可以通过设备更新和技术改造的方式进行，也可以通过新建、扩建的方式进行。采用不同的投资方式，为达到同样大的生产规模，所需投资相差较大，对建筑业的需求也大相径庭。据统计，改造现有企业要比新建同样生产能力的企业节省投资一半左右，对建筑业的需求量也较少。当然，改造现有企业也有一定的限度，总需要有一定比例的新建扩建投资。因此，正确处理更新改造和新建扩建的关系，对于社会总投资的需求量有着直接的影响。

2. 投资规模

所谓投资规模，是指一定时期内的投资总额。确定投资规模，仅仅考虑投资需求是远远不够的，还必须充分考虑投资的实际可能性，要根据国家在一定时期内的财力、物力和人力的许可条件量力而行，这是防止“投资饥饿症”的根本措施。

从财力来说，固定资产投资规模受折旧基金和积累基金的制约。其中折旧基金的数额，受固定资产数量和折旧率的制约。折旧基金中一部分是大修理基金，另一部分是基本折旧基金。只有基本折旧基金才能用于投资。基本折旧基金按理应全部用于补偿更新，但由于固定资产存在扩大再生产的特点和规律，因而在被提取的折旧基金中，都有一部分作为固定资产净投资之用。由于现代社会技术进步日新月异，即使是作为重置更新用的固定资产，也不是简单的“重复”，而应该注意采用先进技术，使固定资产更新建立在不断现代化的基础上。

积累基金受国民收入和积累率的制约。在积累基金中，一部分为流动资产积累，但固定资产积累的比重较大。积累是投资的主要源泉，在国民收入既定的情况下，积累与消费相互消长。从供给角度来看，积累越多，越有利于生产的扩大和供给的增加，越有利于人们长远生活水平的提高；从消费角度来看，积累太多，必然使人民的当前消费受到限制，不利于提高劳动者的积极性，影响生产和建设的发展，进而影响社会总需求的构成和社会总产品的实现。因此，积累率并不是越高越好，而应维持在一个合理的区间。根据我国的实际情况，积累率取25%～30%较为适宜。

从物力来说，固定资产投资包括机器设备购置和建筑安装工程两大部分。机器设备采购直接受到设备供应数量的制约，建筑安装工程则受到建筑材料以及燃料、动力、运输、工具等物资供应的制约。在一定的技术条件下，投资额与所需要的设备、材料之间有一定的比例关系，因而需要从宏观范围进行物力条件的平衡和计算，并且从实际出发，考虑其他有关条件加以确定。例如，产品价值运动与实物运动之间往往有时间差异，投资资金与投资所需的物资在时间、空间上可能不相一致。这样就可能使一部分投资额无法实现。所以，在确定投资规模时，必须与可用于投资的物资总量、构成、供给时间相适应，不留缺口，把投资规模建立在可靠的物资基础上。

从人力来说，我国劳动力资源相当丰富，供给弹性大，从数量上满足建筑施工的需要是不成问题的。但是，如何扩大技术力量，保证设计力量与施工力量的协调和平衡，提高施工队伍的素质，仍然是一个重要问题。

根据财力、物力、人力条件所确定的投资额，一般是不完全一致的，需要通过反复的综合平衡来确定合理的投资规模，并且力求与长期规划结合起来。由于固定资产投资项目的建设周期一般都需要几年、甚至十几年的时间，这些设计项目在各年度中所需要的财力、物力是不等的，因此，投资规模是否合理，从一年的平衡来看还不行，必须有长期规划，进行各年的测算和平衡，才能保证投资规模与所需的物力、人力在较长时期内基本保持平衡。

由于投资涉及面广、影响时间长，当投资规模适当时，可以促进国民经济持续、稳定、协调地发展；如果投资失度、规模膨胀，将造成财力、物力的缺口，迟早要被迫压缩。投资规模的陡升陡降，将影响国民经济的稳定发展，造成许多无法挽回的损失。因此，保持投资规模的稳定增长，对于国民经济的持续、稳定、协调发展是至关重要的，对于建筑业的持续、稳定、协调发展也是至关重要的。

3. 投资结构

所谓投资结构，是指投资在国民经济各部门、各地区、各类项目之间的分配比例。投资结构所表现出的比例，关系甚多，其中最主要的是投资的部门结构和地区结构。在一定时期内用于建设的投资是有限的、既定的，因此投资结构就成为决定和改变经济结构和经济布局的关键。为了最大限度地发挥资金的使用效果，就必须使各种投资比例合理化，也就是使投资结构合理化。

投资结构对建筑业而言，就表现为建筑产品的需求结构。在建筑市场供求总量基本平衡的前提下，投资结构的变化可能导致建筑市场供求关系的推移，即在某些领域出现供大于求，在另外一些领域却又出现供小于求的局面。因此，从供求结构的角度来看，建筑市场供求总量的平衡未必是真正的平衡。更重要的是要保证建筑市场各个领域、各个方面的供求平衡。这就要求建筑市场的供给结构具有一定的灵活性，能够在一定范围内及时调整，以适应需求结构的变化，保持建筑市场供求关系的动态平衡。

投资结构对建筑市场的影响以地区结构和部门结构最为突出。

投资的地区结构受资源、社会、经济和技术等多种因素影响。我国幅员辽阔、人口众多，各地区经济发展很不平衡，需要进行投资的地区结构研究。这对于形成合理的生产力布局，充分利用各地的人力、物力资源，促进地区经济发展，保护环境，保持生态平衡都有极其重要的现实意义。在确定投资的地区结构时，固然要考虑包括建筑生产力条件在内的资源条件，但当投资地区结构比较合理、符合国民经济的发展战略时，更主要的是要求建筑生产力的布局与其相适应。由于建筑市场具有区域性的特点，供给结构的自发调节受到一定的限制。当投资地区结构出现较大变动时，容易导致不同地区建筑市场供求关系的失衡。从这一意义上说，地区建筑市场供求关系的平衡是建筑市场总体供求关系平衡的前提。

投资的部门结构是决定和改变生产结构的重要手段，在一定程度上决定了各部门的发展速度和比例关系，也在很大程度上决定了国民经济的发展规模和增长速度。投资的部门结构对建筑生产专业化的发展有相当的大的影响。我国施工对象专业化的建筑企业一般都表现为部门专业化。这些建筑企业平均规模较大，技术装备水平较高，经营的业务范围较窄而地区范围却较宽，在其专业化的生产领域内具有较大的优势，但同时亦缺乏相应的灵活性。当投资的部门结构有重大调整时，如大幅度增加或削减某些部门的投资，就可能使相应的建筑市场供求关系失去平衡，而且，由于部门专业化对技术水平和装备水平要求较高，这种不平衡的状态将在较长时间内存在。

此外，新建与维修的比例、房屋建筑与土木工程的比例等，也都是影响建筑市场供给结构的重要因素。

4. 投资项目

投资规模和投资结构总是通过具体的投资项目体现出来的。投资项目的确定，要注意全面综合平衡、合理取舍，避免重复设置，以力求达到最佳的投资规模和结构。在综合平衡中，要处理好以下几个问题。

(1) 投资项目和投资进度的安排，要符合投资总规模的要求。投资总规模是由各个项目的投资数额和进度决定的。如果一个时期安排的投资项目太多，投资进度过于集中，就会突破已确定的投资规模使建筑市场出现供小于求的局面，必然要使建设周期延长，并给以后的建设带来困难。

(2) 投资项目要符合投资结构的安排。投资的地区和部门结构都是通过投资项目来保证的。因此，要使各个投资项目都能符合投资结构安排，保持正确的投资比例和投资方向，促进国民经济各部门和各地区的协调发展。

(3) 要正确安排不同性质的建设项目。建立新兴的工业部门，主要是通过新建项目来实现，因而安排一定数目的新建项目是必要的。与新建相比，更新改造具有投资少、见效快、盈利多的特点，也是恢复和扩大生产能力、提高技术水平的重要途径。

（4）投资项目要有一个合理的规模结构。大、中、小型项目各有特点。大型项目设备和生产工艺比较先进，生产批量大、质量好、盈利多；但建设周期长，需要消耗大量的财力、物力和人力，且对各种配套设施和条件要求较高。而中小型项目则一般投资少，建设周期短，生产比较灵活，且专业化程度较高。合理的项目规模结构对于提高投资的经济效果具有重要作用。

投资项目的规模结构直接影响到建筑企业的规模结构，这两者之间虽然并不存在完全一致的相应关系，但毕竟有着一定的内在联系。如果项目的规模结构发生重大变化，就会使不同规模项目的建筑市场的供求关系相应改变，甚至在一定程度上改变相应的建筑市场类型。当然，当项目规模结构发生变化时，建筑企业可以通过调整经营和承包方式来适应这种变化，如通过联合承包来承接大型项目，通过分散经营来招揽中小型项目。这虽然并不直接改变原有的建筑企业规模结构，但就其实质而言，应当看作是企业规模结构的一种调整，只不过这种调整方式非常灵活，可以根据项目规模的具体情况加以应用。

由于建筑产品生产周期长、区域性强，因而建筑市场供给数量的增减、地区分布、专业化方向、规模结构的调整等，在时间上都不可能与投资规模的增减、投资结构和投资项目调整同步进行。也就是说，建筑市场供给的变化总是滞后于需求的变化，而且滞后的时间较长，或者说，供给对需求变化的反应不够灵敏。当固定资产投资变化不大且比较有规律时，对建筑市场不会产生什么不利影响，建筑市场的供求关系可以保持动态平衡；反之，就会使建筑市场产生巨大的振荡，产生极其严重的后果。因此，制定固定资产投资的中长期规划，并在综合平衡的基础上保证其合理性、连续性和稳定性，是促使建筑市场健康发展的重要条件。

二、建筑材料工业及市场

建筑材料涉及到几十个物质生产部门的产品，因此所谓建筑材料工业实际上是生产建筑材料的各种行业的统称，而这些行业之间并没有形成共同的特点。建筑材料工业的生产方式各不相同，既有处于现代企业前列的，如钢铁、水泥、玻璃、化工等工业，也有属于第一产业的，如林业（木材），还有像石材、碎石、砂子那样的采石业。这些行业的产品作为建筑材料占其总产品（或销售额）的比例也相差悬殊，多的可达100%，少的只有百分之几或更少。而通常所说的建筑材料工业，主要是指那些产品作为建筑材料的比例很大和较大的产业，如型钢、圆钢、钢管、平板玻璃、木材、水泥及其制品、陶瓷制品、黏土砖瓦、石材、碎石、砂子、沥青、合成板等。

建筑产品的生产过程，同时也是物质资料的消费过程，其中对建筑材料的消费占有相当大的比重。据统计，我国建筑产品价格构成中建筑材料费用所占的比例一般要超过60%，可见建筑材料对建筑业的重要性。从建筑工程的发展历史来看，建筑材料的发展在一定程度上决定了建筑工程的发展，也在相当程度上决定着建筑业的发展。从某种意义上说，没有建筑材料就没有建筑业。当然，建筑业的发展则对建筑材料不断提出新的需求，从而又促进了建筑材料工业的发展。也就是说，相对建筑材料工业而言，建筑业是需求；相对于建筑业而言，建筑材料工业是供给。建筑材料市场也就由此而形成。

同样，建筑材料市场也有狭义和广义之分。狭义的建筑材料市场，是指以建筑材料为交换内容的场所；广义的建筑材料市场，则是指建筑材料供求关系的总和。建筑材料的种类很多，不同建筑材料的市场情况存在不同程度的差异。但就建筑材料市场的总体而言，尤其是对于主要建筑材料的市场，仍具有一些共同的特点，主要表现在以下几个方面。

1. 区域性

建筑材料大多重量大、体积大，产地往往远离消费地点，因而运输量很大，费用亦较高。尤其有不少建筑材料本身的价值或生产价格并不高，但所需要的运输费用绝对值或相对值却很高，这就在客观上要求尽可能地就近使用建筑材料。而从建筑材料工业本身来看，大多并不需要特别复杂、先进的技术和设备，总体上是采用生产资料相对分散的生产方式，就能够适应这种要求。因此，建筑材料的交换和流通范围限制在一定的区域内，在这个区域内社会经济效果较好；反之，则会造成社会资源的浪费。

2. 季节性

这首先是作为建筑材料需求方的建筑生产的季节性引起的。由于建筑生产受自然条件影响大，施工内容的安排必须充分考虑季节因素。尽管采用工厂化生产的预制构配件可以在一定程度缓解建筑生产的不均衡性，但仍不能根本排除季节性的影响，何况构配件的工厂化生产本身也或多或少地要受到季节性的影响。其次建筑材料的生产虽然基本上是工厂化生产，相对于建筑生产而言是比较均衡的，但其生产条件和仓储条件一般并不好，一些原材料的生产和供应也受季节性影响，从而使建筑材料的生产也不能完全避免季节性的影响。另外，建筑材料的运输方式主要有铁路运输、公路运输、水路运输。其中水路运输受季节性影响最为明显，江河的枯水期、汛期都使运输能力大为下降，台风季节则不宜进行海运。至于铁路和公路运输，虽然较为稳定和通畅，但也不能说绝对不受季节影响。例如，路面有霜冻的季节就不宜进行公路运输，至少由于车速下降而会降低运输能力。此外，原木的运输则直接与山林的封山和融冻时间有关。

3. 流通途径多样化

建筑材料千差万别、种类繁多，不仅不同材料的流通途径有所不同，而且同种材料的流通途径也不尽相同。在市场经济条件下，建筑材料生产者可以通过与一般商品类似的途径，即“批发、零售”的方式销售产品；也可以直接向需求者出售产品（在这种情况下一般是大宗交易或长期稳定的供货关系）；还可以通过自己的门市部向零售店和一般需求者销售产品。另外，还有一类建筑材料经营公司，专门经销大宗建筑材料。这种经营公司可以向大宗材料需求者提供多种建筑材料，简化需求者的采购活动。以上只是对建筑材料流通途径的大致概括，实际情况还要灵活、复杂得多。

4. 产需直接交换占主导地位

虽然建筑材料可以采用许多不同的流通途径，但是，由于建筑材料重量大、体积大，在转运过程中所发生的运输、装卸、仓储费用很大，而且在转运过程中有些材料（如砂、石等散装材料，陶瓷、砖瓦等易碎材料等）损耗的比例较大，因此，由生产者与需求者直接进行交换就显示出较大的优越性，这在大宗交易中更为突出。建筑材料的生产者直接向需求者供货，不仅可以减少损耗、节约费用，而且可以缩短建筑材料在转运、流通过程中的滞留时间，加速资金的周转。此外，还有利于促进建筑材料生产厂家与建筑企业之间建立长期、稳定的供应关系。这样，即便于建筑企业通过了解供货单位的材料性能和质量、供求手续和条件、运输条件等，来合理安排采购计划；也可以使建筑材料生产厂家更好地了解建筑企业对材料的需要，以便合理组织生产和供应，使建筑材料的供应尽可能好地适应需求。

5. 价格差异大

由于建筑材料的生产受当地原材料来源、生产条件、自然条件等因素的影响，不同地区同种材料的生产价格有较大差异。而由于建筑材料市场的区域性，这种生产价格的差异在市场交换中不仅不能消除或缩小，相反，却因为采购来源、供应地点、流通途径、运输条件诸方面的不同而有所扩大。同种材料的市场材料存在较大差异，并不意味着价值规律、供求规律在建筑材料市场不起作用，只是表明它们的作用受到某种限制或影响。随着建筑材料市场信息系统的日臻完善，材料流通渠道的改善，运输工具的发展，这一特点将日益淡化。但是，由于我国各地资源条件、自然条件、技术和经济条件相差悬殊，建筑材料市场价格差异较大的特点仍将在一定程度上继续存在。

在现代社会，建筑市场总是与建筑材料市场密切相关、相互影响的。这里仅考虑建筑市场对建筑材料市场的影响。

如前所述，在确定投资规模时要考虑可供使用的物资（包括建筑材料），这是一项相当困难的工作。如果说建筑材料总量与投资规模的平衡尚较易实现的话，那么，建筑材料与项目的平衡较难实现。因为在进行总量平衡时，一般只能从数量上考虑。而项目所需要的建筑材料，不仅要从数量上予以保证，而且要从品种、规格上予以满足，这是宏观控制和平衡难以做到的。建筑材料与项目需要之间的不平衡，实际上也就是建筑材料市场的不平衡，一些材料可能供小于求，而另一些材料则可能供大于求。建筑材料市场的失衡也将影响到建筑市场的供求关系。一般来说，在建筑材料市场供大于求的地区，或对于主要消耗供大于求建筑材料的建筑产品，建筑市场中供给方之间的竞争较为激烈。反之，当建筑材料供小于求时，能够获得稳定的建筑材料来源的建筑企业则将在建筑市场中处于极为有利的地位。避免这种连带影响的根本途径，在于尽可能使各种建筑材料均保持供略大于求的状况。

建筑材料生产具有工厂化生产的固定性特点，而建筑生产则具有流动性特点，这两者之间显然是有矛盾的。这表明，在建筑材料市场中采购来源、供应地点、运输条件总是在不断变化的，各种建筑材料的供求关系也是在不断变化的。因此，建筑材料市场供求关系的平衡是暂时的、相对的，而不平衡则是经常的、绝对的。从全社会来看，建筑材料生产力的合理分布也是暂时的、相对的，一般只能实现具体工程项目和建筑企业建筑材料供应组织的合理化，而难以实现全社会建筑材料供应组织的充分合理化。这就必然影响到建筑市场中生产要素的合理配置和供求关系的平衡。在其他条件基本相同的前提下，建筑市场中交换关系的确立往往在很大程度上取决于建筑材料供应条件，因为这对建筑企业的投标报价、施工进度、工程质量都有重大影响。

建筑材料的流通途径可能有多种，而且供应条件差异很大。一个建筑工程需要许多不同种类的建筑材料，这些不同的材料可以通过不同的流通途径、采用不同的供应条件进行采购；既可以由业主负责供应全部或部分建筑材料，也可以由承包的施工单位自行采购；

既可以由总包施工单位采购全部建筑材料，也可以由分包施工单位自行采购其分包工程内容所需的材料。这就使得建筑市场中的交换关系复杂化，从承包方式上讲，就有包工包料、包工半包料、包工不包料之分。因此，在确立承包关系时，必须充分考虑由于建筑材料供应方式和条件不同而派生出来的一系列问题。例如，工程款和材料款的支付和结算方式，材料供应的时间、地点、质量要求，材料质量的检查和验收方法等。否则，就会产生许多经济矛盾，对建筑市场中的供求双方都会产生不利影响。

前已述及，建筑市场具有区域性的特点，建筑材料市场也具有区域性的特点，但那是从建筑市场和建筑材料市场各自的供求关系特点进行阐述的。如果再把这两者联系起来，则可以认为建筑材料市场的区域性在一定程度上加强了建筑市场的区域性。因为建筑材料市场的区域性实际上给建筑企业生产和经营合理的地理范围增加了一个约束条件，限制了建筑企业流动生产的范围。即使是大型建筑企业，可以在较大的地理范围内生产经营，也需要充分考虑材料采购来源、运输条件等因素，才能保证其生产和经营的地理范围是比较合理的。随着生产力的发展，不同地区的技术经济条件将日趋接近，固定资产投资的地区结构会日趋均衡，建筑材料生产力的布局亦将日趋合理。在这种条件下，尽管建筑市场和建筑材料市场的区域性仍将继续存在，但这两者亦将日趋一致，或者说，建筑材料市场区域性对建筑市场区域性的影响将淡化乃至消失。

三、劳动力市场

如前所述，建筑市场供给能力表现为生产能力。由于建筑业是劳动密集型物质生产部门，手工操作比重大，因而劳动力的数量和素质在很大程度上决定着建筑业的生产能力。这表明：劳动力市场的状况如何，将对建筑市场的供求平衡产生重大影响。从保持建筑市场供求关系动态平衡的需要出发，劳动力市场应满足以下几个方面需求。

1. 灵活性

这首先是建筑生产流动性的要求。当建筑企业在不同地区之间流动生产时，如果全部施工人员都随之流动，不仅大大增加企业的生产成本、降低竞争能力，而且从全社会来看，将大大增加对交通、运输的压力，是社会资源的极大浪费。这就需要能够在工程所在地就近招募劳动力。其次，这是建筑生产不均衡性的要求。由于建筑生产受自然条件影响较大，有一定的季节不均衡性，如果企业的职工人数固定不变，则可能在生产高峰期显得劳动力不足，而在生产低谷期则出现窝工现象。这就需要能够根据生产任务的多少增减劳动力，多用多招，少用少招。另外，建筑生产的劳动强度大、劳动条件艰苦、露天高空作业多，需要较多的中青年强劳动力，这也要求能够灵活地聘用劳动力。

因此，劳动力市场的灵活性使得建筑企业有可能以聘用合同工和临时工为主，能较好地解决建筑企业生产任务与劳动力不平衡的矛盾，从而使建筑市场的供求关系保持动态平衡。

2. 区域分布的合理性

劳动力市场的区域分布是否合理，主要看其是否与建筑市场需求的区域性相协调。我国不同地区的技术经济条件差异很大，相应的劳动力市场差异也很大。从国民经济的长远发展出发，投资的地区结构总是在不断调整的，这往往导致劳动力市场的区域分布与建筑市场需求的区域分布不相协调，从而影响到建筑市场供求关系的平衡。只有当劳动力市场的区域分布较为合理时，建筑企业才可能在工程所在地就近招募劳动力，才能扩大建筑企业生产和经营的地理范围，才能弱化各类建筑产品市场竞争程度的差异，使各类建筑产品市场的供求关系趋于接近。从全社会的角度来看，合理的劳动力市场区域分布对于促进地区经济发展、缩小同地区的经济和技术水平差异，有着十分积极的意义。

3. 劳动力结构的层次性

我国的劳动力资源丰富，从数量上满足建筑生产的需要没有任何问题。但是，应当看到，我国劳动者总体素质较低，这是制约经济发展的一个重要因素。建筑业的技术构成低于一般工业，对劳动者素质的要求相对较低。但是，现代建筑生产不断采用新技术和新工艺，对劳动者素质的要求也越来越高，并要求劳动力具有合理的层次结构。这首先涉及到技术人员、管理人员与生产工人的比例。由于技术人员和管理人员的比例较低，处于相对稳定的状态，容易适应建筑生产流动性的要求，因而这里着重考虑建筑工人的层次结构。在这方面，涉及到技术工种结构、技术等级结构、生产工人与辅助生产工人及其他人员的比例等问题。就我国的现状而言，简单的技术工种、低等级技术工人和非技术工人数量众多，足以满足建筑生产的需要。但是，复杂技术工种、高等级技术工人却时感乏人，不能满足需要。因此，如果仅仅解决了劳动力市场的灵活性和合理的区域分布，而不具有合理的层次结构，就意味着劳动力市场的供给不能满足需求，所谓的灵活性和区域分布合理性就无从谈起。

劳动力市场不合理的层次结构，将导致不同类型建筑产品市场供求关系的不同变化。一般而言，对于技术要求低的简易小型工程，供给者数目多，竞争较为激烈，容易出现供大于求的局面；而对于技术要求高的大型复杂工程，由于符合要求的供给者的数目有限，竞争则相对不甚激烈，常呈现供求基本平衡的局面，甚至在某些方面还可能出现供小于求的局面。

4. 劳动力队伍的相对稳定性

这里所说的劳动力队伍的稳定性，不是指建筑企业而言，而是指整个建筑业而言。在现代社会，建筑生产技术的发展越来越快，对劳动者素质的要求亦越来越高。保证建筑业劳动力队伍的相对稳定，对于稳定地提高建筑劳动者的素质是非常必要的。不仅复杂技术工种、高等级技术工人的队伍要保持相对稳定，而且简单技术工种、低等级技术工人的队伍也要尽可能地保持一定的稳定性。要使在建筑市场需求减少时流出建筑业的技术工人能够在需求增加时重新流入建筑业，才不至于由于大量流入非技术工人而降低建筑劳动者的总体素质。从建筑企业的角度来看，要能够根据生产需要灵活地招募工人，一个很重要的前提就是要有稳定的劳动力来源，能够招募到符合要求的各种技术工人。

要保持建筑业劳动力队伍的相对稳定，可以依靠劳动力市场的自发调节，但其稳定性较差。因此，有必要成立行业职业学校，专门培养各种技术工人，并为从在职人员中培养高等级、复杂技术工人创造条件。一些大型建筑企业也可以根据本企业需要进行长期的或临时的职业和技术培训，调整和改善本企业界劳动力结构。由于农业剩余劳动力是我国建筑业劳动力队伍的重要来源，这部分劳动力具有供给量大、来去灵活的优点，但同时又表现出总体素质差、队伍不稳定的缺点，因此，采取有效措施保持其相对稳定性，具有十分重要的意义。根据我国许多地区的经验，有选择地在农村建立建筑业劳务基地，是一条行之有效的途径。

四、房地产业及市场

1. 房地产业

房地产业，一般认为是以房地产的交易、中介、租赁等活动组成的行业。也就是说，房地产业是以流通业务、管理业务为主，与房地产的生产没有关系。对于建筑业来说，以租赁、分期转让、分批出售或建造后一次性出售等活动为业的房地产业是需求；对于这些房地产业来说，建筑业则是供给。可见，建筑业与房地产业有着十分密切的联系。

2. 房地产市场

房地产市场，也有狭义和广义之分。狭义的房地产市场，是指以房地产为交换内容的场所；广义的房地产市场，则是指房地产在商品流通领域里各种交换方式和交换活动的总和。房地产市场实际上包括房屋和土地两个方面的交换，由于房屋总是与土地相连的，同时，买卖土地不是以种植而是以建筑房屋为目的的，故一般统称为房地产市场。这里，尤其要注意建筑市场与房地产市场的区别：当同是以建筑产品作为交换内容时，供给者是直接生产者的称建筑市场；供给者不是直接生产者的，称为房地产市场。

房地产市场的形成是极其复杂的，其领域呈不断扩大的趋势。按照房地产市场的业务内容，可将其分为以下几类。

(1) 房地产租赁市场。出租的对象可以是办公楼、通用厂房、仓库、住宅等建筑物，也可以仅仅是土地；可以是整个建筑物，也可以是建筑物的一部分，如一个楼层、一套住宅单元、一个房间等。在房地产租赁市场中，住宅租赁占有相当大的比重。我国目前住宅多属单位集体所有，对于政府机关、文教卫生等单位来说，本质上住宅属国家所有，租金只是象征性的，因而尚未形成实质意义上的住宅租赁市场。即使是房管所管辖的住宅，也存在类似问题。虽然各地已经或正在改革住房制度，但由于这涉及到价格、工资等一系列重大问题，要真正形成有效运行的房地产租赁市场还需要经历较长的时间。

(2) 房地产交易市场。这是以房地产的买卖、交换的代理或媒介为内容的市场。在我国，这类交易市场的功能主要有：宣传房地产交易政策，提供交易洽谈场所；开展代购代销，供求登记，提供咨询服务；发布房地产价格，提供房地产市场信息；规定规格标准，审定销售房的估价；开展房地产吞吐业务，调剂房屋余缺；交易立契；办理房产抵押和购房贷款业务等。总的来看，这类交易市场起到商业中介人的作用，对于促成房地产的实物交易、加速房地产的流通是不可忽略的。

(3) 房地产买卖市场。这是指房地产供求关系双方直接进行买卖、交换的市场。在这类市场中出售的对象大多是住宅、办公楼、通用厂房、仓库等，既可以一次性出售，也可以分期分批出售；既可以出售整个建筑物，也可以出售建筑物的一部分。当这类市场中的需求者（买者）是房地产租赁市场中的供给者（出租人）时，也可能以多个建筑、甚至成片的建筑物进行买卖。由于建筑产品价值巨大，在这类市场中往往采用分期付款、产前销售等形式，以利于促进买卖交换关系的确立。在房地产买卖市场中出售的建筑物可以是新建尚未使用过的，也可以是使用过多年的，出售对象的形态不同，其表现出的经济特征也不同。

(4) 房地产开发市场。这是指以城市新区的开发（初次开发）和旧区的再开发（旧城改造）为目的的大规模的房地产业务。在经济由不发达向发达的发展过程中，总是伴随着人口向城市集中的现象，城市的数量不断增加，城市的平均规模不断扩大。因此，城市的房地产开发，总是与城市建设的综合开发联系在一起的，而其中的土地开发具有特别重要的意义。这涉及到市政、公用、动力、通信等基础设施和相应的配套工程的建设。城市房地产的开发一般都不是孤立地进行的，而往往是与房地产业的买卖和租赁密切相连的。例如，将经过开发的土地有偿转让供其他投资者使用，或直接在其上兴建住宅、厂房、办公楼或其他经营性房屋，再进行出租或出售。房地产开发是城市建设整体化和系统化发展的一条重要途径。但是，小规模的房地产开发与住宅区建成后分块出售以及其他不动产买卖之间很难划出一道明确的界限。

对房地产的需求，虽然受到国民经济繁荣或萧条状况的影响，但总的趋势是一直在增长，房地产的价格也一直呈上升趋势。不过，这里要注意把土地价格与建筑物价格区分开来。虽然在房地产交易中，土地与建筑物往往是紧密联系在一起的，但这两者却有各自不同的经济特点。由于土地是不可再生性资源，因而在经济稳定发展时期地价的涨幅和涨速均较大幅度地高于一般物价和建筑产品价格。这说明，在房地产市场中土地因素往往显得更为重要。

地价或地租地区不同而表现出显著的差异。例如，工业区、商业区、居住区的地价或地租不同；即使是在同一使用功能区域内，不同位置的土地，其价格或租金也有所不同，有时可能相差数倍以上。这就是土地的级差地租问题。地价或地租还因时间不同而表现出较大的差异。在经济稳定增长时期，地价或地租较大幅度地上涨；反之，在经济萧条期，地价或地租则一般不会上涨，甚至可能出现大幅度下跌的现象。由于以上两方面原因，地价或地租在总体上就显得比一般商品差异大、波动幅度大。另外，土地的价值并不因为使用而逐年递减，恰恰相反，由于在使用过程中往往会对土地不断追加劳动，从而使其价值随着使用时间的增加而增加，这也是地价或地租在经济稳定发展时期不断上涨的重要原因之一。

由于建筑业与房地产业之间存在着供求关系，因而建筑市场与房地产市场之间也存在着相互依存、相互促进的关系。这也使得建筑企业兼营房地产业务成为一种合理的选择。一些大型建筑企业在城市房地产开发中有着相当重要的作用，并具有特殊的优势。但要注意，不能因为建筑企业兼营房地产业务而把建筑市场与房地产业市场混淆起来。例如，建筑企业以现货方式出售新建建筑产品仍然属于建筑市场的活动范畴，而不属于房地产市场的业务范围。这是因为，在这种情况下，建筑产品的供给者是该建筑产品的生产者，只是把期货交易方式改为现货交易方式而已。而如果建筑企业从事非其所生产的新旧建筑物（包括相应的地产）或买卖，则属于房地产市场的活动范畴。

复习思考题

1. 何谓建筑产品？
2. 如何按施工完成程度划分建筑产品？为什么？
3. 试述建筑产品与建筑工程项目的主要区别。
4. 如何理解和评价建筑产品的资本和资产功能？

5. 建筑产品具有哪几种价值形态？其含义是什么？

6. 建筑产品的使用价值包括哪两方面功能？这两者之间有何关系？

7. 建筑产品的交换价值取决于什么因素？试对此进行分析。

8. 建筑产品的收益价值取决于什么因素？试对此进行分析。

9. 哪些因素会影响对建筑产品价值的评价？

10. 试述建筑产品三种价值形态之间的联系。

11. 何谓市场？形成市场要具备哪些基本要素？

12. 试说明市场活动的当事人及其相互之间的关系。

13. 建筑市场具有哪些特点？试逐一作简要说明。

14. 固定资产投资对建筑市场的影响表现在哪些方面？正确制定固定资产投资计划对建筑市场有何意义？

15. 建筑材料市场有何特点？其对建筑市场的影响如何？

16. 为保持建筑市场供求关系的动态平衡，劳动力市场应满足哪些要求？

17. 何谓房地产市场？其主要的形态有哪几种？

18. 房地产市场对建筑市场的影响表现在哪些方面？

第四章　建筑产品的社会生产组织形式

建筑产品的社会生产组织形式是指建筑生产的专业化、协作和联合化、集中化。

建筑生产专业化是指通过对施工、构配件和制品生产的分工，把无所不包的“大而全”、“小而全”的企业分为独立的专业机构，将分散在各处的少量专业工作集中起来，变成集中的、大批量的施工生产，成为向社会广泛提供专业施工或专门产品的机构。这样，产品或施工对象单一、任务饱满、批量很大，有利于采用专用设备和先进工艺，提高设备和工时利用率，有利于工人和技术人员的技术提高，在提高劳动生产率、提高施工和生产质量、降低成本方面有极突出的优越性。专业化的方式有多种多样，现场施工单位可以按对象专业化原则、施工阶段或工艺专业化原则来组建。

建筑生产协作是指各部门、各企业、各工种在生产中建立的相互联系。随着专业化的发展，要求各企业之间的协作必须加强，使生产过程在时间上缩短、空间上扩大，保持生产的连续性和均衡性，弥补专业化产品单一的不足，实现优势互补。专业化和协作是一个事物的两个方面，专业化把社会生产分解为许多独立的部门、企业和工种，协作又把各个独立的部门联合起来，成为社会化生产的有机整体。专业化是协作的前提，而协作又是专业化得以生存和发展的保证。专业化协作是提高劳动生产率、降低成本、提高效益的重要手段。

建筑生产联合化是指同一部门或分属不同部门的若干企业，以资金、技术、人才、设备、产品等为纽带，联合成为一个整体，对生产实行统一经营、统一管理。联合化的特点是所包括的各种生产在技术上具有连续性与统一性，参加协作的企业之间由外部的协作关系转变为内部的协作关系，是专业化协作发展的最高形式。生产联合化是生产日益社会化与生产力发展不均衡的客观要求，通过强强联合，在不花或少花社会投资的情况下，充分发挥联合各方的优势，采用新技术、新工艺、新材料，充分利用技术设备的生产能力，提高综合生产能力，较大幅度地提高劳动生产率和经济效益，创造出一种新的社会生产力。

建筑生产集中化是指生产越来越集中于大企业的过程。这个过程表现为两个相互联系的方面：一是企业的平均规模的扩大，同类产品生产的相对集中；二是大企业的生产能力和产量在该部门全部生产能力和产量中所占的比重越来越大。生产集中化是生产社会化发展和科学技术进步的客观要求；同时，生产集中化的规模和速度，又受到生产社会化和科学技术发展水平的制约。

第一节　建筑产品生产专业化

若从建筑生产的全过程来考察，建筑生产专业化可分为设计专业化、施工专业化、构配件生产专业化和项目管理专业化四个方面。

1. 设计专业化

设计专业化包括规划专业化、勘察专业化、具体设计专业化、估算专业化。以下对勘察专业化以外的三个方面分别予以说明。

规划专业化是随着城市建设的发展而逐步形成的。城市规划注重从城市的近期和长远功能出发，对城市进行合理的区域划分，并考虑通过城市建设所形成的景观，尽可能地提高城市建设的综合效应。因此，需要对公共基础设施配套、建筑物高度和密度、建筑设计的风格、防火抗震要求等问题作出统一的规定。这样能使城市布局合理、经济繁荣、交通便利、环境优美、控制污染、居住条件良好，从而使城市建设更经济、更合理，能够更好地满足社会经济发展的需要。只有按照统一规划进行建设，才能保证各方面协调发展，避免产生负的综合效应，以较少物质消耗，取得较大的经济效果。

具体设计的专业化内容极为丰富，按其表现形式可归纳为设计对象专业化和设计工种专业化两大类。

所谓设计对象专业化，是指按照建筑产品的类型、性质、特点和用途进行设计分工所形成的专业化。国民经济中不同的部门需要不同类型的建筑产品，对建筑产品的建筑特征、结构特征和使用功能等方面有不同的设计要求。例如，冶金、电力（又分为水电、火电、核电等）、化工、纺织、旅馆、办公楼、影剧院、教学楼等建筑，它们的设计要求有很大差别。那些有特殊工艺要求的工业类建筑产品，往往是以工艺设计为主，土建设计为辅。而工艺设计主要是与该工业的产品设计相关联，可以说超出了建筑业的范畴。但由于工艺设计与土建设计需要密切配合，因而就很难把两者截然分开。

设计工种专业化，是指按照设计工作的内容进行设计分工所形成的专业化。要完成一个建筑产品的全部设计工作，要涉及到建筑、结构、给水排水、强电弱电、采暖通风等许多方面。这些设计工作内容各有其独特的技术规律，需要运用不同的专业知识才能完成。在现代社会，任何人都不可能全面掌握设计工作各方面的专深知识，因而，必然产生设计的专业分工。

估算专业化主要表现为设计单位内部的专业分工，即在设计单位内部设立专门的概预算部门。其主要职能是在设计完成之后或分阶段完成之后，对工程进行估价。估价在我国的表现形式是设计概算、修正概算和预算。

设计专业化的发展，大大促进了设计水平的提高，使设计成果不仅在技术上先进适用，而且在经济上节约合理。设计专业化的发展，又对协作提出了新的要求。不仅要求不同专业设计工种之间互相协调，避免疏漏和错误，而且要求设计和施工之间能够互相衔接、统一协作。不仅要求在工作内容上互相协作，而且要求在工作进度上协调一致。这样，才能更充分地发挥设计专业化的作用。只有在不同专业设计工种之间、设计与施工之间具备了较好协作条件的情况下，设计专业化才能进一步向深度和广度发展。

2. 施工专业化

建筑产品具有单件生产性质，难以进行大批量生产，这在一定程度上限制了建筑生产专业化的发展。但由于建筑产品又具有多样性的特点，随着人民物质文化生活水平的提高，新技术、新工艺、新材料的发展，新型建筑体系和建筑物不断涌现，这又为建筑生产的专业化提供了广阔的天地和可能性。

施工专业化基本上可以分为三种形式，即施工对象专业化、施工工艺专业化和施工管理专业化。

施工对象专业化，是按照建筑产品的不同类型、性质、特点和用途进行施工分工所形成的专业化。由于建筑产品用途多种多样，各个国民经济部门皆有不同使用要求的建筑产品，如有非生产性的建筑产品与生产性建筑产品。非生产性建筑产品又有住宅、医院等。生产性建筑产品又分为诸如冶金工业部门用者，纺织工业部门用者，机械制造部门用者等。与此相适应，随着建筑产品需要的增长和社会分工的发展，就逐渐出现和发展起专门从事有关各种建筑产品生产的专业性建筑机构，如冶金建设公司、化工建设公司、住宅建设公司等。

在工业建筑中，有些项目规模大，由若干个单体工程组成，它的各个部分（分厂或车间）的工艺要求、技术要求乃至建筑要求和结构要求都不相同，还有必要作进一步的分工，这就出现了另一种形式的施工对象专业化。例如在钢铁联合企业的建设中，可分为专门从事高炉、炼钢、轧钢、焦化等工程的施工企业。又如在铁路交通工程建设中，可分为专门从事桥梁、隧道、涵洞等工程的施工企业。按对象专业化组织起来的建设企业，其技术装备和生产组织都密切结合建筑产品的性质和特点，以便于积累经验，提高技术经济和管理水平，是建筑机构发展的一种必然趋势。

施工工艺专业化，是把建筑施工过程中某些需要专业技术的工程内容，由某一种专门从事这项工作的施工企业承担。施工工艺专业化的内容丰富、形式多样。有的施工企业专门承担某一施工阶段的施工任务，如基础工程公司、装修工程公司、安装工程公司等；也有的施工企业专门承担某一工种的施工任务，如土石方工程公司、结构构件吊装工程公司、砌筑工程公司等；还有的施工企业专门承建某一种体系建筑或采用某种施工工艺的建筑工程，如大板住宅建筑公司、升板建筑公司、滑模建筑公司等。这些施工工艺专业化还可以进一步精细化，例如装修公司还可以分为吊顶公司、墙面抹灰公司、贴瓷砖公司、幕墙安装公司等；安装公司还可以分为机械设备安装公司、电气设备安装公司、卫生设备安装公司等。大多数工种专业化都是阶段专业化的进一步发展，有些工种专业化则属于辅助生产性质，如搭脚手架公司、清理场地公司等。

施工管理专业化，是由专门的施工企业承担施工过程中的管理工作，如现场施工的组织协调、进度安排和协调、技术管理等，而不承担或基本不承担具体的施工任务。现在有许多大型建设项目，随着施工专业化的发展，往往在一个大项目上同时有许多专业化的施工企业参加施工。如果各施工企业各自为政，没有统一的管理，就会使现场施工陷入混乱，不能保证按预定的目标建成项目。因此，在许多情况下，需要由总包施工企业来承担这一工作。总包施工企业拥有管理人员、技术人员、关键工种的技工，属于管理型和技术型企业，拥有雄厚的管理和技术力量，经营方式灵活，易于开拓新的市场，往往实行跨地区、跨国家经营。在国际建筑市场中一些著名的大型施工企业，一般属于这种类型。

建筑施工的专业化是生产力发展的客观需要，也是由建筑产品和建筑生产的技术经济特点所决定的。建筑产品的种类繁多、千差万别，但每一种类型的建筑产品都有一定的需求量，这就可以实行施工对象专业化。建筑产品的施工过程很长，包含的中间环节、工种很多，而各个施工阶段和工种都需要采用不同的专业化施工技术，这就为施工工艺专业化创造了条件。建筑产品的生产具有流动性，这种流动性可以表现为在不同地区的不同建筑产品之间流动。如果在实行跨地区、跨国家经营时，仍然完全依靠自有施工队伍，进行大规模远距离的施工队伍转移，肯定是不经济的，这就使得施工管理专业化应运而生。总之，建筑产品和建筑生产的技术经济特点决定了施工专业化发展的客观必要性和现实可能性。

3. 构配件生产专业化

把原材料加工成各种构件、配件、半成品的制作过程，原来都是在施工现场进行的，是现场施工的组成部分。对于混凝土制品来说，可以是现浇制作，也可以现场预制。随着技术进步和建筑生产工业化的发展，原材料加工制作越来越多地从施工现场分离出来，在预制工厂中进行工业化生产，这就是构配件生产专业化的发展过程。构配件生产专业化，除了钢筋混凝土制品厂、木材加工厂、钢木门窗加工厂、金属构件配件厂以及生产大型砌块、商品混凝土的企业之外，其他生产建筑用成套电气设备、建筑五金、水暖器材、专用灯具、建筑塑料制品等的企业，也属于这种专业化企业。此外，一些国家专门生产盒子式卫生间、盒子式电梯井、盒子式垃圾道乃至盒子式房屋的工厂，则是这种专业化深度的表现。构配件生产的专业化推动着一些新的独立工业的形成，如各种砌块、轻质建筑材料、商品混凝土等。

4. 项目管理专业化

建筑产品生产与工业产品生产的一个重要区别，在于作为产品需求者的业主要介入产品生产过程的管理。但是，业主一般缺乏建筑方面的专业知识，不能对建筑产品生产的全过程实行有效的管理。另外，随着社会的发展，需要建设许多大型、巨型的工业建筑，国防工程和文化体育设施，如航天工程、大型水利工程、核电站、大型钢铁企业、石油化工企业、新型城市开发等。这些工程技术日益复杂，规模宏大，投资额巨大，建设周期长，质量要求高，对项目开发、建设的组织与管理提出了更高的要求。建筑生产这种新的发展趋势，一方面促进了建筑工程项目管理学的形成、发展和完善；另一面也促进了项目管理向社会化、专业化的方向发展。

项目管理专业化需要一批既懂技术、又懂经济，而且熟悉法律、精于管理的专门人才，为项目建设提供咨询服务。项目管理工作的具体内容很多，而且因时、因地、因项目而异，但总是围绕着一个核心任务，即对项目目标进行控制。任何建设项目都有以下三个目标：费用（投资/成本）目标、进度目标和质量目标。这三个目标是相互联系、相互影响的，不可截然分开。在某些情况下，有可能以其中某一目标为主，其他两个目标服从这一主要目标。不过，在大多数情况下，则应对这三个目标进行统一的综合考虑，以权衡利弊，区别轻重缓急，但不应片面强调某一目标。项目管理的任务就在于尽可能好地实现项目建设的三个目标。为此，就需要从组织、技术、经济、合同等方面采取措施，需要掌握和运用现代化的管理方法和管理手段。

虽然任何建设项目都有费用、进度、质量三个目标，但对于同一个项目，由于业主、设计单位、施工单位的地位不同、出发点不同，他们各自确定的项目目标也有所不同，相应地，项目管理的任务也各不相同。因此，项目管理又可分为三种类型，即业主的项目管理、设计者的项目管理、施工者的项目管理。其中，业主项目管理社会化、专业化的程度最高。这是由于业主一般均缺乏建筑方面的专业技术知识，更缺乏项目管理方面的专业知识和经验，因此，委托专业化的项目管理机构为其进行项目目标控制，有利于提高项目管理水平，更好地实现预定的项目目标，这显然是符合业主利益的。业主项目管理专业化的重要发展，在于不再局限于施工阶段，而扩大到设计阶段。由于设计对项目经济性的决定性作用，因而设计阶段的项目管理对业主来说显得更为重要。根据业主的要求，业主项目管理的工作范围还可以向设计前和施工后两个方向延伸。

设计者的项目管理社会化程度较低。一般由设计人员自己承担。但是，对于大型建设项目来说，同时有许多设计机构和设计人员参与设计，作为总包的设计机构来说（在国外常常是建筑师事务所），整个设计阶段项目管理的任务是相当艰巨的。这时，就有必要委托专业化的项目管理机构为其进行设计阶段的项目目标控制。一般要求在保证设计质量和设计进度目标的前提下，尽可能地降低设计成本。

施工者的项目管理社会化程度也较低，一般由施工单位自己承担。但是，作为大型建设项目的总包施工单位来说，项目管理工作纷繁复杂，没有专门的力量和经验是难以胜任的。尤其在国际承包中开拓某一新的市场时，施工单位对当地的社会、经济、法律、材料市场、施工机具市场、运输条件、劳务市场等方面的情况不了解或不熟悉，就需要委托熟悉当地情况的国际性专业化项目管理机构为其进行施工阶段的项目管理。当然，在这种情况下，项目管理的许多具体工作仍然可以由施工单位自己完成，如质量控制的大部分工作、进度控制和成本控制的部分工作等。

施工者的项目管理与施工管理专业化的区别在于：首先，从性质上来讲，前者是咨询机构，提供的是咨询服务，一般不承担亏损的风险，也不以盈利为目的，在许多问题上只能提出多个备选方案，仍然需要委托方进行决策；后者是施工企业，是自行承包（一般是施工总包），因而力求获取较高的利润，同时也承担相应的风险，在其承包范围内的所有问题均由自己决策。其次，从人员构成来看，前者只有管理人员和技术人员，没有雄厚的经济实力；后者除了管理人员和技术人员之外，还可能拥有一定的施工队伍，至少拥有一定的关键工种的技术工人，还可能拥有重要的施工机械设备，因而一般拥有较强的经济实力。再次，从服务对象来看，前者是为施工单位服务，而且作为一个专业化的独立机构，在其他项目上可能为业主、设计单位或其他的施工单位服务；后者则是自成体系，不存在为其他单位服务的问题。

实施建筑生产专业化具有以下优越性：

（1）专业化能够促使建筑机构广泛地采用各种建筑机械设备来代替手工劳动，不断地以高效能的专门技术装备来改进生产，减轻工人劳动强度，提高劳动生产率。

（2）专业化机构集中了较多的同种类型的工作量和广阔的工作面，并有比较固定的工艺过程生产，这就为采用流水作业法创造了很好的条件，从而可以改善建筑机构生产活动的一切主要技术经济指标，因为在按照流水作业施工的条件下，生产过程可以加快，生产费用可以降低。

（3）生产专业化可以更好地利用建筑机械设备，合理地使用建筑材料，从而不断地改善建筑机构固定资产和流动资金的利用情况。

（4）在专业化的条件下，建筑机构的生产活动比较固定和专一，生产的管理工作和计划工作比较单纯，因此可以简化生产管理机构，提高其活动的效果。

（5）专业化容易积累生产经验，可以迅速提高建筑工人劳动的熟练程度，提高技术和管理人员的技术和业务水平，从而有助于建筑产品质量的提高。

总的来说，建筑工业专业化的技术经济效果在于能够大大地提高劳动生产率，缩短工程期限，提高工程质量和降低成本。

第二节 建筑产品生产协作与联合化

建筑生产协作在建筑生产中具有特别重要的意义，也是保证施工专业化发展的重要条件。建筑产品形体庞大、结构复杂、地点固定、生产周期长，不同的生产阶段对协作的要求也不同。在施工准备阶段，在施工现场之外，需要不同部门、不同企业之间的协作；在施工企业内部，需要不同科室、班组、工种之间的协作；在施工过程中，一方面要求不同施工企业、不同工种在现场不同空间同时进行有计划的、协调的协作劳动，另一方面又要求这些企业和工种在同一空间进行有节奏的搭接、连续的劳动。而在施工现场之外，还需要和设计、材料、构配件、运输等部门和企业进行很好的协作。因此，搞好协作，是卓有成效地进行建筑施工的基本条件，是建筑生产必要的手段。在建筑施工全过程中，无论是在施工现场内，还是在施工现场之外，都必须有善于组织协作生产的领导者。领导机构和领导人的协调能力，已成为建筑生产本身的客观要求和决定因素之一。

建筑施工的协作范围很广，形式也多种多样，如固定协作和临时协作，地区内协作和地区间协作，主管部门内协作和主管部门间协作。所谓主管部门内协作，是指同一部门内综合性施工企业和专业化施工企业之间的协作，或各专业化施工企业之间的协作。所谓部门间协作，是指建筑部门（这里应理解为广义的建筑部门，包括各部属施工企业）各企业与其他部门所辖企业之间的协作。这是更大范围的协作，是广义的协作。它一方面表现为建筑部门和企业为其他部门和企业提供施工服务，一方面又表现为建筑部门和企业从其他部门和企业获得建筑材料、建筑机械、运输工具、燃料动力以及相应的劳务等。

就建筑业内部而言，建筑施工的协作形式与专业化形式相对应，也有三种，即施工对象协作、施工工艺协作和施工管理协作。

施工对象协作，是指在大型项目建设中，许多独立完成个别建筑物或构筑物和共同完成整个建设工程的各个施工企业之间的生产联系。例如，冶金项目建设中的高炉车间，一般是把高炉、料仓、栈桥、煤气管道、给水工程等分别委托给若干个专业施工企业承建。这些施工企业间的协作就表现为施工对象协作。

施工工艺协作，大多表现为施工阶段协作或工种协作，是指许多施工企业分别完成个别的施工阶段或个别工种的生产，在这个基础上共同完成一个建筑物的施工而建立起来的生产联系。例如，建造一个机械制造厂，由基础公司完成基础工程，吊装公司完成结构吊装任务，工业设备安装公司完成机械设备、电气设备的安装工作，而其余工作则由一般的施工企业完成。

施工管理协作，主要是指施工管理专业化的企业与多个承担具体施工任务的企业在共同完成整个工程建设任务过程中所建立起来的管理工作上的联系。每个承担具体施工任务的企业都有自己的管理工作，都有自己的管理目标，但这些目标必须服从整个工程的总体目标。例如，每个企业都希望从费用最小的原则出发来安排施工进度计划，但如果这样不能满足工程总进度的要求，则必须予以修正。实际上，施工对象协作和施工工艺协作也都需要施工管理方面的协作。

建筑生产专业化和协作是一个事物的两个方面，专业化把社会生产分解成许多独立的部门、企业和工种，而协作又把各个独立部门联合成为社会生产有机统一的整体。专业化是协作的前提，没有专业化，就没有必要组织社会协作；而协作则是专业化的保证，没有协作，专业化就不可能长期存在和发展。专业化程度愈高，协作的范围就愈广，对协作的依赖性就愈强，对协作的要求也愈高。协作的条件愈好，就愈有利于专业化的发展和效率的提高。它们是互为条件、互相依存的。只有把两者恰当地结合起来，社会大生产才能顺利发展。

专业化协作既是生产力发展的标志，又是推动生产力进一步发展的手段。组织专业化协作，能给整个国民经济和企业带来很大的经济效益，这集中表现在可以大大节约劳动消耗，提高社会劳动生产率。具体地说，专业化生产可以使每个企业的生产活动单一化，有利于企业集中精力研究专业技术，积累经验，提高产品质量和工艺水平，发展新产品、新工艺；有利于采用专用设备，提高生产的机械化、自动化水平，并有利于充分利用机器设备，降低原材料消耗，提高劳动生产率；还有利于提高管理人员和技术人员的专业知识和工作效率，也有利于提高劳动者的技术水平和熟练程度。总之，提高专业化协作水平本身不是目的，提高经济效益才是发展专业化协作的根本目的。如果偏离了这一点，为专业化而专业化，就不能使专业化协作得到健康的发展。

建筑生产联合化主要表现为生产要素的联合和生产过程的联合。究竟采用什么联合方式，要从企业的具体情况和实际需要出发，灵活运用。可以同时采取不同的联合方式，也可以在不同时期采取不同的联合方式。

从生产要素来看，有资金上的联合，即合资经营。这可以是国内同一地区或不同地区企业间的合资，或不同部门企业间的合资，也可以是中外合资。例如，施工企业可以向材料生产单位、构配件生产单位等直接与建筑生产有联系的企业投资，也可以向与建筑生产没有直接联系的企业投资。生产要素的联合也可以是劳动力上的联合，例如，全民所有制施工企业雇用农村劳动力作为合同工或临时工，一方面使农村剩余的劳动力资源得到了合理利用，另一方面又使全民所有制施工企业的生产和经营更加灵活。生产要素的联合还可以是物资上的联合，例如以建筑材料、构配件、施工机械等进行联合。当然，生产要素的联合也可以表现为综合性的联合，即多种生产要素（资金、劳动力、物质）不同程度的联合。参加联合的各方可以按相同生产要素的相同比例或不同比例进行联合，也可以各自以不同的生产要素进行联合。例如，可以一方出管理人员和技术人员，一方出生产工人；一方出资金，一方出机械进行联合。这种综合性的联合是建筑生产最常见的形成，也是最有发展前途的联合形式。

从生产过程来看，建筑生产专业化的发展越充分，实行联合的可能性就愈大。生产阶段的联合可以是纵向联合，即处于建筑生产不同阶段的企业之间的联合，如设计与施工的联合，设计与构配件生产和施工的联合，构配件生产与施工的联合；又如施工各阶段的联合，即不同专业化施工企业之间的联合，如土方、基础、结构、装修、安装等专业化公司联合起来承包工程。还可以是生产和销售的联合，如设计、施工和房地产开发单位之间的联合，或施工企业自己建造、自己出售建筑产品等。生产阶段的纵向联合，有利于发挥各类专业化企业的特长，从而改善建筑生产的连续性。生产阶段的联合也可以是横向联合，即处于建筑生产同一阶段的企业之间的联合，如设计单位之间的联合、综合性施工单位之间的联合、同种专业化施工单位之间的联合等。生产阶段的横向联合有利于充分发挥各企业的生产能力，有利于分担风险，并避免因盲目竞争而造成的损失。

以下对常见的设计联合、施工联合以及设计与施工的联合作进一步阐述。

设计联合可以是纵向联合，也可以是横向联合。随着设计专业化的发展，对于大型综合性建设项目的设计任务，常常需要多个设计单位共同完成。这些设计单位可以以协作的形式来完成项目的设计任务，也可以以联合的形式来完成。参与设计联合的设计单位可以是同类型的，也可以是不同类型的；可以是同一地区设计单位之间的联合，也可以是不同地区设计单位之间的联合，甚至不同国家设计单位之间的联合。一个建设项目由两个以上设计单位联合设计时，一般应由其中一个设计单位作为主体设计单位。它是建设项目设计的总负责单位，要负责组织设计的协调、汇总，保证设计的系统性和完整性，并对整个设计在技术上的先进性和经济上的合理性全面负责。

施工联合从企业联合形式来看，可归纳为以下几类：

（1）兼并。一般是由经营情况好、经济实力雄厚的施工企业（以下简称甲企业）兼并经营情况不好、已经或濒临破产的施工企业（以下简称乙企业）。甲企业兼并乙企业有三种方式：①甲企业以现金或其证券买进乙企业的资产，乙企业消失；②甲企业以其股票调回乙企业的股票，取得乙企业的资产和负债，乙企业消失；③甲企业买进乙企业的股票，成为乙企业的控股公司，乙企业仍存在，可以继续经营。

（2）合并。这是由两个以上处于同一生产阶段或不同生产阶段的施工企业进行联合的一种形式。合并与兼并的根本区别在于参与合并的原企业均丧失法律和经济独立性，或者说，原企业均消失，合并的结果是成立一个新的企业。在多数情况下，参与合并的施工企业规模相当，至少不是相差悬殊，而且往往各有特色和优势，因而合并的结果不是“一加一等于二”似地扩大生产规模，通过生产要素的重新组合，可以创造出新的生产力，提高企业的经济效益。需要注意的是，并不是参与合并的施工企业越多越好，企业合并之后还要考虑组织机构的调整和生产要素的重新配置等问题，以更好地发挥合并的作用。

（3）组建施工企业集团。这是由多个同类型或不同类型的施工企业进行联合的一种形式。企业集团与合并的区别在于，企业集团可能具有两级法人地位，即企业集团作为一级法人，企业集团的成员企业作为二级法人，它们虽然要服从企业集团的统一领导，但仍然可以独立自主地经营；企业集团也可能只有一级法人地位，即企业集团的成员企业不再具有法人资格，必须以企业集团独立的法人地位统一对外经营，但企业集团的成员企业仍然保持经济上的独立性。因此。企业集团作为施工企业联合的一种形式，可以是松散型的，也可以是半紧密型或紧密型的。联合的具体形式多种多样，可以根据施工企业联合的客观需要以及联合的经济效果灵活地加以选择。在大多数情况下，企业集团最高领导层的主要任务是制定企业集团的发展战略、经营目标和经营决策，而不直接介入各成员企业的经营管理、组织和人事管理等工作。

（4）临时联合。这种联合方式是针对一个确定的工程项目，由两个或两个以上的同类型或不同类型的施工企业进行生产要素或生产阶段的联合，共同完成该工程项目的施工任务，因而是一次性的联合。即使由于联合的效果很好，原来参与某项目施工联合的各施工企业都愿意在其他项目上继续联合，但由于工程项目具有一次性，各施工企业投入生产要素的数量、比例和时间都将发生变化，实际的施工过程也不可能完全相同，因而仍然表现为一次性的联合。由于是临时联合，所以不影响各施工企业在其他工程项目和其他方面的经营和管理，有利于根据工程项目的特点和需要充分发挥各施工企业的专长和生产能力。这种临时联合的方式在实践中显得非常灵活，尤其适合建筑生产单件性和流动性的特点。

设计与施工的分离，促进了设计专业化和施工专业化的发展，也有利于提高设计水平。但是，设计与施工分离也导致一些新的问题，主要表现在两个方面：一方面在设计阶段将施工单位排除在外，不能发挥施工单位在建筑结构、构造处理、施工工艺、建筑材料等方面的经验、专长和掌握的信息，影响整个项目的经济性；另一方面，设计完毕后才开始招标，这就推迟了施工准备和设备订货的时间，也就必然延长了整个项目的建设周期，不利于尽早发挥投资效益。因此，为了克服这些缺点，又产生了设计与施工联合的新的需求。当然，这不是回归到设计、施工不分的历史状态，而是在设计专业化和施工专业化都已经充分发展的基础上，设计与施工的重新结合。

设计与施工联合可分为永久型和临时型两大类。所谓永久型的设计与施工联合，是指既拥有设计力量又拥有施工力量，实行设计—施工一体化经营的联合企业。这种企业负责设计、施工、安装、调试、试生产等项目实施的全过程。在一些大型工业项目（如钢铁、化工项目等）、工业化体系建筑（如滑模、装配式住宅建筑等）、开发性项目（如学校建筑、住宅小区等）上，常常可采用这种联合形式。当然，这种设计与施工联合的企业，是就其所具备的生产能力而言的，并不一定在所有的工程项目上都实行设计—施工一体化经营，有可能在某些工程项目上只承担设计任务，在另外一些工程项目上只承担施工任务。所谓临时型的设计与施工联合，是指一个或多个设计单位和施工单位针对一个工程项目而进行的临时联合，共同完成该工程项目的设计任务和施工任务。与施工企业的临时联合一样，这也是一种一次性的联合。进行这种临时联合的设计单位和施工单位一般要具有与作为联合客体的工程项目相适应的特长和经验，这样才能充分发挥设计单位和施工单位的优势，体现这种联合的优越性。临时型的设计与施工联合对设计单位和施工单位都很灵活，在实践中应用的范围较广，可能性亦较大。凡是有可能通过设计与施工的早期结合提高项目经济性的工程项目，都可以考虑采用这种联合方式。

建筑生产联合化是在生产集中化和生产专业化高度发展的基础上产生的，专业化把许多不同部门和企业的生产分离开来，而联合化并不是专业化的逆向运动，即不是恢复到专业化以前的状态，它是在新的基础上把许多不同部门和企业的生产联合在一起。联合化扩大了企业的规模，一般具有集中化和大企业的优越性。另一方面，在联合企业内部仍然可以实行专业化协作，所以又兼有专业化企业的若干优越性，联合企业还可以提高综合生产能力，更充分地采取和利用新技术、新设备、新工艺、新材料，从而较大幅度地提高劳动生产率，提高经济效果。

联合化和专业化有着密切的内在联系。联合化和专业化都是劳动分工和生产社会化的产物，都是生产力发展到一定阶段的必然结果。专业化协作的发展要求实行联合，而联合又有利于劳动分工、专业化协作的发展。无论是专业化还是联合化，都是以发展生产、提高经济效益为目的的。因此，不能片面强调专业化而阻碍联合化的发展，也不能因发展联合化而否定专业化。发展专业化和联合化，都要从实际情况出发，按客观经济规律办事，切忌以主观意志、行政手段来强制推行某种政策。

第三节　建筑生产集中化与企业规模

建筑生产集中化是生产力发展的一种客观趋势。建筑生产集中化程度，不但受科学技术进步、生产社会化程度的制约，也受产品需求量以及资金、资源等因素影响，而且这些条件不是固定不变的。所以，过分的集中与该集中而没有集中，在经济上都是不合理的。

建筑生产集中化的程度与国内建设项目的规模也有着密切关系。在经济大发展时期，大型的基础设施、公共建筑、工业与商业建筑比例较高，新建、扩建的比例高，这些建设项目一般需要具有一定规模的企业才能承包，至少要由大中型企业承包其主要部分。随着经济发展趋向稳定，大型建设项目的比例减少，而中小型建设项目的比例增加；新建、扩建的项目比例减少，而改建的项目比例增加。建设项目规模的这种发展趋势，客观上要求建筑企业的规模与之相适应，这就是小型建筑企业不但能够长期存在，而且能够继续发展的重要原因，当然也是建筑生产不可能高度集中化的重要原因。

另外，建筑生产集中化的程度除与各国的传统习惯有一定关系外，还与各国建筑公司国际承包的份额有很大关系。同是工业发达国家，互相之间在这方面有很大差别。美国建筑生产集中化程度最高，不能不说与它多年来始终雄踞国际建筑市场之首有关。国际承包的工程多是规模较大的工程，对承包商的管理水平、技术水平、技术装备力量、信誉等方面均要求较高，一般只有那些规模较大、实力雄厚的承包商才有可能承包。

建筑生产集中化高的大型建筑企业集聚资金有利于采用先进的施工机械，提高劳动生产率；有利于在较大范围内进行合理的分工和协作，更好发挥各类人员特长；有利于降低管理费用，因为管理费用并不随着工程施工任务扩大而线性的增长；有利于在较大范围内调剂使用物资，保证工程任务完成。

随着建筑工业化的发展、经营管理水平的提高、工程规模的扩大，建筑企业规模必然要扩大，但也不是说企业规模愈大愈好。大企业需要大量的工程任务，较高的管理水平和经营能力，尤其是建筑产品生产具有流动性特点，当工程规模较小、任务分散时，大型企业搬迁困难，难以适应，因而中、小型建筑企业就大量地存在着。建筑企业规模应因地、因工程、因时制宜，随着工程建设任务变化和企业管理水平而定。

集中化与联合化有着一定关联，联合化是提高生产集中化程度的重要途径。无论是同类产品、零部件、工艺的横向联合，还是生产各阶段的纵向联合，或者是资源、能源综合利用的联合，都在一定程度上引起生产集中化，使生产规模扩大，也使资金、资源、技术等力量集中。因而有利于采用先进技术设备、工艺，有利于科研与生产相结合，提高企业技术开发、产品更新能力，发挥生产集约化的经济效益。

集中化、专业化、协作和联合化四者之间存在着密切的关系，只有在产品达到一定数量的条件下，实行专业化才能取得较高的经济效益；反过来，只有在生产同时实行专业化的条件下，大生产的优越性才能充分地显示出来。集中化、专业化、协作和联合化的发展，意味着社会劳动分工的加深和生产社会化的加强，为节约社会劳动、提高劳动生产率创造了条件。从一定意义上说，劳动分工和劳动协作本身就可以创造出新的社会生产力。同时，这些生产社会化的组织形式的发展总是受到科学技术发展水平制约的。科学技术的不断进步要求有一定的生产组织形式与之相适应。但社会生产的组织形式并不总是被动地适应科学技术的发展，它也对科学技术进步提出新的需求，使新的科学技术能在生产中被采用，使科学技术所提供的生产效能能得到充分的发挥。

复习思考题

1. 建筑产品专业化包括哪些内容？
2. 建筑产品专业化具有哪些优越性？
3. 生产建筑产品为什么要实行联合化？
4. 施工联合从企业联合形式上看有几种？
5. 什么是建筑生产的集中化？
6. 企业规模对建筑产品生产有什么关系？

第五章 工程项目的可行性研究

第一节 可行性研究的目的和作用

一、可行性研究的含义和目的

可行性研究是对投资建议、工程项目建设、科研课题等方案的确定，所进行的系统的、科学的、综合的研究、分析、论证的一种工作方法。

可行性研究的目的，是对提出的投资建议、工程项目建设方案或研究课题建议的所有方面，进行尽可能详细的调查研究和作出鉴定，并对下一阶段是否终止或继续进行研究提出必要的论证。或者说它的目的是对新建或改建工程项目的主要问题，从技术、经济两个方面进行全面、系统的研究分析，并对投产后的经济效果进行预测，以判断它是“行”还是“不行”。需要说明的是，可行性并非最优而是可行，只有在可行的基础上才能进一步求出最优方案。

工程项目的可行性研究，就是根据国民经济发展规划及批准的项目建议书，项目承办单位委托有资格的设计机构或工程咨询单位，在建设项目投资决策前，对拟建项目从技术和经济两个方面进行全面的、系统的分析研究，判断该项目在技术上是否先进、适用、可靠，在经济上是否合理，在财务上是否盈利，以便减少项目决策的盲目性，使建设项目的确定具有切实的科学性。它是编制计划任务书的基础。

要使工程项目建设达到预期的经济效果，做好工程项目建设的前期工作是极其重要的。所谓前期工作，实际上就是调查研究分析工作，它是根据确凿的材料，对有关问题进行详细分析，如产品是否适销对路，是否符合发展方向，建设的各种条件是否具备，技术上、工艺上是否先进、适用，投资和回收期的正确估计、利润的计算等，使许多重大技术与经济原则和基础材料都得到切实解决和落实，最后提出可行还是不可行的结论。前期工作实际上是搞工程项目建设必须进行的一项科学研究工作，这就是可行性研究。它为正确地作出投资决策提供重要依据。所以，工程项目建设必须做好可行性研究。早在 1981 年 3 月 3 日，国务院在《关于加强基本建设体制管理、控制基本建设规模的若干规定》中就明确规定：所有新建、扩建大中型项目以及利用外资进行基本建设的项目都必须有可行性研究报告。将可行性研究纳入基本建设程序之中，从而加强了基本建设前期工作。

在我国社会主义市场经济体制下，可行性研究不但应按各个工程项目进行，要考虑市场的需求，还应从整个国民经济角度出发，对工程项目建设规模、发展速度、投资安排、投资结构等通盘考虑，进行技术、经济效果分析和论证，以求得最优的工程项目投资方案。这就是说，不但要重视微观的可行性研究，更要重视宏观的可行性研究。

二、可行性研究的特点

1. 先行性

可行性研究是在工程项目建设前期所做的工作，正因为它是在项目确定之前所进行的研究、分析、论证工作，而不是项目确定之后再来分析和论证，此时项目建设尚未实施，所以，为可行性研究提供了足够的时间，使之得以深入地、全面地进行研究分析。

2. 不定性

可行性研究的结果，包含可行或者不可行两种可能，这就使可行性研究工作得以客观地进行。不论其结果是可行或不可行，都是有意义的。可行，为项目的确定提供了科学的依据；不可行，则避免了投资的浪费和不必要的损失。

3. 预测性

可行性研究是对尚未实施的投资方案或工程项目建设所进行的研究，由于是对未来事物作出的分析论证，必然会有一定的误差。因此，对可行性研究结果的精确程度，要予以客观地对待。同时，对可行研究必须慎重从事，尽可能地考虑各种因素，以避免产生较大误差。

4. 决策性

可行性研究是为决策提供科学的依据。因此，必须严肃认真、实事求是。事实上，可行性研究过程本身就是一个决策过程。

三、可行性研究的主要作用

可行性研究是投资项目建设前期研究工作的关键环节，从宏观上可以控制投资的规模和方向，改进项目管理；微观上可以减少投资决策失误，提高投资效果。其主要作用如下：

（1）可为工程项目投资决策提供科学的依据。投资者决定是否实施一个项目，主要依据可行性研究提出的研究结论。

（2）可为筹集建设资金提供依据。

（3）可作为工程项目建设有关部门或单位之间签订协议、合同的依据。

（4）可作为下阶段设计的依据。

（5）可作为以下工程建设工作的依据：

1）建设阶段基础资料的依据，包括工程地质、水文、气象勘测资料等；

2）科研、试验、设备选择的依据；

3）企业组织管理、机构设置、职工培训等工作安排的依据。

（6）重大项目可行性研究文件可作为编制国民经济计划的依据。

第二节　可行性研究的主要内容

工程项目建设的全过程，一般分为三个阶段：①投资前阶段，即工程项目建设的前期，包括编制项目建议书；进行可行性研究和资金筹措活动；②投资阶段，即建设时期，主要进行工程设计、签订合同、组织施工安装、职工培训和试生产；③生产阶段，即项目建成后企业的生产时期，其任务近期主要是生产技术的应用、设备的运转和成本的核算；

长期的任务是从企业整个生命期来考察产品的销售收入、生产成本、税收、利润、投资的偿还等，努力取得较好的经济效果和社会效益。

可行性研究属于投资前阶段的工作，其主要内容根据可行性研究的几个工作阶段，逐步由浅入深。现分别介绍如下。

一、投资机会研究

投资机会研究的主要任务是对投资项目或投资方向提出建议，并对各种设想的项目和投资机会作出鉴定，以确定是否有必要做进一步的详细研究。其工作相当粗略，主要依靠笼统的估计，而不是依靠详细的分析；投资费用的估算数据，一般从可比较的现有项目中得出。其投资估算误差程度为30%，研究费用一般占投资的0.2%～0.8%。

投资机会研究可分一般投资机会研究和具体一般投资机会研究项目的投资机会研究。一般投资机会研究有三种：地区研究、部门研究、以利用资源为基础的研究，以期指明具体的投资建设项目或方向。具体项目投资机会研究是在一般投资机会研究的基础上，将设想的建设项目转变为概略的投资建议，以使投资者可以决策。

投资机会研究的主要内容是：地区情况、经济政策、资源条件、劳动力状况、社会条件、地理环境、国内外市场情况，以及工程项目建成后对社会的影响等。

二、初步可行性研究

当工程项目的规划设想经过投资机会研究的分析、鉴定，认为有生命力值得进一步研究时，才进入初步可行性研究阶段。它是投资机会研究和可行性研究的一个中间阶段，其主要任务是：进一步判断投资机会是否有前途，时机是否成熟；决定是否需要进行详细的可行性研究；确定课题中哪些问题需要进行辅助的专题研究，如市场调查、技术考察、中间试验等。

初步可行性研究与详细可行性研究内容大致相同，只是工作的深度和获得资料的精确程度不同。

初步可行性研究投资估算误差程度一般为20%，其研究费用一般占投资的0.25%～1.0%。

三、可行性研究

可行性研究又称详细可行性研究或技术经济可行性研究，是投资前期研究和评价的最后阶段，对工程项目的投资决策提供技术、经济和管理的依据。其投资估算对以后设计概算起着控制性的作用。研究费用依双方签订合同而定。

1. 可行性研究应遵循的原则

(1) 科学性原则。要求按客观规律办事，这是可行性研究工作必须遵循的最基本的原则。用科学的方法和认真负责的态度来收集、分析和鉴别原始的数据和资料，以确保数据、资料的真实性和可靠性；要求每一个技术方案与经济指标，都要有科学的依据，是经过认真分析计算得出的。

(2) 客观性原则。要坚持从实际出发、实事求是的原则。要求建设条件必须是客观存在的，而不是主观臆造的。

(3) 公正性原则。可行性研究工作中要排除各种干扰，尊重事实，不作假，使可行性研究正确、公正，为项目投资决策提供可靠的依据。

2. 可行性研究的工作程序

(1) 筹划准备。在项目建议书批准后，建设单位即可委托设计单位或工程咨询机构对拟建项目进行可行性研究。双方签订合同协议，明确可行性研究的工作范围、目标意图、费用支付方法与协作方式等内容。可行性研究承担单位获得项目建议书和有关项目背景资料与指示文件，收集基本资料。

(2) 调查研究。调查研究的内容要包括对投资项目的各个方面，做深入调查，全面收集基本资料，并进行详细的分析评价。

(3) 方案选择与优化。根据项目各方面的情况，综合研究设计出几种可行的方案进行比较、优化，选出最佳方案。

(4) 投资估算与经济评价。估算工程投资，做国民经济评价、财务评价，并进行风险分析。

(5) 编制可行性研究报告。

(6) 可行性研究报告的审批。

3. 工程项目可行性研究报告的主要内容

(1) 总论。项目提出的背景、必要性、经济性，可行性研究工作的依据、范围。

(2) 市场需求预测和建设规模。市场需求预测、生产能力预测、销售预测，拟建工程项目的规模。

(3) 建设条件与建设地点选择。资源与原材料的供应、所需的公用设施的现状；建设地点的位置、水文、气象、地质与地形条件。

(4) 设计方案。项目的组成、设计方案的比较、总平面的布置与运输、设备的选择、工程量的估算。

(5) 环境影响评价。环境现状、工程项目对环境的影响、三废治理的措施。

(6) 企业组织与劳动定员。企业的组织机构、人员的配备与培训。

(7) 工程的施工组织设计。进度安排。

(8) 投资估算与资金筹措。整个工程项目的投资估算、资金的筹措方式与贷款的偿还方式。

(9) 经济评价。财务评价、国民经济评价、不确定性分析、风险分析。

(10) 结论与建议。拟建项目是否可行的结论性意见，指出存在的问题并提出解决的途径、方法等建议。

第三节　工程项目的经济分析方法

一、现金流量

工程项目经济分析中要用到静态和动态经济评价指标。要理解动态分析方法，使用动态经济评价指标，必须首先了解现金流量的概念和构成。

一个工程项目在某时间内获得的收入称为现金流入，支出的费用称为现金流出。现金流入和现金流出统称为现金流量。现金流入和现金流出的差额，就是净现金流量。

销售收入
－经营成本
－与销售收入有关的纳税
－折旧费

企业利润
－与所得利润有关的纳税
－贷款利息
＋折旧费

企业现金收入
－当年需要增加的流动资金
－当年发生的建设投资费用

净现金流量

二、静态分析方法

按照对资金的时间价值考虑与否，经济分析分为静态分析与动态分析。若不考虑资金的时间价值，称为静态分析。这种方法所采用的经济指标概念比较清楚，计算方法简单易行，在对若干个方案进行粗略评价，或对于短期投资项目做经济分析时比较适用。

静态分析的指标和计算方法，主要有以下几种。

1. 投资回收期法

投资回收期亦称还本年限、回收年限等，是指工程项目建设投资总额的回收时间。投资回收期（P_t）可以从投产开始年算起，也可以从建设开始年算起，为避免误解，应注明起算时间。其计算方法可以通过现金流量表计算的净现金流量累计到与总投资相抵，或者说收支达到平衡所需要的时间。其表达式为

$$\sum_{t=0}^{P_t}(CI-CO)_t=0 \tag{5-1}$$

式中　CI、CO——现金流入量与现金流出量；

P_t——投资回收期。

2. 投资效果系数法

投资效果系数法亦称投资收益率法，是指工程项目建成后，每年获得的利润与工程项目投资总额之比。即投资回收期的倒数。这一指标可用于对拟建项目作初步估计，以判断是否可做进一步研究。其表达式为

$$E=B_0/P \tag{5-2}$$

式中　E——投资收益率；

B_0——工程项目的年净收益（包括税金）；

P——工程项目的总投资。

采用上述两个指标来分析投资效益时，需要有一个评定效益的标准。这个标准一般是根据国民经济各部门的特点和技术发展水平规定的。

3. 追加投资回收期法

追加投资回收期法亦称抵偿年限法。投资回收期和投资收益率这两个指标所反映的是

工程项目总投资与项目建成后正常生产状态下所获得的收益之间的关系。但收益的取得不仅是总投资的结果，还取决于每年所花费的经营费用的大小。所以，在对不同方案进行评价时，还要分析项目建成后成本的高低。追加投资回收期法就是考虑了工程的运行成本，用于对不同方案进行评价择优的一种方法。

追加投资指的是不同技术方案所需投资的差额。追加投资回收期，是指一个工程项目建设方案，用其方案与另一对比方案的成本相比较而出现的成本的节约额来回收追加投资的期限。其计算公式为

$$T=\frac{K_1-K_2}{C_2-C_1}=\frac{\Delta K}{\Delta C} \tag{5-3}$$

式中　T——追加投资回收期；

K_1、K_2——不同方案的投资额，其中 $K_1>K_2$；

ΔK——追加的投资；

ΔC——节约的年生产成本额。

显然，当 $C_1\leqslant C_2$，即 $\Delta C\leqslant 0$ 时，追加投资方案是不可取的。

4. 追加投资效果系数

追加投资回收期的倒数是追加投资效果系数，亦称增额投资收益率法。追加投资回收期越短，则投资的经济效果越佳。其关系为

$$E_c=1/T_c \tag{5-4}$$

式中　E_c——追加投资效果系数；

T_c——追加投资回收期。

若以 E_0 表示标准投资收益率，则当 $E_c>E_0$ 时，追加投资是不可取的。

5. 年折算费用最小法

如前所述，当采用追加投资回收期法时，若当 $T_c<T_0$，则追加投资是可取的。由式（5-3）可得

$$P_2+T_0C_2<P_1+T_0C_1$$

设 SP_j 设为第 J 个方案的投资与标准回收期乘以年度生产成本的总和，称为折算投资，即

$$SP_j=P_j+T_0C_j$$

则相对最优方案应满足以下条件

$$\min SP_j=P_j+T_0C_j \tag{5-5}$$

同理，有

$$\min SC_j=C_j+E_0P_j \tag{5-6}$$

式中　SP_j——第 j 个方案的折算投资（按标准回收期 T_0 折算）；

SC_j——第 j 个方案的折算费用（按标准收益率 E_0 折算）；

P_j、C_j——第 j 个方案的总投资和年度生产成本。

当各比较方案的总投资 P_j 和年度生产成本 C_j 已知，可由给定的 T_0 或 E_0 按式（5-5）或式（5-6）选取最优方案。因此，此法适用于多方案比较，具有计算简便、结果清楚的优点。

三、动态分析法

所谓动态分析法，就是在进行经济计算时，要考虑资金的时间价值，将不同时间的资金流入和流出换算成同一时间点的价值。因此采用动态分析法时，必须选定一参考时间点（通常称为基准年或基准点），在此基础上进行时间价值的折算。

现将动态分析法常用的指标和方法介绍如下。

1. 动态投资回收期法

动态投资回收期是按现值法计算的投资回收期（P_t）。其表达式为

$$\sum_{t=0}^{P_t}(CI-CO)_t\,\alpha_t=0 \tag{5-7}$$

式中 α_t——第 t 年的折现系数。

2. 借款偿还期法

借款偿还期（P_b）是反映项目偿还借款能力的重要指标，是指按照国家财政和项目的具体财务条件，不作为还款的收益额偿还借款所需要的时间。其表达式为

$$I_b=\sum_{t=0}^{P_b}R_t \tag{5-8}$$

式中 I_b——借款本金和利息之和；

P_b——借款偿还期；

R_t——第 t 年可用于还款的资金，包括利润、折旧费、摊销费及其他还款资金。

3. 效益费用比法

效益费用比法（Benefit－Cost Ratio Method）是通过建设工程项目的效益与费用的比较来评价项目是否可行，或对几个互不相容的项目方案进行排队择优的方法。其内涵即经济效果。

设 B 代表效益，C 代表费用，B/C 即为效益费用比。若 $B/C>1$，说明该方案效益大于费用，是可以接受的方案；反之，则不能接受。

效益费用比的计算，其收益、亏损、成本既可以按总值（如现值）计算，也可以按年值（如均匀年金）计算，无论采取哪种算法，其结果是一致的。

对于互不相容方案的比较，一般采用增量效益费用比法，即

$$\frac{\Delta B}{\Delta C}=\frac{(B_2-D_2)-(B_1-D_1)}{C_2-C_1} \tag{5-9}$$

式中 ΔB、ΔC——效益与费用的增量；

B_1、D_1、C_1——费用较小方案的收益、亏损和成本；

B_2、D_2、C_2——费用较大方案的收益、亏损和成本。

当 $\Delta B/\Delta C>1$ 时，表示增加费用的方案是可以接受的；反之，则不能接受。

增量效益费用比一般采用列表法进行，其具体步骤为：首先按所选方法（现值或年值），将所有方案的成本按顺序从小到大排列并计算出整体效益费用比 B/C；然后依次将所有方案与选定的方案进行比较，按 $\Delta B/\Delta C>1$ 的原则，逐次筛选，从而选出最优方案。其中，第一方案的对比方案为“什么也不做”的零方案，其他方案的对比方案即为前面筛选出的最优方案。

4. 净效益法

所谓净效益法（Net Benefit Method），是指用计算期内所有收益和费用的代数和（即收益与费用之差）进行方案比选的方法。这个差值可以用总值（现值或终值），也可以用年值。在这里只介绍净现值法。

一个项目的净现值（Net）的含义是：将项目的全部存在期内，每一年发生的现金流出和现金流入的差额，按固定的预先确定的利率贴现而得的价值。这个差额被贴现到拟建项目计划开始进行的时间点上，将项目存在期内各年的净现值相加，求得总的净现值。其计算公式为

$$NPV = \sum_{t=0}^{n} \frac{C_t}{(1+i_c)^t} \tag{5-10}$$

式中 NPV——净现值；

C_t——第 t 年的现金流量；

n——工程项目的寿命；

i_c——设定的贴现率。

上式也可写成

$$NPV = \sum_{t=0}^{n} (CI - CO)_t \alpha_t \tag{5-11}$$

式中，$(CI-CO)_t=C_t$；$\alpha_t=(1+i_c)$，为第 t 年的折现系数。

同时，由上式还可看出

净现值=逐年销售收入现值的总和－逐年开支现值的总和 (5-12)

当净现值为 0 时，说明销售收入恰好达到预先确定的利率；只有当净现值大于 0 时，方案才是可行的。

如果要在几个比较方案中选择最优方案，则应选净现值最大的方案。但是，净现值仅仅是一个方案的净利润的一个标志，尚没有反映出投资大小的影响作用。如两个方案的净现值相同，而投资额不同时，当然以投资额较少的方案为佳。所以，还应计算其净现值比（$NPVR$），即净现值（NPV）与投资现值（PVI）之比。

5. 净现值比率

净现值比率（$NPVR$）或净现值指数（$NPVI$）是项目净现值与投资现值之比，也称单位投资现值的净现值。其表达式为

$$NPVR = NPV/PVI \tag{5-13}$$

实际上，净现值比率是净现值的一个补充指标，当选择方案时，在各个方案总投资额不同的情况下，最好用净现值比率来衡量。当评价一个项目时，则只有在项目净现值比率大于 0 时，项目才是可行的。

6. 内部收益率法

内部收益率（IRR）是反映项目获利能力的一个常用的动态基本评价指标。内部收益率本身就是一个贴现率，它是指项目在建设和生产服务年限内，各年的净现金流量现值累计等于零时的贴现率，它反映了项目所占资金的盈利率，是考察项目盈利能力的主要动态评价指标。其表达式为

$$\sum_{t=0}^{n}(CI-CO)_t(1+IRR)^{-t}=0 \tag{5-14}$$

式中　IRR——内部收益率。

内部收益率常用试算法或者计算机程序来求解，若是一个方案，则当 $IRR>IRR_0$（IRR_0 为规定的内部收益率，若是贷款工程，可取贷款利率），则认为在经济上是合理的；否则是不合理的。若是多方案比较，当为相互独立方案时，则 IRR 大者为优；当为互不相容方案时，则需用增量内部收益率法。

四、不确定性分析

任何事物，只要在它的发展、运动过程中包含着不确定因素，包含着客观上所不能控制的因素，就存在着衡量该事物的可靠性问题。在工程项目决策时，经济分析的未来的真实情况，即分析结果不一定可靠。为了避免在上述分析结果基础上决策的失误，我们应该运用可靠性工程的理论，寻求一种能够反映工程项目分析特点的方法衡量项目经济分析的可靠性。

衡量项目经济分析结果的可靠性，就是测定该结果中所包含的风险，也就是要估计和预测项目方案分析中各主要相关要素（如内部回收率、净效益、投资回收期、效益费用比等）以及各要素中的各参数如收益、成本、利率、研究周期等个别地或共同地发生变化时，对整个方案分析结果的正确性（即可靠性）的影响，这个过程就称为风险与不确定性分析。这一过程作为工程项目财务分析与国民经济分析的必要补充，有助于加强项目风险管理与控制，避免在变化面前束手无策。同时，在风险与不确定性分析基础上作出的决策，可在一定程度上避免决策失误导致的巨大损失，有助于决策的科学化。

关于可靠性分析的方法，在目前实际应用中已有很多，如模拟方法、概率分析方法、基本估价法等。在建筑工程中应用较为普遍的方法是敏感性分析和盈亏分析法。盈亏分析法在后面讲述技术经济分析方法时再讲，这里，简单介绍敏感性分析。

敏感性分析是研究分析项目的投资、成本、价格、产量和工期等主要变量发生变化时，导致对项目经济效益的主要指标发生变动的敏感程度。因此，也叫做灵敏度分析。通过敏感性分析，在诸多的不确定因素中，找出对经济效益指标反应敏感的因素，并确定其影响程度，计算出这些因素在一定范围内变化时，有关效益指标变动的数量，从而建立主要变量因素与经济效益指标之间的对应定量关系（变化率）。同时，可求出各因素变化的允许幅度（极限值），计算出临界点，考察其是否在可接受的范围之内。

敏感性分析侧重于对最敏感的关键因素（即不利因素）及其敏感程度进行分析。通常是孤立分析单个因素变化，必要时也可分析两个或多个不确定因素同时发生的变化对项目经济效益指标的影响程度。与之对应的，敏感性分析的方法就分为单因素敏感性分析和多因素敏感性分析。多因素敏感性分析由于要考虑可能发生的各种因素不同变动的多种组合，计算起来要比单因素敏感性分析复杂得多，一般采用解析法与做图法相结合的方法进行。当同时变化因素不超过 3 个时，一般采用做图法；当同时变化因素超过 3 个时，就只能采用解析法。下面仅对单因素敏感性分析作一下简单介绍。

单因素敏感性分析的步骤如下：

(1) 确定分析指标，也就是以前提到的经济效益评价指标，即敏感性分析的具体对象。由于敏感性分析是在确定性分析的基础上进行的，故一般敏感性分析指标应与确定性分析的指标相一致。经常使用的指标是净现值（*NPV*）、内部收益率（*IRR*）和投资回收期（P_t）等。

（2）选择需要分析的不确定因素，常选择投资额、项目寿命期、产品价格、产销量、经营成本、折现率、工期等。单因素敏感性分析在研究一个因素变化时，假设其他因素不发生变化。

（3）研究并设定不确定因素的变动范围，对所选定的需要分析的不确定因素，按照一定的变化幅度（如5%、10%、20%、－5%、－10%）改变它的数值，然后计算这种变化对经济评价指标的影响数值，并将其与指标的原始值相比较，从而得出该指标的变化率，可用公式为

$$\beta=\frac{\Delta Y_j}{\Delta X_i} \tag{5-15}$$

式中　β——灵敏度；

ΔX_i——第 i 个变量因素的变化幅度；

ΔY_j——第 j 个指标受变量因素变化影响的差额幅度。

（4）计算分析不确定因素变动对经济效果指标的影响程度，建立相应模型与数量关系，确定敏感性因素。

（5）结合确定性分析与敏感性分析的结果，对项目作进一步评价，寻找相应的控制风险对策。

第四节　可行性研究实例

一、工程项目概况

某城市新区供水工程，现在取水工程、输水工程已经建成，计划修建配水厂和管网工程，解决城区的工业用水和人民群众的生活用水问题。该项目属于部分利用国外贷款项目。

二、基本数据

（1）供水规模。日供水能力20000m^3。

（2）建设工期。2年。

（3）主要建筑工程。配水厂内有2座清水池、加氯间、加压站、办公楼、食堂、车库等辅助设施，地下管线23km。

（4）环境评价。根据现状环境分析及工程环境建成后的环境预测情况，该项目的兴建，对改善该区的基础设施建设、生活环境，提高群众生活水平，促进国民经济发展具有巨大的推动作用。

三、工程投资估算

1. 编制原则

略。

2. 编制依据

略。

3. 投资编制

(1) 建筑工程按基本直接费的5.5%、安装工程按基本直接费的6.7%进行计算。

(2) 间接费按“2000年办法及标准”执行，见表5-1。

表5-1 间接费取费标准

序号	工程类别	取费基础	间接费率（%）
1	机械化施工的土石方工程	直接费	17
2	一般土方工程	人工费	40
3	一般石方及砂石备料工程	人工费	55
4	混凝土工程	人工费	140
5	钻孔灌浆工程	人工费	140
6	辅助工程	人工费	75
7	设备安装工程	人工费	150

(3) 利润按直接费、间接费之和的5.5%计算。

(4) 税金按直接费、间接费、利润之和的3.22%计算。

(5) 基础单价：

1) 人工预算单价。按“2000年办法及标准”进行计算，技工工资单价为26.60元/工日，普工工资单价为23.90元/工日。

2) 主要材料预算价。根据工地实际情况综合计算确定，钢筋工地预算价2700元/t，水泥为310元/t，原木为1050元/m^3，板枋材为1350元/m^3，汽油为3.6元/kg，柴油为3.2元/kg。以上主材均按“2000年办法及标准”的要求，以规定价进单价基本直接费，预算价与规定价之差在计取税金后列入单价中。

3) 大宗地方材料。根据工地实际情况，砂子工地预算价为68.00元/m^3，碎石工地预算价为43.00元/m^3，块石工地预算价为38.00元/m^3，也以规定价进单价基本直接费，价差部分在计取税金后列入单价中。

4) 次要材料预算价。按目前市场价水平综合取定。

(6) 设备费。设备原价按市场价计列，运杂费按设备原价的5%计列，采购保管费按设备原价与运杂费之和的0.7%计算。

(7) 临时工程。包括导流工程、施工交通工程、临时房屋建筑工程、施工供电工程和其他临时工程五项。

1) 导流工程。导流工程同建筑工程编制办法，采用工程量乘单价计算。

2) 施工交通工程。按施工组织设计提供的工程量乘单价进行计算。

3) 临时房建工程。按“2000年办法及标准”规定的公式进行计算。

4) 施工供电工程。按施工组织设计提供的工程量乘单位指标计算。

5) 其他临时工程。按(1)～(6)建安工作量（不含其他临时工程本身）的4%计算。

(8) 费用：

1）建设管理费。包括建设单位开办费、建设单位人员经常费、项目建设管理费、工程建设监理费、建设场地征用费和联合试运转费六项。

a. 建设单位开办费。改扩建工程按40万元的50%计列。

b. 建设单位人员经常费。建设及监理单位定员为10人，其中建设单位占60%，经常费计算期为2.5年，费用指标按2.1万元/（人·年）计算。

c. 项目建设管理费。按建设单位开办费、建设单位人员经常费和工程建设监理费之和的10%计算。

d. 工程建设监理费。监理单位定员占建设及监理单位定员的40%，费用指标为4.5万元/（人·年），计算期为2年。

e. 联合试运转费。按"2000办法及标准"规定计算。

2）生产准备费。包括提前进场费、生产职工培训费、管理用具购置费、工器具及生产家具购置费共五项。

a. 提前进场费。提前进场人员比例为12%，新增生产单位定员为10人，提前进场时间为1年。

b. 生产职工培训费。培训比例为85%，费用指标为1.5万元/人。

c. 管理用具购置费。费用指标为0.20万元/人。

d. 备品备件购置费。按设备费的0.7%计算。

e. 工器具及生产家具购置费。按设备费的0.16%计算。

3）科研勘设费：

a. 工程科学研究试验费。按建安工作量的0.5%计列。

b. 勘测设计费。其中设计费按建安工作量的3%计算，勘测费按建安工作量的2%计算。

c. 资源勘察规划统筹费。按勘测设计费的20%计算。

4）其他：

a. 预算定额编制管理费。按建安工作量的0.15%计算。

b. 工程质量监督费。按建安工作量的0.35%计算。

c. 供电贴费。按陕价电调发〔2000〕88号文件的规定执行。

d. 工程保险费。按（1）～（4）合计的0.45%计算。

（9）预备费：

1）基本预备费。按基本费用的10%计算。

2）价差预备费。年物价指数为零。

（10）主要估算指标。工程静态总投资1271.67万元，工程总投资1300.57万元。其中材料费742万元，设备费74.79万元，人工费26.79万元。

（11）主要工程量及设备材料量：本项目主要工程量为：挖土方29590m^3，填土方24937m^3，球墨铸铁管道9200m，UPVC管道14510m，200m^3水塔1座，生产、办公及附属生产用房面积1214m^2。

主要材料量：木材65.4m^3，水泥266.5t，砂子674m^3，碎石369m^3，块石18m^3，钢筋32.1t，铸铁管9200m，塑料管14510m，劳力1.07万工日。

（12）资金筹措及利用外资计划。本项目总投资1300.57万元中，利用日本政府贷款为845.00万元（占65%），剩余455.57万元（占35%）由省、市、县自筹解决。

日本政府贷款主要用于材料和设备的采购，贷款的年利率为2.2%，手续费为1%。

（13）总估算见表5-2。

表5-2 **工程总估算** 单位：万元

编号	序号	工程或费用名称	建筑工程费	安装工程费	设备费	其他费用	预备费	合计	占基本费用（%）
1	Ⅰ	水工建筑物工程							
2	一	建筑工程	808.97					808.97	70.0
3	二	机电设备及安装工程		3.22	73.20			76.42	6.6
4	三	金属结构设备及安装工程		0.15	1.59			1.74	0.2
5	四	临时工程	88.39					88.39	7.6
6	五	费用				180.54		180.54	15.6
		基本费用（2+3+4+5+6）	897.36	3.37	74.79	180.54		1156.06	100.0
7		预备费					115.61	115.61	10.0
8		基本预备费（10%）					115.61	115.61	10.0
9		价差预备费						0	0
10		建设期还贷利息				28.90		28.90	2.5
11		静态总投资	897.36	3.37	74.79	180.54	115.61	1271.67	110.0
12		总投资	897.36	3.37	74.79	209.44	115.61	1300.57	112.5
13	Ⅱ	水库淹没处理补偿费							
14		农村移民安置迁建费							
15		城镇及集镇迁建及补偿费							
16		专业项目恢复改建费							
17		防护工程							
18		其他（含库底清理）							
19		预备费							
20		基本预备费							
21		价差预备费							
22		建设期还贷利息							
23		静态总投资							
24		总投资							
25	Ⅲ	工程总投资合计							
26		静态总投资	897.36	3.37	74.79	180.54	115.61	1271.67	110.0
27		总投资	897.36	3.37	74.79	209.44	115.61	1300.57	112.5

四、经济评价

（一）经济评价方法

主要依据中华人民共和国水利部颁发的SL 72—94《水利建设项目经济评价规范》（以下简称《评价规范》），国家计委和建设部颁发的《建设项目经济评价方法及参数（第二版)》及相应附件和本项目确定的投资流程进行编制。

评价方法应以"国内固定资产投资为基础，偿还外资本息作为费用"和"假定全部投资均由国内提供"两种方法进行评价。

（二）经济评价采用的基本参数

依据《评价规范》和本工程实际所确定的主要参数如下：

（1）社会折现率为 $I_s=12\%$。

（2）行业财务基准收益率为 $I_c=10\%$。

（3）经济计算期为 32 年，其中建设期 2 年，生产期 30 年。

（4）基准点。本项目的基准点定在建设期的第一年年初。

（5）新增工程静态总投资为 1271.67 万元，总投资为 1300.57 万元。

（6）新增工程总投资见表 5-3。

（7）新增工程分年度投资见表 5-4。

（8）新增工程资金来源。本工程拟利用日本政府贷款 845.00 万元，其余由省、市、县财政配套自筹。

表 5-3　　新增工程投资估算　　单位：万元

序号	费用名称	建安工程费	设备费	其他费用	预备费	合计
1	基本费用［（1）～（6）合计］	900.73	74.79	180.74		1156.06
2	预备费				115.61	115.61
3	建设期利息			28.90		28.90
4	总投资	900.73	74.79	209.64	115.61	1300.57

表 5-4　　新增工程分年度投资

年　度	第 1 年	第 2 年	合　计
投资（万元）	773.65	526.91	1300.57

（9）县城供水工程的水源井，输水管道，一级、二级、三级加压泵站及输电线路等工程已于 1997 年建成，工程决算费用为 2684 万元。本次县城供水工程主要是对配水管网和配水厂的配套和完善，减掉已使用的折旧费并按水量分摊后的已投入固定资产为 1869.64 万元。

（三）国民经济评价

1. 费用计算

（1）固定资产投资。按《评价规范》中有关国民经济评价投资计算方法的规定重新调整计算，其结果见表 5-5。

表 5-5　　国民经济评价的新增固定资产投资

年　度	第 1 年	第 2 年	合　计
新增投资（万元）	714.43	476.29	1190.72

(2) 流动资金。根据工程实际并参照已建相似工程的分析统计资料，流动资金按 90 万元计列。

(3) 年运行费，见表 5-6。经计算，本项目年运行费为 371.09 万元。

表 5-6　　工程年运行费计算　　单位：万元

序号	费用名称	计算依据	金额
1	工资及福利费	1.0 万元/人×50 人×1.14	57.00
2	药剂费		31.28
3	材料燃料及动力费	按影子电价估算	215.47
4	维护修理费	3360.36 万元×1%	33.60
5	其他费用	337.35 万元×10%	33.74
6	合计		371.09

2. 效益计算

本项目供水收益区工业较为发达，预计到 2010 年本工程全部建成后工业产值将增加 1.23 亿元。若本工程不修建，将严重影响甚至阻碍其产值的完成。供水分摊系数按 8% 计算，其效益为 984.00 万元。

3. 国民经济评价指标

由以上分析计算的基本数据，并根据《评价规范》中有关评价指标的计算规定分析计算。计算成果见表 5-7。

由表 5-7 的计算成果可以看出，本项工程用两种方法计算的经济内部收益率均大于社会折现率 12%，经济净现值大于 0，经济效益费用比大于 1，故本工程在经济上是合理的，经济效益显著。

表 5-7　　国民经济评价指标汇总

序号	项目	假定全部投资均由国内提供	以国内固定资产投资为基础，偿还外资本息作为费用
1	效益现值（万元）	6251	5965
2	费用现值（万元）	5091	3078
3	经济内部收益率 *EIRR*（%）	17.36	21.71
4	经济净现值 *ENPV*（万元）	1160	2887
5	经济效益费用比 *EBCR*	1.23	1.94

4. 敏感性分析

根据本工程实际情况及《评价规范》的有关规定，应对本项目进行敏感性分析，其分析结果见表 5-8。

表 5-8　　　　敏感性分析成果

项目名称	基本方案	敏感性分析			
		费用增加10%	费用增加15%	效益减少10%	效益减少15%
假定全部投资均由国内提供					
经济内部收益率（%）	17.36	14.97	13.37	15.22	14.03
经济净现值（万元）	1160	535	222	650	396
经济效益费用比	1.23	1.11	1.03	1.12	1.07
以国内固定资产投资为基础，偿还外资本息作为费用					
经济内部收益率（%）	21.71	20.75	20.16	20.84	20.4
经济净现值（万元）	2887	2290	1992	2579	2425
经济效益费用比	1.94	1.74	1.65	1.76	1.69

经以上计算分析，各项敏感性因素向各自不利方向变化时，两种方案的各项评价指标虽有变化，但其指标均大于《评价规范》的规定值，说明本工程具有较强的抗风险能力。

（四）财务评价

1. 基本参数

（1）年供水量。供水规模为 2.0 万 t/日，达到设计供水标准时，年供水量扣除损失后为 513 万 t。

（2）固定资产投资。新增固定资产形成率按 100％计算，即本工程的新增固定资产投资为 1300.57 万元，已建成的固定资产投资为 1869.64 万元。

（3）流动资金。参照已建工程统计资料，流动资金为 90 万元。

2. 总成本费用计算

总成本费用包括年运行费、折旧费及利息净支出。经计算本工程单位供水总成本为 1.12 元/m^3，单位供水经营成本为 0.93 元/m^3。

3. 效益计算

（1）销售水价。根据工程实际情况及现行水价，本项目建成后的销售水价按 1.8 元/t 进行测算。

（2）销售收入。本项目建成后年供水 513.00 万 t，年收入为 1201.20 万元。

（3）税金。根据本项目的实际情况和现行的税收政策，本项目的税金主要为销售税金及附加和所得税。

销售税金及附加包括城市维护建设税和教育费附加，分别按增值税的 7％和 3％计算。

所得税按应纳税所得额的 33％计算。

4. 盈利能力分析

按照《评价规范》分析计算的财务盈利能力指标见表 5-9。

5. 还贷计算

本工程拟利用日本政府贷款 1300 万元，年利率为 2.2％，宽限期 10 年，还款年限 30 年，还本期年均还本 43 万元。

表 5-9 **财务评价指标**

序号	项目	全部投资指标	自有资金指标
1	财务内部收益率（%）	13.54	25.13
2	财务净现值（$I_c=10\%$）（万元）	947	2790
3	投资回收期（年）	9.14	4.00
4	投资利润率（%）	18.17	18.17
5	投资利税率（%）	12.18	12.18

6. 敏感性分析

在本项目的财务评价中，许多参数是依靠预测获得的，具有人为的估计因素，按《评价规范》的要求，需进行敏感性分析，以确定预测因素对项目的影响程度。

根据工程实际，按以下两种因素的变化情况对项目的影响程度进行分析评价。

（1）年供水量减少5%。

（2）年供水量减少10%。

（3）固定资产投资增加20%。

工程项目的敏感性分析成果见表5-10。

表 5-10 **敏感性分析成果**

序号	项目	假定全部投资均由国内提供		以国内固定资产投资为基础，偿还外资本息作为费用	
		FIRR（%）	*FNPV*（万元）	*FIRR*（%）	*FNPV*（万元）
1	基本方案	13.54	947	25.13	2790
2	供水量减少5%	12.07	484	24.75	2346
3	供水量减少10%	10.10	21	24.23	1902
4	固定资产投资增加20%	11.30	346	24.53	2654

（五）评价结论

从项目国民经济评价的指标来看，用两种方法计算的经济内部收益率分别为17.36%和21.71%，大于社会折现率12%；经济净现值分别为1160万元和2887万元，大于0；经济效益费用比分别为1.23和1.94，大于1。因此可得出结论，本项目在国民经济上是合理的。

从项目的财务评价指标来看，“假定全部投资均由国内提供”时的财务内部收益率为13.54%，“以国内固定资产投资为基础，偿还外资本息作为费用”的财务内部收益率为25.13%，大于财务基准收益率10%；“假定全部投资均由国内提供”的财务净现值为947万元，“以国内固定资产投资为基础，偿还外资本息作为费用”的财务净现值为2790万元，大于0；“假定全部投资均由国内提供”的净资产投资回收年限为9.14年，“以国内固定资产投资为基础，偿还外资本息作为费用”的净资产投资回收年限为4.00年，少于10年；利用日本政府的贷款也可在规定期限内还清。因此可得出结论，本项目在财务上是可行的。

从项目国民经济评价及财务评价的敏感性分析成果来看，当费用增加10%或15%、效益减少10%或15%时，两种方法计算的项目国民经济评价指标均符合要求，当财务收入减少5%或10%、固定资产投资增大20%时，两种方法计算的项目财务评价指标也符合要求，说明项目具有一定的抗风险能力。

但从按“假定全部投资均由国内提供”和“以国内固定资产投资为基础，偿还外资本息作为费用”计算的评价指标对比来看，按“以国内固定资产投资为基础，偿还外资本息作为费用”方法所计算的结果更优，因此建议本项目利用日本政府贷款的资金进行建设。

复习思考题

1. 可行性研究的任务是什么？
2. 可行性研究有什么特点？
3. 可行性研究主要作用是什么？
4. 可行性研究有哪些内容？
5. 什么是现金流量？
6. 什么是不确定性分析？

第六章　建筑产品的价格、成本和利润的分析

第一节　建筑产品的价格

建筑产品是指建筑业向社会所提供的具有一定功能、可供人类使用的最终产品，是经过勘察设计、建筑施工、构配件制作和设备安装等一系列劳动而最终形成的。

一、建筑产品价格的概念

广义的建筑产品价格涉及到生产价格和流通价格两个范畴。生产价格是指新建建筑产品的价格；流通价格是指建成后乃至使用过的建筑产品在流通时所表现出来的价格。本章所阐述的建筑产品价格的有关问题都是针对新建建筑产品而言的。

1. 建筑产品的价格形成

建筑产品价格是建筑产品价值的货币表现。引起建筑产品价格变化的原因很多，但决定价格的根本因素是建筑产品内含的价值。建筑产品作为商品，既有使用价值也有价值。

(1) 价值是价格形成的基础。商品的价值是凝结在商品中的人类无差别劳动。商品的价值量是由社会必要劳动时间来计量的。商品生产中社会必要劳动时间消耗得越多，商品中所含的价值量就越大；反之，商品生产中社会必要劳动时间消耗得越少，商品的价值量就越低。

商品价值是由三部分构成：一是商品生产中消耗掉的生产资料价值 C；二是生产过程中补偿劳动力的价值 V；三是剩余价值 M。价值构成与价格形成有着内在的联系，同时也存在直接的对应关系。

建筑产品的价格是 $C+V+M$ 的货币表现。

(2) 建筑产品价值形成过程。建筑产品具有使用价值，它能提供满足生产或生活的生产能力或效益；建筑产品还具有价值，即凝结在建筑产品中的人们的劳动。建筑产品的生产应首先关心其使用价值，更好地满足社会和人们不断增长的物质和文化需求，这是社会主义基本经济规律的客观要求。

在建筑产品的生产过程中，劳动者的劳动既是具体劳动，又是抽象劳动。具体劳动是劳动者运用自己的劳动技能，借助于一定的劳动手段，改造劳动对象，转移劳动资料和劳动对象的价值，创造出适用于社会需要的具有使用价值的建筑产品。劳动者的抽象劳动创造出建筑产品的价值，该价值一部分用于补偿劳动者生活资料的消耗，另一部分形成企业的利润。

建筑产品的价值量是由生产该产品的社会必要劳动时间决定的，建筑产品的价格必须依据社会必要劳动时间确定。

2. 产品的价格形成中的成本

成本是指商品在生产和流通中所消耗的各项费用的总和。它属补偿性质，是商品价值

中 C 和 V 的货币表现。生产领域的成本称为生产成本，流通领域的成本称为流通成本。

价格形成的成本不同于个别成本。个别企业的成本取决于企业的技术装备和经营管理水平，也取决于劳动者的素质和其他因素。每个企业由于各自拥有的条件不同，成本支出自然也不会相同。因此，个别成本不能成为价格形成中的成本。价格形成中的成本是社会平均成本，但企业的个别成本是形成社会平均成本的基础。社会平均成本反映了企业必要的物质消耗支出和工资报酬支出，是各个企业成本开支的加权平均数。企业只能以社会平均成本作为商品定价的基本依据，以社会平均成本作为衡量经营管理水平的指标。所以，建筑产品价格应根据社会平均成本和社会平均利润来确定。个别劳动生产率高于社会平均劳动生产率的企业，就能获得较多的盈利；反之则盈利较少甚至亏损。

成本是价格形成中的最重要因素，在价格构成中占有很大比例。成本是维持商品简单再生产的最起码条件，只有以成本作为价格的最低界限，才能满足企业补偿物质资料支出和劳动报酬支出的最起码要求。成本变动必然会导致价格变动。

二、建筑产品价格的构成

建筑产品的价格构成，是指形成价格的各个要素，即生产成本、销售费用、利润和税金在价格中的组成情况。由于建筑产品的销售费用在价格中所占比例很小，因而通常并不单独列出，而是将其并入生产成本，统称成本。这样建筑产品的价格就由成本、利润和税金构成。对照马克思的价格形成理论，$C+V$ 构成成本，M 构成利润和税金。从建筑产品价格的基本构成来看，与一般商品并无差别。但是，从建筑产品价格构成的具体要素来看，都有其自身的特点，需要逐一进行分析。建筑产品价格构成的一般公式为

$$建筑产品价格=社会平均成本+计划利润+税金$$

式中 社会平均成本——平均生产成本与平均销售成本之和；

计划利润——按规定应计入建筑产品价格的利润；

税金——按国家税法规定的应计入建筑产品价格的营业税、城乡维护建设税及教育费附加。

三、建筑产品价格确定的特点

1. 建筑产品需要分别计价

建筑产品和一般工业产品不同，它不能批量生产，因而不能像工业产品那样，同一种产品价格都是相同的。因为建筑产品从总体上来看千差万别，在建筑、结构、功能、标准等方面都有所不同，所以必须根据每个建筑产品的具体情况分别进行计价。

此外，对于可能采用标准（或同一）设计图纸的住宅建筑来说，由于地基条件、地理位置、交通条件、施工方案、组织管理等方面存在的差异，也会使建筑产品的价格有较大不同，因而也需要分别计价。

2. 建筑产品的价格确定在先、生产在后

工业产品的价格通常是在综合考虑多种因素（如产量、成本、利润水平、销售预测等因素）的基础上，在产品生产出来以后才确定的。尽管实践中存在着企业根据市场上已经形成的产品价格安排生产的情况，但这是由于同一工业产品可以反复生产而显得似乎是先定价、后生产。实际上，对任何一种新的工业产品来说，总是要先生产、后定价。即便对于投入市场已经很长时间的工业产品来说，企业仍然可以将自己生产出来的产品以高于或

低于已经形成的价格在市场上出售，从而影响生产同一产品的企业对产品的定价。

对于期货生产的建筑产品来说，在没有开始生产之前就要先确定价格，即确定价格在先、生产在后。这一定价特点使得所确定的建筑产品价格带有很强的不可靠性和不确定性。这是由于以下原因所造成。

(1) 由于建筑产品具有多样性，在生产开始之前确定其价格难以充分考虑各种成本因素，也难以充分考虑由于拟建建筑产品所具有的特点而对其价格所产生的影响。

(2) 由于确定建筑产品价格先于其生产，因此很难充分考虑生产过程中出现的各种与成本有关的因素，即使考虑得很周全，但实际发生的情况与预计的情况并不可能完全一致。

(3) 在生产之前所确定的价格只是对建筑产品价格的一种事先的估计或期望，它在很大程度上取决于定价人员的判断，带有一定的主观性，可能出现同一建筑产品由于定价人员不同而价格不同的情况。

因此，在生产之前所确定的建筑产品价格实际上只是一种暂定价格，而实际价格要等建筑产品建成交付使用之后才能最终确定。在绝大多数情况下，建筑产品的实际价格总是与其暂定价格有所不同，有时甚至相差悬殊，而且一般总是实际价格高于暂定价格。但是并不能因此而否定建筑产品定价先于生产的必要性，也不能因此而导致建筑产品定价的随意性，恰恰相反，这对建筑产品生产之前的定价提出了更高的要求，不仅要求定价人员具有认真负责的工作态度，而且要掌握技术、经济、经营管理等多方面的知识，从而提高建筑产品定价的客观性、科学性和准确性。

3. 建筑产品由招投标方式确定价格

工业产品一般是由供给者决定产品的价格，需求者只能根据价格进行选择，而对产品价格没有决定权。产品的价格与成本之差决定了产品利润的大小，而需求者对其所购买产品的利润额究竟多高是根本不知道的。从这个意义上看，一般工业产品的价格和成本是相互分离的，独立地发挥着作用。对需求者来说，起作用的只是产品的价格；对供给者来说，在价格一定的前提下，起作用的是产品的成本。需要说明的是，需求者对产品价格并非没有作用，需求者对某一产品的需求程度往往影响到该产品供求关系的平衡，也就会对该产品的价格产生影响。但这是从需求者总体的角度分析的结果。就个别需求者而言，对产品价格没有影响，更没有决定权。

建筑产品在生产之前定价时，并不是由供给者单独定价，而是通过招投标方式确定的。通常，建筑产品的供给者（即投标单位）根据建筑产品的需求者（即招标单位）的要求、施工的难易程度、拟采用的施工方案等因素，对拟建建筑产品的生产成本进行估计，并在此基础上附加一定的利润、税金，向需求者提交一份含有该建筑产品价格的投标书，需求者通过对若干份投标书的分析、比较，从中选择一份他认为合理并可以接受的投标书，从而确定拟建建筑产品的暂定价格。从这个意义上讲，建筑产品的价格是由招投标双方共同决定的，而且招标单位在某种程度上对确定建筑产品的价格起着主导作用。

由于投标单位所提出的建筑产品投标书列出了成本、利润和税金，这就使招标单位不仅了解了建筑产品的价格（尽管是暂定价格），而且也了解了相应的成本和利润，这是一般工业产品需求者所不可能了解的。但是，投标书中的成本和利润只不过是投标的预期成本和利润，而实际成本和利润只有等建筑产品建成之后才能较精确地计算出来。招标单位仍然不可能真正了解建筑产品的实际成本和利润，从这方面来看，又与一般工业产品的需求者没有什么差别。不过，在正常情况下，建筑产品的实际成本和利润不会与投标书中的预期成本和利润有悬殊的差异，可以认为，建筑产品的需求者（招标单位）在选定建筑产品价格的同时，在一定程度上已经了解它的成本和利润。

由此看来，建筑产品的成本和价格对供求双方均起作用。对需求者来说，供给者所提出的价格只有在成本构成合理的前提下才是可能被接受的；对供给者来说，既要考虑所提出的价格能被需求者所接受，又要考虑确实能按预期成本建成建筑产品，从而获得一定的利润。这也意味着，不仅建筑产品供求双方从总体上对建筑产品的价格起作用，而且建筑产品供求双方的个体亦对其价格直接起作用。

4. 建筑产品的差价形式不同

建筑产品存在价格差异。建筑产品的差价是指设计图纸相同或基本相同的建筑产品由于某种原因而形成的价格差额。由于建筑产品的多样性，很少有完全相同的建筑产品，因而建筑产品的差价常常不是用最终产品总价来反映，而是用单位价格来反映的。又由于建筑产品生产和流通所具有的特殊性，建筑产品的差价形式亦有所不同。一般来说，建筑产品没有购销差价和批零差价，从购销的角度来看，也没有季节差价；从生产的角度来看，由于建筑产品的生产周期较长，同一地区的建筑产品由于生产季节不同对建筑产品价格的影响较小，可以不予考虑；而不同地区由于气候条件不同、生产条件也不同，从而会对建筑产品价格产生较大影响，但这已不属于季节因素。建筑产品的差价形式主要有地区差价、质量差价和工期差价。即使是相同的差价形式，建筑产品差价与一般商品差价相比较，也有所不同，建筑产品的差价主要都是指生产价格。

建筑产品的地区差价是指由于地区不同而客观存在的生产条件、生产要素的差异所导致的价格差异。例如，由于气候寒冷、实际工作时间和工效下降，需要采取特殊的防寒保暖措施，从而增加成本；或由于雨季长、降雨量大，或台风影响次数多，破坏严重，导致施工经常中断；或由于地方建筑材料缺乏、交通运输条件差，导致材料费用和运输费用增加等。由于我国幅员辽阔，不同地区的技术条件、自然条件、资源条件等方面均有较大差异，因而建筑产品地区差价的幅度较大。由于导致建筑产品地区差价的各种因素是客观存在的，也是可以定量测算的，所以，建筑产品的地区差价在产品生产之前就可以确定。

建筑产品的质量差价是指由于施工质量等级的不同而造成的价格差异。建筑产品价值巨大、使用寿命长，而且关系到使用者的健康和安全，因而一般不允许出现不合格产品，凡是不合格的产品都必须修补到合格后才能交付使用。这样，建筑产品的质量等级就只有优良和合格两种。优良等级的建筑产品与合格品相比，首先，对原材料、半成品的质量要求较高，对所采用的技术，施工人员的技术熟练程度也有较高要求；再次，对管理人员的组织、协调、计划、控制的能力亦有较高要求。总之，优良级建筑产品所消耗的社会劳动量高于合格品。优良级建筑产品技术寿命和经济寿命一般都有所提高，其使用价值、交换价值和收益价值亦相应提高，因而其价格高于合格品也是顺理成章的。与一般商品相比，建筑产品质量差价的幅度较小，这是由于为提高建筑产品质量等级所增加的成本与合格品成本相比较小的缘故。就建筑产品本身而言，以使用功能作为评价使用价值主要指标的建筑产品，其质量差价较小。建筑产品的质量差价可以在产品生产之前明确，也可以在产品建成之后确定，其关键：一是在于确定评价建筑产品质量等级的具体标准；二是在于确定质量差价的幅度，后者较难定量把握。

建筑产品的工期差价是指由于建造工期的提前或推迟而形成的价格差异。工期的提前或推迟是相对于正常生产条件下的工期而言的。所谓正常工期，是指在投入适当的机械、人力的情况下，通过科学的施工组织，从而使工效最高、成本最低的工期。仅就建筑产品的生产而言，应按正常工期组织施工。但是，有时需求者从建筑产品的收益价值出发希望缩短建造工期，或由于生产过程中发生意外情况而使工期延长。在绝大多数情况下，工期提前或推迟都会使建筑产品的成本增加，从而提高建筑产品的价格。要缩短工期，通常要增加机械、人员，或增加工作日或延长工作时间，这一方面降低了工效，另一方面又增加了直接费。需要注意的是，缩短工期有可能降低间接费，也可能会增加间接费，要具体情况具体分析，一般可认为间接费有所降低。工期延长通常都将导致机械闲置或利用率降低，人员窝工，直接费和间接费增加。由于不同地区的生产条件不同，正常工期也因地区而异，故建筑产品的工期差价总是在同一地区比较才有意义。建筑产品工期差价的幅度比较小，这一方面是由于缩短工期受到客观技术条件的制约，不可能无限制地缩短工期；另一方面是由于如果工期缩短到不合理的程度，将会使增加的成本超过因缩短工期所能得到的收益。

四、建筑产品价格的确定方法

1. 建筑产品价格的定额计价方法

建筑产品的定额计价方法是我国长期以来在工程价格形成中采用的计价方法，它是按照预算定额规定的分部分项子目，逐项计算工程量，套用定额单价或根据市场价格确定直接费，然后按规定的取费标准确定其他直接费、现场经费、间接费、计划利润和税金，加上材料调差系数和适当的不可预见费，经汇总后即为工程预算价格，即建筑产品价格。

定额计价方法是我国采用的一种与计划经济相适应的工程造价管理制度。它实际上是国家通过颁布统一的估算指标、概算指标、概预算等有关定额，对建筑产品价格进行有计划的管理。这种计价方法的基本过程有工程量计算和工程计价。工程量按照统一的项目划分和工程量计算规则计算，工程量确定以后，就可以按照一定的方法确定出工程的成本及盈利，最终就可以确定出工程预算造价。该方法的特点是量价结合，它在我国大多数省市现行的投标报价中较为常用。但随着建设市场的不断发展，这种计价方式与市场主体要求拥有自主定价权之间发生了矛盾和冲突。主要表现在：招投标双方存在着大量的重复劳动，即招标单位和投标单位按照同一定额、同一图纸、相同的技术规范来进行重复工程量和工程造价的计算，投标单位的优势（管理水平、价格）在造价（价格）中反映不出来。为此，政府主管部门推行了工程量清单计价制度，以适应市场定价的改革目标。

2. 工程量清单计价方法

工程量清单是拟建工程的分部分项工程项目、措施项目、其他项目名称和相应数量的明细清单。工程量清单计价的程序为：在统一的工程量计算规则的基础上，制定工程量清单项目设置规则，根据具体工程的施工图纸计算出各个清单项目的工程量，再根据工程造价信息和经验数据计算得到建筑产品价格（工程造价）。工程量清单计价程序分为两个阶段：一是业主完成工程量清单格式的编制工作；二是投标单位在业主提供的工程量计算结果的基础上，根据其掌握的信息以及本单位企业定额编制投标报价。作为市场价格的形成机制，工程量清单计价主要在工程招投标阶段使用。

目前，我国已经制定并推广了工程量清单计价制度，但由于各地实际情况的差异，建筑产品（工程造价）的计价方式不可避免地出现了双轨并行的局面。随着建设市场的不断完善和工程造价管理体制改革的不断深入，工程量清单计价方法将逐渐占主导地位。

第二节 建筑产品的成本

一、建筑产品成本的概念

如前所述，商品价值是由三部分构成：一是商品生产中消耗掉的生产资料价值 C，在价格中表现为物质资料耗费的货币支出；二是生产过程中补偿劳动力的价值 V，表现为价格中的劳动报酬货币支出；三是劳动者创造的剩余价值 M，在价格中表现为盈利。

成本是指商品在生产和流通中所消耗的各项费用的总和。它属补偿性质，是商品价值中 C 和 V 的货币表现。成本是商品生产者要求从商品价值中补偿其生产消费的那一部分，是为维护原有生产规模的简单再生产所必需的。

作为商品的建筑产品，它的价值同样也由三部分组成：一部分是已消耗的生产资料价值 C，包括生产过程中所耗费的劳动对象——原料、主要材料、辅助材料、燃料等的价值和在生产过程中已经磨损的劳动手段——厂房、机器设备、生产工具等的价值；另一部分是劳动者为自己的劳动（必要劳动）所创造的价值 V，相当于以工资形式支付给劳动者的劳动报酬；再一部分是劳动者为社会的劳动（剩余劳动）所创造的价值 M，它表现为企业的利润和税金。

建筑产品成本是由其产品价值构成中的前两个部分，即已经消耗的生产资料的价值和劳动者必要劳动所创造的价值之和（即 $C+V$）组成的。它们是产品价值中要求补偿的那一部分的货币表现。

二、建筑产品成本的分类

建筑产品成本是由建筑、安装施工企业的生产费用构成，可以从不同角度对其进行分类，以便比较全面地理解其含义。

1. 按生产费用计入成本的方法分类

该分类方法是把计入成本的生产费用分为直接工程费和间接费两大部分。直接工程费是指能直接形成工程实体的各项开支，在费用发生时就可区别出是用于哪项工程上的，因而可以直接计入该项工程的成本。间接费是指为组织、管理施工生产和为生产工人服务而发生的各项费用，它们并不能直接形成工程实体，也不易区别出是用于哪些分部分项工程上的，它是各个分部分项工程所需的共同支出，因而必须采用一定的比例间接分摊到工程成本中去。进行这种分类是为了准确反映成本费用的性质，正确地计算出工程产品成本。

2. 按生产费用和工程量的关系分类

为了分析和预测建筑产品成本及盈利状况，寻找出降低成本的途径，可按生产费用支出数量与工程量变动的内在联系，将生产费用分为变动费用（变动成本）和固定费用（固定成本）两大类。变动费用是指随工程量增、减而相应发生增、减变动的那些费用，如工程直接耗费的材料费和人工费等。它们随工程量的增加而相应增加，因而称之为变动费用。固定费用是指与工程量增、减不发生直接关系的那类生产费用。因其并不因工程量的增减而发生变化，故称之为固定费用。

3. 按计算成本进行的价格分类

建筑产品成本按价格名称及其计算依据的不同，分为预算成本、计划成本和实际成本。预算成本是指根据国家规定的预算定额、预算单价、间接费取费标准等计算的某个单位建筑、安装工程（建筑产品）预计应支出的费用。实际成本是指为完成某一单位建筑、安装工程的施工而实际支出的费用。计划成本则是指在预算成本或上年实际成本的基础上，考虑降低成本任务的要求而确定的计划应支出的费用。

三、建筑产品成本的职能

建筑产品成本的职能是由建筑产品成本的本质决定的。由于建筑产品成本是建筑安装企业为完成建筑安装工程而付出的资金耗费，是建筑安装产品价值中补偿价值的货币表现，因此建筑产品成本具备以下职能：

（1）建筑产品成本是补偿建筑安装企业施工过程中生产耗费的尺度。建筑安装企业要使再生产得以顺利实现，就需要对生产中的耗费给予合理的补偿，这是进行简单再生产所必需的。建筑安装施工企业对于再生产过程中的生产耗费，不仅要通过实物形式给予补偿，而且还要通过价值形式给予补偿。建筑产品成本正是价值形式的补偿尺度，即建筑安装企业首先要从取得的产品收入中，按照建筑产品成本的数额收回工程施工过程中所耗费的资金，用来重新购买工程施工所必需的各种材料，支付工资以及其他费用，提取固定资产损耗部分的价值，才能保证施工企业资金的正常循环、周转及其再生产活动在原有规模上的顺利进行。

（2）建筑产品成本是确定建筑安装企业盈亏的分界线。建筑产品成本和盈利是建筑产品价格的两个组成部分，这两部分在量上是相互影响的。在产品价格一定的情况下，施工企业的盈利或亏本取决于产品成本的高低。若建筑安装产品价格高于该建筑产品成本时，其成本越低，盈利就越多；相反，产品成本越高，盈利就越少。如果产品价格与作为补偿价值的成本相等时，施工企业就不会有盈利。如果产品价格低于工程成本时，两者之间的差额即为施工企业的亏损额，差额愈大，亏损就愈严重。由此可见，正确计算建筑产品成本，对于合理确定施工企业盈亏是很重要的。

（3）建筑产品成本是施工企业进行经济核算的杠杆。经济核算制的基本要求是，企业要能够以收入抵销支出，并取得盈利。这里必须抵补的支出是建筑产品成本。企业能否以收入抵销支出并取得盈利，与建筑产品成本的计算紧密相关，因此正确计算建筑产品成本是施工企业实行经济核算制的重要前提之一。

（4）建筑产品成本是制定建筑产品价格的重要依据。我国现阶段，建筑产品的价格是通过建筑安装工程的单位工程价格来体现的。根据价值规律的客观要求，建筑产品价格应该以建筑产品的价值为基础。建筑产品价值和价格的主要组成部分就是建筑产品成本，在确定建筑产品价格时，首先确定的是建筑产品成本。不仅如此，大多数建筑产品价格中的利润额都是依据成本利润率，以产品成本（直接工程费及间接费之和）为基数计算出来的，因此，建筑产品成本是确定建筑产品价格的重要依据。正确计算建筑安装产品成本才能合理确定建筑安装产品价格。

四、建筑产品成本的构成

按生产费用计入成本的方法划分，建筑产品（即建筑安装工程，下同）的成本分为直接工程费和间接费。

1. 直接工程费

直接工程费由直接费、其他直接费和现场经费组成。

(1) 直接费。直接费是指在工程施工过程中直接耗费的构成工程实体或有助于工程形成的各种费用，包括人工费、材料费和施工机械使用费。

1) 人工费。人工费是指直接从事建筑产品生产的工人开支的各项费用。构成人工费的基本要素有两个，一个是人工工日消耗量，另一个是人工日工资单价。

a. 概预算定额中的人工工日消耗量。是指在正常施工生产条件下，生产单位建筑安装产品必须消耗的某种技术等级的人工工日数量。

b. 相应等级的人工日工资单价包括生产工人基本工资、工资性津贴、生产工人辅助工资、职工福利费及劳动保护费。

人工费的基本计算公式为

$$\text{人工费}=\sum(\text{工程量}\times\text{人工工日概预算定额}\times\text{相应等级的人工日工资单价}) \quad (6-1)$$

2) 材料费。建筑产品的材料费是指施工生产过程中耗用的构成工程实体的原材料、辅助材料、构配件、零件、半成品的费用和周转材料的摊销费用。构成材料费用的两个基本要素是材料定额消耗量和材料预算价格。

a. 材料定额消耗量。预算定额中的材料消耗量是指在合理和节约使用材料的条件下，生产单位建筑安装产品必须消耗的一定品种规格的材料、半成品、构配件等的数量标准。其中包括材料净消耗量和材料不可避免的损耗量。概算定额中的材料消耗量则是根据扩大分部分项工程包含的各分部分项工程预算定额材料消耗量而综合确定的。

b. 材料预算价格。材料预算价格是指材料从其来源地到达施工工地仓库后的出库价格，包括材料原价，供销部门手续费、包装费、运输费及采购与保管费。

材料费的基本计算公式为

$$\text{材料费}=\sum(\text{工程量}\times\text{材料消耗定额}\times\text{材料相应预算价格}) \quad (6-2)$$

3) 施工机械使用费。建筑产品成本中的施工机械使用费是指使用施工机械作业所发生的机械使用费以及机械安、拆和进出场费。构成施工机械使用费的主要因素是机械台班消耗量和机械台班综合单价。

a. 概预算定额中的机械台班消耗量。指在正常施工条件下，生产单位建筑安装产品必须消耗的某类某种型号施工机械的台班数量。

b. 机械台班综合单价。包括折旧费、大修理费、经常修理费、安拆费及场外运输费、燃料动力费、人工费及运输机械养路费、车船使用税及保险费。

施工机械使用费的基本计算公式为

$$\text{施工机械使用费}=\sum(\text{工程量}\times\text{机械定额台班消耗量}\times\text{机械台班综合单价})$$

(2) 其他直接费。其他直接费是指除了直接费以外，在施工过程中直接发生的其他费用。同材料费、人工费、施工机械使用费相比，其他直接费具有较大的弹性。就具体工程来讲，可能发生，也可能不发生，需要根据工程的具体情况和现场施工条件加以确定。

1）其他直接费的组成为：①冬雨季施工增加费；②夜间施工增加费；③材料二次搬运费；④仪器仪表使用费；⑤生产工具用具使用费；⑥检验实验费；⑦特殊工程培训费；⑧工程定位复测、工程点交、场地清理等费用；⑨特殊地区施工增加费。

2）其他直接费的计算。其他直接费按相应的计取基础乘以其他直接费费率确定：

土建工程：　　其他直接费＝直接费×其他直接费率　　(6-3)

安装工程：　　其他直接费＝人工费×其他直接费率　　(6-4)

(3) 现场经费。现场经费是指为施工准备、组织施工生产和管理所需的费用，包括临时设施费和现场管理费。

1）临时设施费。临时设施费是指施工企业为进行建筑安装工程施工所必需的生活和生产用的临时建筑物、构筑物和其他临时设施的搭设、维修、拆除费用或摊销费用。

2）现场管理费。现场管理费是指发生在施工现场的，针对工程的施工建设进行组织经营管理等支出的费用。现场管理费的组成包括：①现场管理人员的基本工资、工资性补贴、职工福利费、劳动保护费等；②现场办公费；③差旅交通费；④固定资产使用费；⑤工具用具使用费；⑥保险费；⑦工程保修费；⑧工程排污费；⑨其他费用。

现场管理费按相应的计取基础乘以现场管理费费率确定：

土建工程：　　现场管理费＝直接费×现场管理费率　　(6-5)

安装工程：　　现场管理费＝人工费×现场管理费率　　(6-6)

2. 间接费

建筑安装工程的间接费是指建筑安装企业为组织施工和进行管理，以及间接为建筑安装生产服务的各项费用。

(1) 间接费的组成：

1）企业管理费。企业管理费是指施工企业为组织施工生产经营所发生的管理费用，包括：①企业管理人员的基本工资、工资性津贴、职工福利费等；②企业办公费；③差旅交通费；④固定资产使用费；⑤工具用具使用费；⑥工会经费；⑦职工教育经费；⑧劳动保险费；⑨职工养老保险费及待业保险费；⑩保险费；⑪税金；⑫其他费用。

2）财务费。财务费是指企业为筹集资金而发生的各项费用，包括企业经营期间发生的短期贷款利息净支出、汇兑净损失、金融机构手续费，以及企业筹集资金发生的其他财务费用。

3）其他费用。其他费用包括按规定支付工程造价（定额）管理部门的定额编制管理费和劳动定额管理部门的定额测定费，以及按规定支付的上级管理费。

(2) 间接费的计算。间接费按相应的计取基础乘以间接费率确定。计算公式为

土建工程：　　间接费＝直接工程费×间接费率　　(6-7)

安装工程：　　间接费＝人工费×间接费费率　　(6-8)

第三节 建筑产品的利润

一、基本概念

建筑产品的利润即建筑安装企业的施工利润，是建筑安装企业的生产工人在从事建筑

安装工程的施工生产活动中，为社会创造的一部分剩余产品的价值表现形式。

建筑产品的利润对发展社会生产、推动社会进步等方面具有重要作用，主要表现在以下方面：

(1) 建筑产品的利润是社会积累和扩大再生产的源泉。社会主义国家的财富积累，主要是通过各类企业上缴的税金和利润实现的。积累的增多体现为国民经济中固定资金和流动资金的增多，从而为扩大再生产不断奠定物质基础。没有各类企业的盈利，社会积累和扩大再生产的源泉就会枯竭。施工企业实现了利润，意味着施工企业为国家提供了剩余产品，为社会创造了物质财富，对社会主义积累和扩大再生产做出了贡献。

(2) 建筑产品的利润是评价施工企业经营成果的重要指标。施工企业的收入主要是工程造价收入，它由工程成本和利润两大部分组成。从某种意义上说，工程造价收入是施工企业施工生产过程的成果，但它并不是施工企业在施工过程中所取得的真正的净成果。因为工程造价收入中用于补偿工程成本的部分，不能作为施工企业的经营成果。由此可见，建筑安装企业在施工生产过程中全部劳动耗费所取得的真正净成果，只是劳动者剩余劳动创造出的盈利。正是由于施工企业利润反映的是企业最终的经济成果，所以可以通过利润指标来反映和评价施工企业经济活动的各个方面。施工企业获得利润额的多少不仅能表明企业对节约潜力的挖掘程度，而且能表明社会对企业所生产的使用价值的接受程度。

(3) 建筑产品的利润是确定建筑产品价格的重要依据。建筑安装产品的价格是以建筑安装产品的价值为基础来确定的。施工企业的利润是剩余产品价值的一种表现形式，是建筑安装产品价值的组成部分，因此它也作为建筑安装产品定价的重要依据之一。建筑安装产品价格由三部分组成：直接工程费、间接费和盈利。前两部分是工程的预算成本，盈利中的利润是指按国家规定计算出来的计划利润，是社会承认的完成某类工程的平均利润，而不是某个施工企业的实际利润。这是由于某类产品价值不是在个别企业范围内形成的，而是在社会范围内形成的，因此作为价值组成部分的利润也必须是社会范围内形成的平均利润。此外，国家也需要通过计算和了解利润及其变化，较好地掌握利润的分配，作为搞好价格宏观调控的依据。

(4) 建筑产品的利润可以不断提高建筑安装企业职工物质和文化生活水平。施工利润是建筑安装企业职工所创造的剩余产品中的一部分的价值表现，是施工企业最终的经营成果，也是施工企业及其职工的经济利益所在，企业和职工的经济利益都是伴随企业利润的大小进行调整的。按照规定，施工企业的利润依法纳税后主要用于以下方面：一是提取法定盈余公积金，用于生产；二是提取公益金，用于职工福利；三是向投资者分配利润。由此可见，施工企业利润除了用于积累扩大再生产以外，还有适当部分用于消费以改善建筑安装企业职工的生活。施工企业赢得的利润越多，用来改善企业职工物质文化生活水平的部分也就相应增多，企业集体福利也就越好，职工的个人收入也就容易提高，对调动职工生产积极性也越有利。反之，不仅企业生产的发展会减慢，而且会使企业集体福利变差、职工个人收入降低，对于职工生产积极性产生负面影响。

二、利润的几种表现方式

利润是反映建筑安装企业经营成果的综合指标，一般采用资金利润率、工资利润率、成本利润率和产值利润率等四种表示方式。

1. 资金利润率

资金利润率是利润总额与建筑安装企业占用资金的比率，它一方面反映了建筑安装企业资金利用的效果，另一方面也反映了生产耗费的结果。计算式为

$$资金利用率=\frac{利润总额}{固定资金平均占用额+流动资金平均占用额}\times 100\% \qquad (6-9)$$

按资金利润率确定建筑产品的利润额，有利于促进建筑业的技术进步。随着技术的不断进步，物质技术装备在生产中发挥的作用越来越重要，企业只有通过采用先进技术和设备，才能提高生产效率，而企业为此所投入的资金可从利润中得到经济上的合理补偿。另外，按资金利润率定价有利于节约和合理使用资金，提高资金运用的效果。为了提高实际的资金利润率，企业必须积极采取措施，提高机械设备的利用率，迅速处理闲置的固定资产，合理添置机械设备，并力争加快工程进度，减少资金占用，加速资金周转。

当然，按资金利润率确定建筑产品的利润也有缺点，主要表现在两个方面：一是建筑业属于劳动密集型产业，资金有机构成低，按资金利润率定价，将使建筑业的利润水平低于其他资金有机构成高的部门，不利于建筑业的发展。二是按资金利润率定价，计算起来相当复杂，也存在一些实际困难，难以适应建筑产品分别计价的特点。建筑产品类型比较复杂，占用的资金差别很大，即使对于同一个建筑产品，由于采用的施工方法不同，占用的资金也就不同。要具体计算某一建筑产品上的资金占用量、企业的固定资金和流动资金的占用量都有一定的困难。

2. 工资利润率

工资利润率是以人工费即建筑产品生产过程中的活劳动消耗为基数进行计算的。它表现了劳动创造价值的比率，反映出工人在生产过程中为社会创造价值的大小。

按工资利润率确定建筑产品的利润额，符合马克思主义的劳动价值学说，只有从事建筑生产的劳动者才创造利润。靠提高劳动生产率和节约劳动消耗创造利润。此外，由于按这种方法确定的利润额与成本中的物化劳动消耗量没有直接关系，因而不会出现任意增加物化劳动消耗以追求利润的偏向，有利于节约物化劳动。当然，采用这种方法时，要专门计算间接费中的人工费，一定程度上增加了工作量。

按工资利润率确定建筑产品的利润额，虽然符合马克思主义的劳动价值学说，但必须具备一个前提，即工资要能够正确反映活劳动消耗中为自己劳动的部分，实际上工资水平往往取决于国家的经济政策、产业政策、价格政策等因素，很难真正符合这一要求。因而，采用这种方法确定利润额，就会出现某个部门工资水平越高利润越高的矛盾。另外，由于利润以工资为基础计算，意味着资金有机构成低、手工劳动比重大的部门创造的利润多。而资金有机构成高、机械化程度高的部门创造的利润少，这就导致技术越落后利润越高的错误结论，不利于对落后的部门进行技术改造，不利于机械化水平高的部门的发展。同样，由于这种方法未考虑资金占用，对合理使用资金，加强对资金运用的管理都是不利的。

3. 成本利润率

成本利润率是一定时期内，建筑产品价格中的利润与建筑产品成本的比率。计算公式为

$$成本利润率=\frac{利润额}{产品成本}\times 100\% \qquad (6-10)$$

式中　利润额——施工企业的工程价款收入扣减建筑产品成本及税金的差额；

产品成本——建筑产品的成本即工程预算价格的直接工程费与间接费之和。

成本利润率可以反映出每耗费单位建筑产品（工程预算）成本带来的利润额，其倒数即为建筑安装工程利润成本率，表示每取得单位利润需要耗费多少工程预算成本。

由于施工企业的利润是企业经济活动的最终成果，亦即企业的“所得”，显而易见，通过建筑安装工程成本利润率，能清楚地观察到施工企业整个生产经营活动过程中所费与所得的对比关系，从而就能够大体反映施工企业为取得最终经营成果所费劳动的大小。

建筑安装产品按照平均成本利润率来确定价格，就意味着包含在产品价格中的利润是把建筑业所创造的利润按各种产品的工程预算成本的比例进行分配的。显然，在这样的定价条件下，那些个别生产成本等于或接近于建筑业平均生产成本的企业就能获取平均利润；那些个别生产成本低于建筑业平均生产成本的企业，能够获得超额利润；而那些个别生产成本高于建筑企业平均生产成本的企业只能得到低于平均利润的利润，或者无利甚至亏本。

采用成本利润率的优点如下：

(1) 计算建筑产品利润比较方便。建筑产品成本与利润、税金之和就是建筑产品价格。

(2) 有利于加强计划管理。产值和利润是建筑业管理的重要指标。

(3) 有利于调动降低实际成本的积极性。当采用成本利润率计算建筑产品价格中的计划利润时，也必然采用实际成本利润率作为评价指标。

采用成本利润率的缺点如下：

(1) 容易出现浪费投资现象，因为按照这种方法来确定产品价格，意味着物化劳动在生产过程中会自行增值，物化劳动所占比重越大，利润也越大，容易导致滥用贵重材料，提高建筑标准。

(2) 容易导致企业只愿生产价高利大的建筑产品，不愿生产价低利少的建筑产品，从而使建筑市场不同领域出现反向的供求不均衡局面。

第四节　降低建筑工程成本的主要途径

降低工程成本属于工程成本管理范畴，而工程成本管理就是依据客观经济规律，特别是价值规律，对工程成本进行预测、计划、控制、核算、分析和考核。使企业以最少的生产费用支出，完成尽可能多的符合国家规范要求的工程。

一、降低工程成本的组织措施

为了能够实现降低工程成本的目标，必须有相应的组织结构及管理程序。

1. 组织结构

组织结构是为了实现降低工程成本的目标，在相应的管理工作中进行分工协作所形成的结构体系，它的主要内容如下：

（1）组织的职能结构。从系统工程的观点出发，要实现降低工程成本的目标，就必须建立一个管理体系，而管理体系的有效运行，依赖于构成该管理体系的不同组成部分的协同工作。组织的职能结构就是为实现管理目标所需的各项业务及其关系，它包括机构设置、业务分工和相互关系。

（2）组织的层次结构。组织的层次结构是指从组织的最高层到最低层的实际工作人员之间的等级层次的数量。层次的多少表明企业组织结构的纵向复杂程度。根据目前大多数建筑施工企业的管理体制，一般设置为3个层次，即公司层次、项目层次和岗位层次。

（3）组织的部门结构。组织中各部门的划分对发挥组织效应是十分重要的。如果部门划分不合理，会造成控制和协调困难，也会造成人浮于事，浪费人力、物力和财力。组织部门的划分要根据组织目标和工作内容确定，形成既有分工又有相互配合的组织机构。与降低成本有关的部门主要有生产、计划、技术、劳动、人事、物资、财务、预算、审计和负责企业制度建设工作的部门。

（4）组织的职权结构。组织的职权结构就是各层次、各部门在权利和责任方面的分工及相互关系。在确定组织的职权结构时，要注意权利应有层次，职责有范围，分工要明确，关系要清晰，防止因责任不清造成相互扯皮推诿，影响管理职能发挥。

2. 管理程序

建筑安装施工企业在工程施工过程中，为了降低工程成本，对所发生的各种成本信息，有组织、有系统地进行预测、计划、控制、核算和分析等一系列工作，使工程的实际成本能够控制在预定的计划成本范围内。降低工程成本的管理内容和程序如下：

（1）成本预测。成本预测的目的，一是为挖掘降低成本的潜力指明方向，作为计划期降低成本决策的参考；二是为施工单位内部各责任单位降低成本指明途径，作为编制增产节约计划和制定降低成本措施的依据。

（2）成本计划。成本计划是在成本预测的基础上编制的，用以确定施工单位在计划期内完成一定数量的施工生产任务，而计划所需支出的各项费用水平，以及降低成本所采取的主要技术组织措施。成本计划是施工单位控制施工生产耗费，开展增产节约的依据，同时也为建立内部经济责任制提供依据。

成本计划编制应从以下方面考虑：

1）制定合理的降低成本目标。

2）通过挖掘内部潜力降低成本，不得降低质量、偷工减料，不顾机械的维修和忽视必需的劳动保护和安全工作。

3）采取先进可行的技术措施和定额达到降低成本的目的。

4）改善经营管理，降低各项费用。

5）参照上期实际完成的情况。

（3）成本控制。成本控制是指在工程成本形成的过程中，对形成成本的要素，即施工生产所耗费的人力、物力和各项费用开支，进行监督、调节和控制。及时预防、发现和纠正偏差，从而把各项费用控制在计划成本的预定目标之内。

（4）成本核算。成本核算是对工程项目施工过程中直接发生的各种费用进行的工程成本核算。通过成本核算确定成本盈亏情况，为及时改善成本管理提供基础依据。

(5) 成本分析。成本分析就是利用工程的成本核算资料，检查和考核成本变动的情况，将计划成本与工程的实际成本进行比较，系统研究成本升降的各种因素及其产生原因，寻找降低工程成本的途径，以进一步改进成本管理工作。另外，成本分析也为未来的成本预测和编制成本计划指明方向。

(6) 成本考核。在工程施工过程中或结束以后，要定期或按时根据工程成本管理的盈亏情况，给予责任者相应的奖励或惩罚。只有奖罚分明，才能有效地调动每一位职工完成计划成本的积极性，为降低工程成本和增加企业的积累，做出自己的贡献。

二、降低成本的方法

1. 以目标成本控制成本支出

由于一切生产费用的支出，都是生产资料和劳动力的消耗，只有减少这些消耗，才能降低工程成本。因此，必须挖掘减少生产费用支出和降低工程成本的潜力，研究降低工程成本的途径。

建筑企业降低工程成本的途径主要有以下几个。

(1) 人工费的控制。当企业与建设单位签订合同后，应根据工程特点和施工范围确定劳务队伍。劳务队伍一般应通过招投标方式确定。一般情况下，应按照定额工日单价或平方米包干方式一次包死，不留活口，以便管理。在施工过程中，必须严格按照合同核定劳务分包费用，严格控制支出，并每月预先结算一次，发现超支现象应及时分析原因。同时在施工过程中，要加强预控管理，防止合同外用工现象的发生。

(2) 材料费的控制。材料费在工程成本中所占比重最大。随着装配化程度的不断提高，材料费在工程成本中所占比重还要增大。因此，大力节约主要材料、结构件、周转材料和其他材料的消耗，降低材料采购成本，对于降低工程成本有着非常重要的意义。

为了节约材料费，必须在材料采购、运输、保管、使用以及回收等各个环节采取有效的措施。工程成本中材料费的高低，首先取决于采购、运输过程中材料采购成本的高低。采购材料不仅要注意材料的质量和规格，同时也必须从价格和分批采购的数量上加以精打细算。

1）要贯彻执行“合理储备”的原则，避免因材料积压而引起损失和浪费。为此，必须建立按工程任务编制用料计划，按用料计划编制供应计划，再按供应计划编制采购计划或申请计划的制度，消除盲目分散采购的现象。采购以前，必须摸清材料供应情况，做到比物比价，分批采购，陆续备料。

2）要根据“就地取材”原则，仔细调查研究地方材料的资源，尽量采用当地廉价材料。

由于建筑工程体积庞大，消耗材料数量很多，材料运输费用在材料采购成本中所占比重很大。因此，加强运输管理，对于降低工程成本来说，潜力巨大。降低材料运输费用的主要途径如下：

a. 充分了解工地水陆运输条件，注意场外和场内运输的配合和衔接，尽可能地缩短运距，利用经济有效的运输方法，减少中转环节。

b. 根据工程进度，随时掌握供应计划，严格控制进场材料，防止到料过多造成大批退料的转运损失。

c. 在材料、构件运输装卸过程中，要力求减少材料损耗，防止断裂损失。对运来的材料，要加强验收，防止来料短缺、质量不符合要求。

在保管过程中，要根据材料的物理、化学性质进行科学合理的存储，防止变质和损耗。堆放工地的砂、石、模板、砌块，要防止随意用来填修道路。在使用过程中应做到：

a. 要采用新材料、新技术和新工艺，在不影响工程质量的前提下，尽量减少高价材料的使用量。

b. 对木材、钢筋、模板、玻璃等实行统一配料，集中加工，做到量材取料，材尽其用，提高其有效系数。

c. 对混凝土尽可能地采用商品混凝土或集中搅拌，减少现场水泥、砂、石的浪费，以及分散搭建混凝土搅拌台、水泥库所造成的材料损耗。

d. 改善操作方法，减少操作损耗，对砌体要保持平整，节约砂浆用量。

e. 木模尽可能用钢模代替。模板的规格要标准化，制作要工业化，对用过的模板要及时整理维修，增加周转次数。

在回收过程中应做到：

a. 对拆除的材料和模板要力求减少损耗并充分利用。

b. 经常清理现场，防止将钢筋、木料、砌块、砖头埋入回填土中。

（3）现场经费、其他直接费和间接费的控制。为了做好现场经费、其他直接费和间接费的控制，企业必须做到：

1）进行冬、雨季施工，加强劳动力的调配和管理，减少非生产用工，节约工人辅助工资开支。

2）合理安排施工力量，加快施工进度，缩短工期。

3）认真贯彻执行勤俭办企业的方针，严格掌握招待费用，防止铺张浪费。

4）提高工作效率，精简机构，减少层次，合理降低非生产人员的比重。

5）健全工具用具和劳动用品的领用、保管、使用、报废和以旧换新等制度，对损坏的工具用具和劳保用品及时加以修理。

6）制定各项费用开支定额，实行部门分管，先算后用，并严格执行各项费用开支标准，遵守国家财政纪律，节约一切可以节约的费用开支。在节约临时设施费方面，要尽量利用施工现场可供用作临时设施的原有建筑物，减少临时设施的搭建；搭建时要根据自然条件、工期长短，本着就地取材、因陋就简的原则，节约搭建费用的开支；要及时回收拆除临时设施的残余材料。

2. 提高技术和管理水平，降低工程成本

（1）提高劳动生产率。提高劳动生产率不仅能够减少工程成本中的人工费和生产工人辅助工资，而且还可相应地降低固定费用。为了不断提高劳动生产率，企业必须做到：

1）加强班组建设，做好政治思想工作，促使职工群众自觉遵守劳动纪律，充分利用工时。

2）深入开展技术革命和技术革新运动，将施工机械配套成龙，在各个工种工程实现机械化施工。

3）随着机械装备情况和施工工艺等变化，及时调整劳动组织，合理调配劳动力，减少窝工浪费。

4）组织好冬、雨季施工，摆脱气候影响，延长年度作业天数。

5）加强技术教育和培训工作，提高工人的技术水平和操作的熟练程度，做好劳动保护工作，不断改善劳动条件。

6）合理布置施工现场，减少材料、构件的二次搬运用工。

7）尽量用钢模代替木模，节约模板制作和搭拆用工。

8）设置小型构件预制场，对窗框、阳台栏杆等成批加工预制，节约制作用工。

9）正确处理各个工种工人之间关系，搞好前后工序之间的协作，减少安装水管电线后修补墙壁用工和喷浆后钢窗铲垃圾用工，节约劳动力。

10）加强定额管理，做好劳动定额的查定和分析工作，按劳动定额签发工程任务单或进行计件承包。

（2）合理利用机械设备，提高机械设备利用率。合理利用机械设备，提高机械设备利用率，可以减少单位工程成本中的折旧费、租赁费和辅助设施费。要提高机械设备的利用率，企业必须做到：

1）建立和健全机械设备维修保养制度，严格执行合理的操作规程，克服不按操作规程使用和无人负责现象，使机械设备经常处于完好状态。

2）开展技术革新和技术革命，不断改进机械设备，如将吊车吊杆接长，以小代大，或将专用机械改为多种用途，一机多用，充分发挥机械设备的作用。

3）加强机械设备的计划性，做好机械设备的平衡调度工作，选择与施工对象相适应的机械设备，最有效地、充分地利用各种机械设备。

4）培训机械操作人员，不断提高他们的操作技术水平。

5）正确处理与协作施工单位之间的关系，充分利用工作日，提高挖土运土机械设备台班产量。

6）做好机械设备利用定额的查定和分析工作，开展单机、单车核算，考查机械设备利用情况，开展机组之间的劳动竞赛。

（3）提高产品质量，减少工程返工损失。工程返工，就会造成人力物力的浪费。为此，建筑企业必须不断提高工人施工技术水平，改选施工工艺和操作方法，严格执行工程质量检查验收制度。同时，必须注意按图施工，防止基础挖深、垫层加厚等造成的人力、物力的浪费。

（4）工程任务饱满，增加产品产量。产品产量的增加，会使固定费用相对节约而使成本降低。

在实际工作中，由于每个企业的工程特点、技术装备水平以及施工工艺、施工组织不同，在降低工程成本的途径上，侧重点也是不同的。即使同一个企业、同一个施工队，在不同时期，影响工程成本的因素也会发生变化。因此，必须根据本单位的工程施工特点和具体条件，结合各个时期的实际情况，采取适当的措施。

复习思考题

1. 什么是建筑产品价格？其组成部分有哪些？

2. 建筑产品价格确定的特点是什么?
3. 建筑产品价格确定的方法有哪些?
4. 建筑产品的成本的构成、分类及职能是什么?
5. 建筑产品利润的概念及表现形式是什么?
6. 降低建筑产品成本的主要途径有哪些?

第七章　建筑工程定额和预算的制定

第一节　定额的分类

一、定额的概念

定额从广义上讲就是规定的额度或标准。

在社会化大生产中，要生产出某一合格的产品，就必须消耗一定数量的人力、物力，但是受到生产力水平、生产条件、产品质量要求、管理方法等因素的影响，生产同一产品所消耗的人力、物力并不相同。为统一经济核算，一个国家或地区就需制定出一个统一的平均消耗标准，即规定完成某一合格的单位产品所需消耗的人力、物力数量标准，这一标准就是该产品的生产定额。

定额是一定时期社会生产力水平的反映，它与操作人员的技术水平、生产机械化程度及新材料、新工艺、新技术的发展和应用有关，与组织管理水平和全体技术人员的劳动积极性有关，所以定额不是一成不变的，是随着社会生产力水平变化而变化的。也就是说随着生产条件、质量标准、工人技术水平、施工管理手段的不断改进，定额也不断地进行补充和修订，以适应生产发展的需要。

在建筑工程施工过程中，为完成某一工程项目或结构构件就必须消耗一定的人工、材料、机具设备，这些消耗是随着施工对象、施工方式和施工条件的变化而变化的。建筑工程施工定额是指在正常的施工环境、先进合理的施工工艺和施工组织条件下，完成单位合格产品所必需的人工、材料、施工机械设备及其价值消耗的数量标准。

不同的产品有不同的质量要求，因此不能把定额看成单纯的数量关系，而应看成是质、量和安全的统一体。只有从实际出发，考虑生产过程中的各个生产因素，采用科学的方法，经过测算、统计分析，归结出社会平均必需的数量标准，才能形成定额。

二、定额的产生与发展

定额是随着生产力的发展而逐步产生和发展的，同管理科学的产生和发展有着密切的关系。早在19世纪末，被尊称为西方“管理之父”的美国工程师——弗·温·泰罗创立了“泰罗制”，这是西方最早的包括定额在内的企业科学管理理论和方法。泰罗从提高工人工作效率入手，研究工人操作方法、使用的工具设备和材料消耗等，制定出完成某一产品的工时定额、标准的操作方法、标准的工具设备和作业环境，并提出了“计件工资”制。“泰罗制”的执行，大大提高了劳动生产率，使资本主义企业管理发生了根本性的变革。

继“泰罗制”以后，随着世界经济的发展，企业管理也在不断地进展和创新，定额的制定也得到了更新，一些新技术方法在定额中得到了应用，利用现代数学和计算机处理影响定额的各种信息，提供优化决策，形成了现代企业管理体系。

我国定额起源于唐代，到北宋时期国家颁布了将工料限量与设计、施工、材料结合在一起的《营造法式》。这是我国最早制定的一部建筑工程定额，一直延用到明清。

新中国成立以来，国家十分重视建筑定额测定和管理，1951 年东北地区率先制定统一的劳动定额，以后其他地区也相应编制了劳动定额或工料消耗定额。然而 1958～1976 年，我国定额制度一度出现混乱状态，劳动生产率大幅度下降。1976 年后特别是改革开放以后，工程建设定额管理得到进一步发展，1983 年国家组建了专门机构负责组织制定工程建设定额。使我国建筑市场管理逐步走向科学化管理道路，对提高建筑业劳动生产率起到了明显作用。

实践证明，实行科学的定额管理，发挥定额在组织生产、分配、经营管理中的作用，是社会生产的客观要求，定额工作必须更好地为生产服务，为科学管理服务。

三、定额的特性

1. 定额具有科学性

定额的科学性是由现代社会化大生产的客观要求决定的。建筑工程定额制定的方法是以尊重客观实际的态度，广泛收集实际生产中的资料，经过科学测定、统计，在分析、研究的基础上制定的，能正确地反映当时建筑业生产力水平。随着生产力水平的发展，定额也不断地补充和完善。

2. 定额具有法令性

建筑工程定额是利用现代科学管理方法制定的，一经国家或其授权机关组织编制、颁布执行，便有了法规的性质。在执行范围内，任何单位都必须严格遵守，不得随意更改。

3. 定额具有群众性

定额是从生产实际出发、按照广大群众的实际劳动水平制定的，因此具有广泛的群众性。同时定额的执行要依靠广大群众的生产实践。

4. 定额具有针对性

定额是对某一合格产品而定的。不同的产品资源消耗不同，工作内容不同、质量标准和要求也不同，因此定额具有较强的针对性，不能互相套用。

5. 定额具有相对稳定性和时间性

定额是一定时期社会生产力水平的反映，在一段时间内处于稳定状态，但这只是相对的，随着社会的发展、生产力水平的提高，生产条件及技术水平会发生相应的变化，现有的定额已不能与之相适应，这就需要制定出符合新的生产技术水平的定额或补充定额。然而定额的执行有一定的时间过程，而且生产力水平的提高也有一个从量变到质变的过程，所以建筑工程定额在具有稳定性的同时，更具有显著的时间性。

四、定额的作用

定额是一切企业实行科学管理的必备条件，是衡量企业管理水平的尺度，定额主要有以下五方面作用。

1. 定额是编制计划的基础

国家和企业编制计划时都直接或间接地按各种定额来计算某一产品的人力、物力和财力等资源的消耗量，定额是编制计划必不可少的标准。

2. 定额是确定产品成本的依据

生产任何建筑产品都要消耗一定量的人力、材料及机械台班数量，而这些消耗是根据定额计算的，定额是确定产品成本的依据。

3. 定额是实行科学管理的安全工具

定额是一种法定标准，每个企业和个人都必须严格执行定额。加强企业内部管理，采取有效措施，以定额为标准监督生产过程，合理、有效地利用人力、物力、资金，提高劳动生产率，降低产品成本，提高企业的经济效益。

4. 定额是贯彻按劳分配原则的尺度

由于工时定额是生产单位产品所应消耗的劳动量，可以根据工时定额来考核每个劳动者工作效率，从而确定他应完成的劳动量，以此来确定支付他的劳动报酬。

5. 定额是评定生产方法先进与否的手段

定额是根据客观实际生产水平制定的，它可以准确反映出生产技术和劳动组织的先进合理程度，因此，可以以定额标定的方法为手段，对生产同一产品、在相同施工条件下采用不同的施工方法进行全面分析研究，从而总结、比较出更完善的方法，在生产实际过程中予以推广和运用。

五、定额的分类

建筑工程内容广泛，专业繁多，定额种类也就很多。建筑工程定额可按不同的分类方法作如下分类。

1. 按生产要素分类

(1) 劳动定额（人工定额）。

(2) 材料消耗定额。

(3) 机械台班使用定额。

2. 按工程建设阶段分类

(1) 投资估算指标。

(2) 概算指标或概算定额。

(3) 预算定额。

(4) 施工定额。

3. 按专业性质分类

(1) 建筑工程定额。

(2) 装饰工程定额。

(3) 安装工程定额。

(4) 市政工程定额。

(5) 民防工程定额。

(6) 沿海港口建设工程定额。

(7) 房屋修缮工程定额。

(8) 园林绿化工程定额。

4. 按定额制定单位与执行范围分类

(1) 全国统一定额。

(2) 全国行业定额。

(3) 地方定额。

(4) 企业定额。

5. 按费用性质分类

(1) 直接费定额。

(2) 间接费定额。

(3) 其他基本建设费用定额。

建筑工程定额分类见图 7-1。

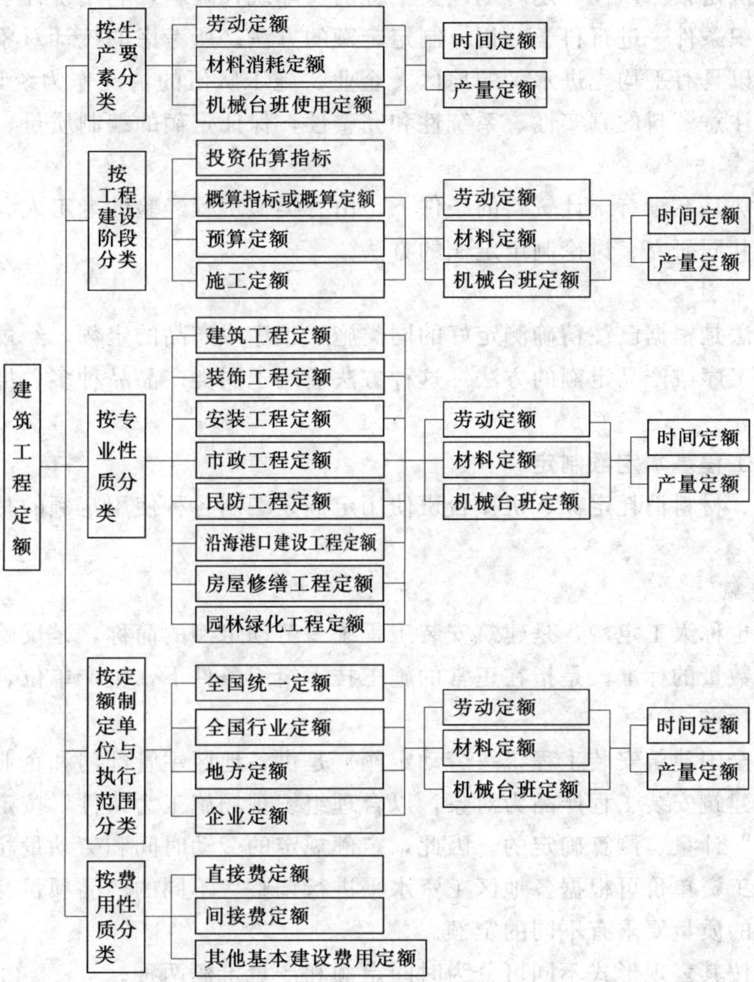

图 7-1 建筑工程定额分类框图

第二节 定额的制定

一、定额制定的基本方法

建筑工程定额制定的基本方法，主要有技术测定法、统计分析法、经验估算法、比较类推法等。

1. 技术测定法

技术测定法是根据施工现场实际观察、测试的有关数据资料，经过整理分析计算，制定定额的一种方法。它要求施工过程中施工条件比较典型，采取的施工方法、组织管理手段都具有平均先进的水平。通过这种方法测定的定额，准确程度较高，时期性强。一般用于工程量大且品种少、施工条件比较正常、施工时间长的工程。

2. 统计分析法

统计分析法是根据以往一定时期同类工程的实际统计资料，利用统计学原理，结合当前生产技术组织条件，进行科学分析，制定定额的方法。所考虑的统计对象应该具有一定的代表性，应以具有平均先进水平的地区、企业、施工队伍的情况作为统计定额的依据。统计中要特别注意资料的真实性、系统性和完整性，保证定额的编制质量。

3. 经验估算法

经验估算法是在没有统计资料的条件下，由有类似工程经验的老工人、施工技术人员及定额管理员共同研究、讨论制定定额的方法。

4. 比较类推法

比较类推法是根据已往精确测定好的同类施工工序或产品的定额，经过对比分析，类推出同类相邻工序或产品定额的方法。这种方法适用于同类产品品种多、批量少的劳动定额和材料定额。

二、建筑工程基本定额制定

劳动定额、材料消耗定额、机械台班使用定额是编制各种使用定额的基础，因此又称为基本定额。

1. 劳动定额

劳动定额也称人工定额，是建筑安装工程统一劳动定额的简称，是反映建筑产品生产中活劳动消耗数量的标准。是指在正常的施工技术组织条件下，生产单位合格产品所需要的劳动消耗量标准。

现行的《全国建筑安装工程统一劳动定额》是供各地区主管部门和企业编制各种定额的参考，是以建筑安装工程产品为对象，以合理组织现场施工为条件，按定额制定的基本方法，以“实”计量、测算确定的。因此，定额规定的劳动时间和劳动量相对稳定，一般不变，其劳动工资单价可根据各地区工资水平进行调整。不同的产品项目、不同工具、不同工艺、不同的质量要求有不同的定额。

劳动定额按其表现形式不同可分为时间定额和产量定额两种。

(1) 时间定额。时间定额是在一定施工技术和组织条件下，某工种某种技术等级的工人或班组完成单位产品所必需的工作时间。这一时间包括生产准备时间、作业时间、结束时间、个人生理需要时间等。

时间定额以“工日”为单位，每个工日现行工作制度规定时间为8h，其计算方法为

$$\text{单位产品时间定额(工日)}=\frac{1}{\text{每工日产量}}$$

或

$$\text{单位产品时间定额(工日)}=\frac{\text{小组成员工日数量总和}}{\text{小组台班产量}}$$

(2) 产量定额。产量定额是指在一定的施工技术和组织条件下，某工种、某种技术等级的工人或班组在单位时间内（工日）完成合格产品的数量。

产量定额的计量单位有：m/工日、m^2/工日、m^3/工日等。计算方法为

$$每工日产量=\frac{1}{单位产品时间定额}$$

或
$$小组每班产量=\frac{小组成员工日数量总和}{单位产品时间定额}$$

从计算公式可以看出，时间定额与产量定额互为倒数，即

$$时间定额\times 产量定额=1$$

2. 材料消耗定额

建筑安装企业在进行生产活动、完成建筑产品过程中必须有一定的物质条件，这种物质条件就是建筑材料。建筑工程的材料消耗定额是指在节约和合理使用材料的条件下，生产符合质量标准的单位产品所必须消耗的一定规格的建筑材料、半成品、构配件、水和电等的数量标准。它包括用于合格产品上的实际材料用量和在施工现场内运输及操作过程中的不可避免的材料损耗量。

材料的损耗一般以损耗率表示。计算公式为

$$损耗率=\frac{损耗量}{净用量}\times 100\%$$

因此
$$材料消耗量=净用量+损耗量=净用量(1+损耗率)$$

建筑工程使用的材料可分为直接性消耗材料和周转性消耗材料。

直接性材料是直接构成工程实体的消耗材料，包括不可避免的合理损耗量。如砌筑砖墙用砖、砂浆，混凝土结构用水泥、砂等。直接性材料的消耗量可以按观察法、试验法、统计法、比较法及实际测算法进行确定。

周转性材料是在施工过程中能多次使用、反复周转、逐渐消耗的工具性材料。如模板、脚手架、支撑等。其消耗量是以每一次在单位产品上摊销量计入工程材料定额中的。摊销量因构件不同按不同的方法计算。

现浇混凝土结构模板摊销量计算公式为

$$摊销量=周转使用量-回收量$$

$$周转使用量=一次使用量\times\frac{1+(周转次数-1)\times 损耗率}{周转次数}$$

$$回收量=一次使用量\times\frac{1-损耗率}{周转次数}$$

预制混凝土构件模板摊销量计算公式为

$$摊销量=\frac{一次使用量}{周转次数}$$

一次使用量是指为完成定额计量单位产品的生产，在不重复使用条件下的一次

性用量。

周转次数是指周转性材料在补损条件下可以重复使用的次数。

周转次数是制定周转性材料消耗定额的关键，必须经过长期现场观测和获得大量统计资料，按平均合理的水平确定。

3. 机械台班使用定额

机械台班使用定额是施工机械生产效率的反映。是指在合理劳动组织与合理使用机械条件下，完成单位合格产品所必需的一定品种、规格施工机械作业时间的消耗标准。其表现形式与劳动定额相同，分为机械时间定额和机械产量定额两种。

(1) 机械时间定额是某种机械在合理劳动组织和使用条件下，完成单位合格产品所必需的工作时间。它包括有效工作时间、不可避免的中断时间和无负荷工作时间。

机械时间定额以“台班”、“台时”为单位，一个台班指一台机械工作一个工作班，现行工作制度以 8h 计算。一个台时是一台机械工作 1h。

$$\text{机械时间定额(台班)}=\frac{1}{\text{机械台班产量}}$$

或

$$\text{机械时间定额(台班)}=\frac{\text{小组成员工日数量总和}}{\text{机械台班产量}}$$

(2) 机械产量定额是某种机械在合理劳动组织和使用条件下，单位时间内完成合格产品的数量。

机械产量定额的计量单位有：m/台班、m^2/台班、m^3/台班等。计算方法为

$$\text{机械台班产量定额}=\frac{1}{\text{机械时间定额}}$$

或

$$\text{机械台班产量定额}=\frac{\text{小组成员工日数量总和}}{\text{机械时间定额}}$$

机械时间定额与机械产量定额互为倒数关系。

三、施工定额的制定

施工定额是施工企业直接用于工程施工管理的一种定额，它是以同一性质的施工过程或工序为测定对象，确定在正常施工条件下为完成某施工过程或工序所必需的人工、材料、机械台班消耗的数量标准。它是施工企业编制施工预算、进行工料分析和“两算”对比的基础。是编制施工组织设计、施工作业计划和确定人工、机械需要量计划的依据，是编制预算定额的基础。

施工定额是施工企业内部使用的定额，是遵循平均先进、实事求是、简明适用、专业与群众相结合并以专业为主的原则制定的。平均先进水平是一种鼓励先进、勉励中间、鞭策后进的定额水平，只有贯彻平均先进的原则，才能促进企业科学管理，不断提高劳动生产率，进而达到提高企业经济效益的目的。

施工定额由劳动定额、材料消耗定额、机械台班使用定额三部分组成。是按工种工程划分的，其定额表的形式见表 7-1。

表 7-1　　砖砌体

工程内容：1. 调运铺砂浆、运砌砖，清基槽；2. 砌窗台虎头砖、腰线、门窗套；3. 安放木砖及铁件。

单位：$10m^3$

项目	单位	砖基础		砖墙（混水）				
		一砖及一砖以上	柱基、3/4以内墙基	外墙		内墙		圆弧形砖墙
				1.5砖及1.5砖以上	一砖	一砖及一砖以上	1/2砖	
		1	2	3	4	5	6	7
综合工日	工日	10.50	12.18	15.10	18.60	13.80	16.70	16.91
M2.5混合砂浆	m^3			2.24	2.24	2.12		
M5混合砂浆	m^3						1.86	2.35
M5水泥砂浆	m^3	2.37	2.37					
红砖	千块	5.11	5.11	5.21	5.30	5.26	5.33	5.46
32.5MPa水泥	t	0.464	0.464	0.291	0.301	0.286	0.245	0.456
石灰	t			0.193	0.193	0.191	0.68	0.212
砂	m^3	3.02	3.02	2.68	2.68	2.66	2.34	2.30
水	m^3	1.05	1.05	1.07	1.13	1.06	1.10	1.12
木枋板材	m^3			0.017	0.017	0.007	0.011	0.017
铁钉	kg			0.37	0.37	0.17	0.23	0.37

四、预算定额的制定

建筑工程预算定额是以一般工业与民用建筑工程为研究对象，是由各省或地区主管部门按建筑工程施工及验收规范、质量评定标准、安全操作规程和统一措施进行编制的。是确定单位分项工程的人工、材料和机械台班消耗量的标准。建筑工程预算定额主要用于编制建筑工程施工图预算，也是施工企业编制施工计划和进行竣工决算的依据，同时也是编制概算定额和概算指标的基础。

预算定额制定原则是按社会必要劳动时间确定预算定额水平，简明适用，严谨准确，避免执行中的争议。

现行建筑工程预算定额是以施工定额为基础编制的，但是两种定额水平确定的原则是不相同的。预算定额是按社会消耗的平均劳动时间确定其定额水平，它要对先进、中等和落后三种类型的企业和地区，分析、比较它们之间存在着水平差距的原因，并要切实反映大多数企业和地区经过努力能够达到和超过的水平。因此，预算定额基本上是反映了社会平均水平。然而，施工定额反映的则是平均先进水平。这就说明两定额存在着一定的差别预算定额比施工定额考虑的可变因素多，需要保留一个合理的水平幅度差。一般预算定额水平低于施工定额水平10%左右。

预算定额和施工定额是施工企业实现科学管理的工具。预算定额是确定工程预算成本，施工定额是确定工程计划成本以及进行成本核算的依据。施工定额项目的划分远比预算定额项目划分细、精确程度高，它是编制预算定额的基础资料。因此，两者之间有着密切的关系。

建筑工程预算定额由定额消耗量、预算价格、费用三要素组成。定额中的人工、材料、机械台班使用量与对应的预算价格构成的费用是定额项目的预算基价，是计算建筑工程直接费的依据。

预算定额一般是按建筑物的结构部位和特性划分为若干个分部工程，每一分部工程又划分为若干个分项工程，每一分项工程制作成一个定额表。预算定额表一般包括工程内容、定额表和必要的附注三部分，见表7-2。

表7-2　　砖砌外墙

工程内容：淋砖、运料、调制砂浆、砌砖、留洞、安放小构件、垫块、木砖及加固钢筋。

单位：$10m^3$

定额编号				4—3	4—5	4—7	4—10	4—13
项目		单位	单价（元）	1/2砖	3/4砖	1砖	1.5砖	2砖
基价		元		2009.89	1963.10	1796.49	1769.22	1744.31
其中	人工费	元		469.72	462.45	403.44	381.21	366.45
	材料费	元		1405.85	1403.55	1309.22	1313.51	1310.20
	机械费	元		119.49	97.10	83.83	74.50	67.66
人工	综合工日	工日	21.38	21.97	21.63	18.87	17.83	17.14
材料	M7.5水泥砂浆	m^3	135.18	1.95	2.13			
	M2.5混合砂浆	m^3	95.91			2.25	2.40	2.45
	标准砖	千块	202.29	5.641	5.510	5.400	5.350	5.310
	水	m^3	1.00	1.13	1.00	1.06	1.07	1.06
机械	砂浆搅拌机200L	台班	41.21	0.33	0.35	0.38	0.40	0.41
	塔吊	台班	145.05	0.73	0.57	0.47	0.40	0.35

在预算定额表中，综合工日是为完成该分项工程定额单位（$10m^3$砖砌外墙）所必需的用工数量。包括完成该分项工程所必须消耗的技术工种基本用工量和辅助用工量，可以以现行的《全国建筑安装工程统一劳动定额》为基础进行计算。计算方法为

$$综合工日数=\sum(某工序工程量\times相应工序的时间定额)$$

工日单价是指一个建筑工人一个工作日在预算定额中应计入的全部人工费用。包括基本工资、工资性津贴、工资附加费和劳动保护费。建筑工人人工单价按地区和行业不同而有所差别，可按国家规定，根据各地区、各行业标准进行计算。

预算定额的材料消耗量是按结构内容和定额要求的计算规则计算的。

材料的预算单价是材料由供货地点到达施工工地的堆料场的出库价格。计算公式为

$$材料预算价格=(材料市场价+包装费+运杂费+运输保险费)\times(1+采购及保管费率)$$

预算定额中的机械台班消耗量，一般按现行的《全国建筑安装工程统一劳动定额》中的机械台班产量，并考虑一定的机械幅度差进行计算。机械幅度差是指在合理的施工组织条件下机械的停歇时间。

有些机械是按工人小组配备使用的，如垂直运输的塔吊、卷扬机，混凝土、砂浆搅拌机，是按小组产量计算台班产量。

机械台班单价费，是指在正常运转情况下，一台施工机械在一个工作班中应分摊和所支出的各种费用之和。应分摊的费用是施工机械使用的第一类费用，包括机械的折旧费、大修理费、经常修理费及机械保管费。所支出的费用是施工机械使用的第二类费用，包括人工费、燃料动力费、养路费、车船使用税等。对某一机械设备，第一类费用一般是固定不变的，而第二类费用则随机械运转情况有所变化。

五、概算定额的制定

建筑工程概算定额是由国家或地区主管部门制定颁发的，规定了完成一定计量单位的建筑工程扩大结构构件、分部工程或扩大分项工程所需人工、材料和机械数量标准。

概算定额可作为设计部门编制初步设计概算的依据，是进行设计方案经济比较和编制建筑工程主要材料申请计划的依据，也是确定基本建设项目投资额和控制建设拨款的依据。同时也是编制概算指标的基础。

概算定额的项目是在预算定额的基础上，以建筑结构的形象部位为主，将有关的其他部分综合而成的。如概算定额中基础一项，就是以基础体积作为计量单位，综合了相应数量的挖土、回填土、防潮层和余土外运等内容，见表 7-3。

表 7-3　　砖砌基础

编号				1—2	
名称				砖砌基础	
基价（元）				174.36	
其中	人工费（元）			45.33	
	材料费（元）			120.28	
	施工机械台班费（元）			8.75	
预算定额编号	工程名称	单价（元）	单位	数量	合价（元）
3—1	砖基础	159.03	m^3	1.00	159.03
1—16	人工挖地槽	2.22	m^3	2.15	4.77
1—59	人工夯实填土	1.42	m^3	1.22	1.73
1—54	人工运土（运距 200m）	2.21	m^3	3.05	6.74
8—19	水泥砂浆防潮层	4.45	m^3	0.47	2.09
人工	合计		工日	2.12	
主要材料	砖		块	522	
	水泥		kg	49	
	砂子		m^3	0.28	

概算定额的编制深度应与设计深度相适应，定额项目划分坚持简化、准确和适用的原则。定额制定水平与预算定额基本一致，并留有一定的幅度差，以便根据概算定额编制的概算能够控制用预算定额编制的施工图预算。

六、概算指标

概算指标是以每百平方米建筑面积，或每座建筑物为计量单位，规定所需人工、材料、机械消耗和资金数量的定额指标。概算指标比概算定额综合性、扩大性更强，用概算指标编制概算比用概算定额编制概算更方便、更简捷。

在初步设计阶段，由于工程设计还不具体，不可能计算出分部分项工程量，往往用概算指标来编制初步设计概算，进行设计方案比选、投资控制、估算主要材料需求量和编制固定资产投资计划。

第三节　建设预算的作用及费用组成

一、建设预算的作用

在我国社会主义建设中，国家每年都投入大量的人力、物力和资金用于基本建设。基本建设的预算制度是基本建设经济管理工作的重要内容，只有及时准确地编制出建设预算，才能正确反映建设资金，控制投资，合理使用资金，充分发挥投资效果。

建设预算又称为设计预算，它是确定基本建设项目全部建设费用的文件。建设预算又分设计概算和施工图预算两种，它们是根据不同设计阶段的要求和设计资料的详细程度而进行编制的。

我国基本建设的预算制度，根据建设部规定，在初步设计阶段，设计部门根据初步设计内容和概算定额（或概算指标）编制初步设计总概算。概算所确定的建设费用是国家主管部门批准设计的依据，也是国家建设该项目工程的投资限额，并作为工程初步拨款和贷款的依据。

当工程设计施工图完成后，在单位工程开工前，根据施工图纸、预算定额和有关收费标准编制施工图预算，它是确定工程造价的文件，也是建设单位与施工单位签订施工合同、拨付工程价款、进行工程结算的依据。

二、建设预算的费用组成

为了加强对基本建设投资的管理，使预算、计划、统计和核算口径取得一致，为了适应社会主义市场经济体制的需要，创造公平竞争的市场环境，建设部和中国建设银行参照新的财务制度和国际惯例，明确规定：工程预算费用由直接工程费、间接费、计划利润、税金等四个部分组成。

直接工程费由直接费、其他直接费和现场经费组成。

直接费是指在施工过程中耗费的构成工程实体的费用，包括消耗在工程施工中全部材料费、机械使用费、人工费。可按现行定额计算确定。

其他直接费是指直接费以外的，施工过程中发生的其他直接费用。包括冬雨季施工增加费、夜间施工增加费、特殊地区施工增加费和其他费用。

其他直接费按直接费的百分率计算，一般建筑工程为1.0%，安装工程为1.5%。

现场经费是指为施工准备、组织施工生产和管理所需的费用。包括临时设施费、现场管理费。国家按行业、工程规模、施工技术难易程度、施工场地条件等因素，规定现场经费费率标准。计算时合理选取。

间接费是指施工企业在施工管理中不直接发生在工程本身，而且间接为工程服务发生的费用。包括企业管理费、财务费和其他费。间接费是工程概预算的组成部分，间接费的计算与现场经费一样，按现行行业规定的间接费率计取。间接费的计算基础有两种形式，一种是以直接工程费为计算基础；另一种是以人工费为计算基础。建筑工程的间接费是以直接工程费为计算基础。

间接费是建筑安装企业组织施工管理的间接成本，采用以直接工程费为计算基础，不会因定额直接工人的减少而影响间接费收入，有利于促进施工企业通过加强管理、扩大业务、提高效率等来增加收入，相对减少间接费支出。

计划利润是指按国家规定应计入工程造价的利润，它依据不同投资来源或工程类别实施差别利率。一般建筑安装工程的计划利润率按直接工程费与间接费之和的7%计算。

税金是指按国家规定应计入建设工程造价，由施工企业向税务部门缴纳的营业税、城市建设维护税及教育附加。按国务院发布的有关文件规定的征用范围和税率进行计算。

计算公式为

税金＝(直接工程费＋间接费＋计划利润)×费率

建设项目在市区的，费率取3.41%；建设项目在县城镇的，费率取3.35%；建设项目在市区或县城镇以外的，费率取3.22%。

第四节　工程预算书和概算书的编制

工程预算书和概算书的编制，是根据已批准的初步设计文件、施工图纸和拟定的施工方案，按照国家或本省、市、自治区的工程量计算规则，计算出各分部分项工程量，逐项套用相应的概、预算定额，分别算出分部、分项工程的价值，统计汇总，得出直接费，然后根据规定的取费标准，计算出其他直接费、间接费和计划利润等，再综合累计算出工程预算、概算造价和各项技术经济指标。最后加上编制说明，按规定格式装订成册，形成完整的工程建设文件，即工程概、预算书。

一、工程预算书的编制依据

工程预算即为施工图预算，它编制依据如下：

(1) 通过审批的施工图纸和设计说明。

(2) 各地区建设主管部门颁发的预算定额。

(3) 施工组织设计及施工方案。

(4) 建设工程施工费用标准，即除直接费以外的如间接费、利润、施工措施费、其他费用和税金等的取费基数和取费标准。

(5) 建筑材料手册及预算工作手册。

(6) 工程施工合同或协议及政府有关部门的规定或文件。

二、工程预算书的编制程序和方法

1. 收集、熟悉资料

收集各项编制依据，熟悉施工图及预算定额，了解施工现场和施工组织设计，理解设计意图，了解工程全貌、施工方案，明确影响工程造价的各种因素。

2. 划分和排列分部、分项工程

按照施工图描述的工作内容、施工措施，根据预算定额规定的项目划分方法，逐一划分和排列出单位工程的各分部、分项工程名称，列成表格，标出定额编号，便于定额的套用。

3. 计算各分项工程的工程量

工程量计算是整个预算编制过程中最繁多、花费时间最长的工作。工程量计算的准确与否直接影响预算的准确性，因此，在计算工程量时应注意以下几点：

(1) 工程量的计量单位必须与预算定额分项工程的计量单位一致。

(2) 必须严格按照预算定额规定的工程量计算规则进行计算。

(3) 应按一定的顺序和方法计算，不得重算或漏算。

4. 套用定额单价，编制预算表

工程量计算完，要经过核对，确定无误后，按照预算定额的分项工程顺序进行排列，确定相应的预算单价，将各分项工程量与对应的分项工程预算单价相乘，即得出各分项工程的价值，然后将其累加，即得该单位工程的定额直接费，同时，分项累加计算出该单位工程的人工费、材料费和机械台班费，以便于计算工程预算价值中其他直接费、间接费、利润等。

在确定某一分项工程的预算单价时，若该分项工程的设计要求与定额内容不相同时，可根据定额说明及要求对该项定额进行局部调整或换算。如某分项工程通过调整换算也不能确定其定额时，可以编制补充定额和补充定额单价，有些定额规定不允许换算的，一律遵照执行，不得随意修改。

5. 编制工料分析表

工料分析表是根据全部分项工程项目的实物工程量和相应的定额中项目所列的人工、材料、机械台班消耗，计算出各分项工程所需的人工、材料、机械台班数量，再进行汇总，统计出整个单位工程所需的人工、各类材料及各类机械台班消耗用量。工料分析是企业管理、经济核算及材料价差调整的依据。

6. 计算各项费用，并汇总出工程造价

单位工程的定额直接费确定后，根据本地区规定的计费基数和相应的费率，分别计算出其他直接费、间接费、利润和税金。同时参照合同协议，看其是否包含其他费用或规定，然后将上述费用汇总，就得出建筑工程的预算造价。

7. 编制说明、填写封面

预算造价计算完成后，应编制预算计算说明，以使有关方面了解所编制预算的依据和工程概况。说明包括以下内容：

(1) 该预算所包含的工作内容及未包括的工作内容。

(2) 所依据的施工图及技术文件名称和编号。

(3) 所依据的预算定额、单位估价表和费用定额名称。

(4) 编制预算所依据的文件、合同及有关部门现行调价方法及说明。

(5) 套用定额需要补充说明的问题及其他要说明的问题。

封面要填写工程名称、工程地点、建筑面积、预算总造价、建设单位、施工单位、编制单位名称，以及编制人、审核人、编制日期等。

8. 装订、签章

把单位工程预算书的封面、编制说明、费用计算表、预算表、工料分析表等按顺序排列并装订成册，经编制人员、审核人员签字盖章后，再经企业认可，加盖企业公章。至此一本完整的工程预算书即编制完成。可送上级机关审核、批准，作为工程实施过程中的费用支付依据。

三、工程概算书的编制

工程概算在基本建设程序中相对于投资估算与施工图预算而言，起着承上启下的作用，它基于投资估算，又控制施工图预算，要求准确，不得有大的遗漏或高估冒算。

概算的编制与施工图预算编制相比具有简略、综合、快捷三个特点。这是由于编制工程概算所依据的概算定额和概算指标比预算定额综合性强，项目划分少，编制速度快，缩短工程前期准备时间。

工程概算编制的原则是：①充分调查研究，掌握市场动态及现行的政策法规；②理论与实践、设计与施工、技术与经济相结合；③抓住工程项目的关键部分，突出重点，保证概算编制的质量。

工程概算书编制步骤与施工图预算书编制步骤基本相同，一般可按如下步骤进行：

(1) 收集基础资料，掌握工程概况。

(2) 根据设计图纸和概算定额或概算指标划分工程项目。

(3) 按要求计算相应项目的工程量。

(4) 套用概算定额或概算指标，计算各项目工程的直接费和人工、材料、机械消耗。

(5) 按规定的取费标准计取费用。

(6) 确定工程概算造价。

(7) 进行概算技术经济指标分析。

(8) 编写说明、填写封面、签字盖章、装订成册。

工程概算可分为单位工程概算、单项工程综合概算、其他工程和费用概算、总概算等。编制建筑工程概算有三种基本方法。

1. 根据概算定额编制概算

当初步设计和扩大初步设计深度较深，建筑物要求比较明确，基本上能算出各种结构工程数量时，可以根据概算定额来编制建筑工程概算书。根据概算定额编制的概算，与用预算定额编制预算的方法基本相同，确定的造价和各项费用准确，但耗费时间多，编制速度慢。

2. 根据概算指标编制概算

当初步设计深度较浅，尚无法算出工程量，或在工程的方案确定阶段，初具轮廓估算造价时，可以根据概算指标编制概算。

根据概算指标编制概算，适用于一般中、小型民用建筑和通用厂房。编制时首先要使拟建工程结构形式与所选用的概算指标项目的结构形式要大体相同，再按概算指标规定的计算建筑面积、工程量，然后将计算所得工程量乘以概算指标单价，可得出拟建工程造价。如果概算指标不包括间接费、利润、税金时，需按相关规定另行计算，并计入概算造价中。

3. 利用类似预（结）算编制概算

当有已经编好的工程预（结）算时，如结构特征、建筑面积、层高等与拟建工程相类似，可利用类似预（结）算编制拟建工程概算。这样可以节省编制概算的工作量，也可以弥补编制概算依据不足的问题，是编制概算一种有效的方法。

在实际应用时，应考虑类似工程与拟建工程在结构和面积上的差异，以及由于建设地点或时间不同引起的人工工资标准、材料价格、机械台班使用费、有关费率的差异，可按照相关规定调整预（结）算单价，然后与拟建工程相对应的工程量相乘，得出拟建工程概算造价。

总之，编制概算的概算定额法、概算指标法、类似预（结）算法，适用于不同环境和条件，一般来说概算定额法应用广泛，准确度高。

第五节　概预算的审查

一、工程概预算审查的意义

概算对应初步设计阶段，预算对应施工图设计阶段，经批准的概算是确定和控制建设项目总投资的最高限额。施工图预算是在设计概算的限额内根据施工图所编制的工程项目预期造价。它是确定标底、投标报价以及签订施工承包合同的依据。加强对工程概、预算的审查，对于概、预算的准确性，对于正确贯彻党和国家的有关方针政策，客观实际地反映工程建设投资情况，促使企业加强管理、降低工程造价都有十分重要的意义。

(1) 审查工程概预算有利于合理地制定工程造价，合理分配投资资金。避免概算突破和预算超出概算。

(2) 审查工程概预算，有助于促进设计的技术水平提高和保证工程投资的经济合理性。

(3) 审查工程概预算，有利于企业经济核算及固定资产管理，节约建设资金，提高建设项目的投资效益。

二、工程概预算审查组织形式

我国工程概预算审查形式有以下三种。

1. 内部审查

设计概算及施工图预算编制完成后，建设单位组织相关的、经验丰富的工程技术人员及概预算审查人员，对概预算编制的准确性及合理性进行审查，及时改进不足，提高编制质量。

2. 会审

由建设单位、建设银行、设计单位、施工单位、监理咨询机构联合会审，从不同的角度进行审查。有发现问题全面，解决问题及时，审查速度快、质量高的特点，使设计及施工方案更加经济合理，便于工程概预算的执行。

3. 委托审查

建设单位委托具有审查资格的专门机构进行审查。

三、概预算的审查方法

1. 全面审核法

全面审核法是结合施工图纸及设计说明，对概预算表中的工程量、定额套用、取费标准等全部项目逐一进行审核的方法。全面审核法，工作细致、准确、涉及面广，但耗时、费力，适用工程规模较小、编制工程概预算的技术力量较弱的工程项目。

2. 重点审查法

重点审查法是抓住工程概预算中主要的、造价高的部分和容易发生差错的部分进行审核的方法 。审查时借鉴以往的经验，选择有代表性、工程量大、计算规则易混淆的部位与环节进行重点审核，重点审查法可减少审核工作量，加快概预算审核进度，确保审核质量。

3. 经验对比审核法

经验对比审核法是根据以前的实践经验，将审核工程的建设规模、经济技术指标、结构形式或设计图纸与已往审核过的工程规模、结构形式、经济技术指标、工程量进行对比，发现相差较大项目，再进一步审核工程细目的方法。

四、工程概预算的审查内容

1. 审查概预算的编制说明书

审查概预算编制依据的合法性、时效性及适用范围，审查概预算的编制方法、深度及编制范围。

2. 审查工程量

工程量是确定建筑安装工程造价的决定性因素，是概预算审查的重点。审查时根据施工图纸、概预算定额的有关规定，逐项或抽出重点项目重新进行计算、核对，并着重审查工程项目划分排列是否齐全，有无遗漏或重复，工程量计算方法、数量、单位是否正确等。

3. 审查工程概预算定额的套用

审查概预算表中所列各分项工程单价是否与现行概预算定额的单价相符，分项工程的名称、规格、计量单位和所包括的工程内容是否与工程定额表所列相一致，调整定额是否符合规定，计算是否准确等。

4. 审查各种费用

(1) 审查各种费用的取费标准是否与相应工程类别一致、合理。

(2) 审查各项费用的计算基数是否符合规定，是否准确。

(3) 审查所列费用所包括的内容是否符合国家及合同规定，有无漏算、少算、错算和重复计算。

5. 审查概预算书

审查概预算文件所包含的内容、项目是否完整，概预算书装订格式是否符合国家有关法规规定。

第六节　工程拨款、结算和竣工决算

一、工程拨款

工程拨款是建设单位拨付给承包单位用以支付工程建设中人力、材料消耗以及购置设备等资金的货币。一般以工程预付款、工程进度付款及竣工结算付款方式支付给承包商。

1. 工程预付款

工程预付款又称备料款，它是建设单位按规定付给承包商的备料周转金。以使承包商提前储备材料和订购构配件。承包商不得滥用工程预付款，否则建设单位有权收回。备料款的额度一般不超过建筑工程当年工程量投资的30％。

在实际工程中，工程备料款的额度及拨款办法应根据工作性质、承包方式和工期长短，在保证建筑安装企业能有计划地生产、供应、储备并促进工程顺利进行的前提下，由地区建设银行和有关部门具体制定拨款细则。

由于预付款是用来购置储备材料的工程价款，当工程施工达到一定进度时，材料储备随之减少，预付款应当分期陆续扣还给建设单位，到工程竣工前扣完。有些工期短的工程，预付款无需分期扣还，工程施工过程中不拨付其他价款，只在竣工验收时一次结算扣清。

2. 工程进度拨款

工程进度款是指为了使建筑安装企业在施工过程中耗用的资金及时得到补偿，及时反映工程进度和施工企业的经营成果，按工程进度分期、分阶段予以拨付的工程价款。工程进度拨款原则是工程实际价值与付款额度相对应，并预留未完工程备料款和质量保证金。

3. 竣工结算拨款

工程竣工结算拨款是建设单位向承包单位最后一次支付的工程价款。它是在工程按照合同规定的内容全部竣工、交验合格后，建设单位才能支付。竣工结算价款一经支付，双方合同自动终止，承包单位获得全部工程价款。计算公式为

竣工结算工程价款＝预算（或概算）或合同价款＋施工过程中预算

或　　竣工结算工程价款＝合同价款调整数额－预付及已结算工程价款

工程款的拨付，根据工程规模的大小、投资来源、工期长短，并不完全按预付款、进度付款、竣工结算付款形式支付。工程规模小、工期短的工程，建设单位有时不拨付备料款，而是由承包单位向银行申请贷款或自行垫付，在工程竣工时建设单位一次结算拨付工程全部价款。

工程款支付方式有现金支付和转账支付两种。

现金支付只限于企业发放工资、津贴、差旅费、小额农副产品等部分的价款。其他一切经济活动，只能通过银行进行转账拨款。

二、工程结算

工程结算是承包工程施工的单位，在完成工程任务之后，经验收合格，按照合同规定的条件向建设单位办理工程价款结算。

1. 工程结算方式

根据工程性质、规模、资金来源和施工工期以及承包内容的不同，可将工程结算分为按月结算、竣工后一次结算、分段结算三种形式。在实际工程中，承包合同已规定采用哪种结算方式。

（1）按月结算。即月中预支、月末结算、竣工后清算的办法。跨年度竣工的工程，在年终要进行工程盘点办理年终结算。现行建筑安装工程中，相当一部分是按月结算的。

(2) 竣工后一次结算。即一个建设项目或单项工程全部完工时间在12个月以内，或者工程承包合同价值在140万元以下的，可以实行工程价款每月月中预支、竣工后一次结算的方式。

(3) 分段结算。即开工后当年不能竣工的建设项目或单项工程，可以按照工程形象进度，划分不同阶段进行结算。结算阶段的划分根据实际情况和工程特点确定，并在承包合同中注明。

2. 工程结算方法

按以月结算为例，工程价款的结算方法一般按如下步骤进行：

(1) 承包单位要求进行月中预支，填报"工程价款预支账单"，经批准后方可预支。预支的工程价款应在月终、段末或竣工结算时从工程总价款中扣回。

(2) 每月终了，承包单位应根据当月实际完成的实物工程量以及施工图预算所列工程单价和取费标准，计算已完的工程价值，编制"工程价款结算账单"和"已完工程月报告表"送主管部门，经批准后送开户银行办理结算。

(3) 施工期间，不论工期长短，其结算的工程价款一般不得超过承包合同总价值的95%，建设单位可扣留不超过工程总价5%的尾工款，到工程竣工验收后清算。如承包单位已出具履约保函或交履约保证金的可不留尾工款。

3. 工程竣工结算

工程竣工结算是指一个单项或单位建筑安装工程完工，并经建设单位及有关部门验收交工后，办理的工程价款结算。它是工程的最终造价、实际造价。工程竣工结算后，意味着承包单位与建设单位双方经济关系的最后结束，双方的来往账目结清。

在工程竣工验收后，承包单位要编制"工程结算书"和"工程价款结算账单"。

"工程结算书"是施工单位根据合同造价、设计变更增减项目、各种涉及工程造价变动的资料和施工期间，国家有关政策性费用调整文件编制确定的工程最终造价的经济文件，表示向建设单位应收的全部工程价款。"工程价款结算账单"表示施工单位已向建设单位收取的工程款。"工程结算书"和"工程价款结算账单"编制完成后，送交建设单位审查无误，并征得有关部门审查同意后，建设单位与承包单位共同办理竣工结算手续，进行工程结算。

三、工程竣工决算

工程项目的竣工决算是建设单位向国家汇报建设成果和财务状况的总结性文件，也是竣工验收报告的重要组成部分。竣工决算报告是工程的重要经济档案，是整个建设项目或工程项目从筹建到工程全部竣工的建设费用和文件。它包括建筑工程费用，安装工程费用，设备、工器具购置费用以及其他费用。在正式编制竣工决算报告之前，应对建设项目所有财产和物资进行逐项清仓盘点，核实账物。

按规定竣工决算报告由以下四部分组成：

(1) 竣工决算报告的封面及目录。

(2) 竣工工程的平面示意图及主体工程照片。

(3) 竣工决算报告说明书。包括对工程的总体评价、各项财务和技术经济指标分析、工程建设的经验教训以及有待解决的问题。

(4) 竣工决算报表。包括竣工工程概况表，竣工工程决算表，移交资产、投资及转出工程明细表，竣工工程财务决算表。

总之，工程的实际造价是由竣工决算后确定的。竣工决算是在整个工程竣工结算的基础上进行的，是各施工单位与建设单位之间进行的工程价款最终结算。工程竣工决算费用包括建设单位为建设工程所花费的一些管理费、勘察设计费、土地征用费等。通过竣工决算与设计概算、施工图预算的对比分析，可考核建设成本，总结经验教训，积累技术经济资料，提高投资效果。

复习思考题

1. 什么是建筑工程定额？为什么说劳动定额、材料消耗定额、机械台班使用定额是建筑工程的基础定额？
2. 什么是劳动定额、材料消耗定额和机械台班使用定额？它们的表现形式有哪些？
3. 施工定额与预算定额有何关系？
4. 建筑工程预算费用包括哪些？如何计算？
5. 如何编制建筑工程预算书？
6. 工程结算分为几种？竣工结算与竣工决算有何区别？

第八章　技术经济分析的方法

第一节　技术经济分析的基本概念

一、技术、经济的基本概念

1. 技术、经济的涵义

技术是人类为了满足社会需要，利用自然规律，在改造和控制自然的实践中所创造的劳动手段、工艺方法和技能体系的总和。在这里，技术的含义是广义的。广义的技术可以分为两种：第一种是硬技术，它是根据自然科学原理发展形成的各种操作技巧能力和劳动经验形成的物质手段以及相应的劳动工具和劳动对象。体现为机器、设备、基础设施等生产条件和工作条件的物质技术。第二种是软技术，它是根据自然科学和社会科学原理发展形成的组织和管理、资源占有和配置的方法与能力以及相应劳动者素质。体现于工艺、方法、程序、信息、诀窍、管理能力等非物质技术之中。硬技术、软技术相互结合，在经济中共同发挥作用。

技术应用于生产即成为现实的生产力。随着人类社会的向前发展、人类社会生产实践水平和认识能力的不断提高，科学技术也在迅猛地发展。通过技术可以提高劳动生产率，以较少的劳动投入获得尽可能多的产品。

经济有多种含义，经济可以指社会生产关系的总和，即经济基础；还可以指国民经济及其各部门经济以及物质资料的生产、交换、分配、消费的经济活动；经济还有另外一种含义，即它还表示节约或效益。本章所说经济的含义主要指节约或效益，即用较少的耗费获取较多的有用效果。

2. 技术和经济的关系

在社会发展中，技术与经济之间存在着密切的关系，两者相互影响、相互促进、相互制约，是矛盾的统一体。

(1) 技术和经济之间是相互促进的。

1) 经济发展的需要是技术进步的重要动力和归宿。这是因为任何一项技术从其产生到推广应用都是在经济需求的推动下不断向前发展的；同时，经济的发展又为技术进步提供重要的物质基础，只有具备了相应的经济条件，才能使技术得以向前发展。

2) 技术进步是推动经济发展的强大动力。技术进步给社会经济带来了巨大的影响。技术进步使劳动生产率与资源的配置和使用的效率等得到极大的提高，从而提高了经济效益；技术进步推动了产业结构的变化，因此推动经济结构的变革；技术革命促进生产关系的发展，因而成为推进经济基础变革的动力。有关统计资料表明，发达国家技术进步对国民收入增长速度的贡献，在20世纪初期大约为5%～20%；到了20世纪中期，大约为40%～60%；20世纪末，大约为60%以上。由此可以看出，技术进步是推动经济发展的决定因素。

(2) 技术与经济之间是相互制约的。

1) 技术进步总受一定的经济条件的约束。任何一种先进技术都与经济因素密切相关。也就是说，要想取得预期的经济效果，先进技术的实现离不开一定的资金、劳动等各种有关的经济资源。即技术上的先进性与经济上的合理性必须和谐统一。

2) 要达到良好的经济效果必须以先进的技术为基础。如果技术水平满足不了经济发展的要求，必然对经济的发展产生制约作用。

技术和经济的关系中，经济应占主导地位。技术经济分析就是研究如何最有效地利用技术资源，以促进经济更有效的增长。

二、技术经济分析方法的概念

技术经济分析方法是指可用来解决技术和经济相结合问题的各类方法的总称。

技术经济问题既有微观的问题，又有宏观的问题。微观问题着重分析一个企业的工艺和设备的选择或产品方案的选择、一个建设工程或一个科研项目的评价等；而宏观问题则着重研究整个国民经济的技术经济活动，例如，国家的投资方向、各部门的发展比例和速度、行业和地区的发展规划和策略等。本章主要以技术经济方法分析微观领域的方案选择问题。

常用的技术经济方法主要有两类：第一类是以定性分析为主的方法，称为方案比较法。也就是建立一系列的能够较为全面地反映方案的技术经济效果的指标体系，通过对实现同一目标的不同方案的分析和比较，选择出最优方案。第二类是以定量分析为主的方法，称为数学分析法。即将数学中的相关知识与技术经济方法结合起来，通过建立各种技术经济指标之间的数学模型，经过定量计算或图解分析得出结论。这种以定量分析为基础的数学分析方法可以使研究的结果更加科学，因为定量计算不仅能使与问题有关的因素更加精确化，而且定量计算还有利于发现问题的实质和规律。

但是由于实际中遇到的经济问题是相当复杂的，有很多不确定因素，有些方面的分析根本无法用数量计算，所以定量分析还不能够代替定性分析。在技术经济分析时往往需要把两种方法结合起来，提高定性分析的客观性，使定量分析能够充分反映实际情况。

在本章中，主要从技术经济角度来介绍数学分析法，其中包括盈亏分析法、预测方法、决策方法、价值分析方法。

第二节 盈 亏 分 析

一、盈亏分析的基本原理

进行技术经济分析时，其评价依据的主要数据（如总投资额、建设工期等）带有一定的预测性和估计性，与实际发生的情况可能有出入，使决策结果存在一定的不确定性。盈亏分析就是针对技术经济分析中存在的不确定性因素，分析其在一定范围内发生变化时对经济效益的影响程度的一种分析方法。盈亏分析是技术经济分析中用以分析技术方案的生产规模与盈亏关系的一种方法。它对成本、收入、产量（销售量）之间的关系提供了直观的描述，也称量、本、利分析。它可分为线性盈亏平衡分析和非线性盈亏平衡分析。这里只介绍直线盈亏平衡分析（一元线性盈亏平衡分析）。

1. 产品的成本构成

在对产品进行分析时，按照产品成本与产品产量间的关系，将产品成本的构成分为固定成本、可变成本和半固定成本（半可变成本）。即在产品总成本中，有一部分成本并不随产量的变化而变化，称为固定成本。如固定资产折旧费、行政管理费等。在产品总成本中，有的成本随产量的变化而变化，称为可变成本，如原材料费、运输费和废品损失等都属于可变成本，可变成本通常随产量的增减而成比例的变化。还有一部分成本，虽然也随产量变化，但是并非成比例地变化，称为半固定成本。盈亏分析也因此划分为线性和非线性两类。在财务分析中，一般将半固定成本进一步划分为可变成本与固定成本，因而，产品总成本最终可划分为可变成本和固定成本两类。

2. 线性盈亏平衡分析

当产品成本中的可变成本和销售收入随着产量的增加而成比例地增加，即成本和销售收入与产销量之间呈正比例关系时，称为线性盈亏平衡分析。进行盈亏分析，就是确定出盈亏平衡点，即当产量达到什么水平时，企业正好不盈不亏，因此，盈亏平衡点也就是企业亏损盈利的分界点（保本点）。盈亏平衡点取决于三个因素：固定成本、可变成本和单位产品价格。它们之间的变动关系如下：

如果固定成本增大，则盈亏平衡点随之升高；

如果单位产品可变成本升高，则盈亏平衡点随之升高；

如果单位产品价格升高，则盈亏平衡点降低；

如果单位产品价格与其可变成本的差额较大，则盈亏平衡点降低。

盈亏平衡点越低，说明该项目盈利的可能性就越大，即该项目抵御风险的能力就越强，因此，要综合考虑这三种因素，尽可能使盈亏平衡点保持在较低的水平。

以 Q 表示产量，R 表示销售收入，C 表示生产成本，E 表示企业的利润，F 表示固定成本，V 表示单位产品可变成本，P 表示产品价格，则有下列关系：

$$R=PQ$$

$$C=F+VQ$$

$$E=R-C=(P-V)Q-F \tag{8-1}$$

在盈亏平衡点处，利润为零，即

$$R=C,\quad PQ=F+VQ$$

则盈亏平衡点产量为

$$Q^*=\frac{F}{P-V} \tag{8-2}$$

Q^* 表示企业盈亏平衡时的产量，即保本时的最小产量。企业的产量大于 Q^* 时，可盈利；产量小于 Q^* 时，就要亏损。

线性盈亏平衡分析除了可以用上述式子来表示之外，还可以用图 8-1 来表示。

由图 8-1 可见，生产成本线与销售收入线相交与一点 O，交点 O 将直线与直线所夹的范围分为两个区，交点 O 左边生产成本线高于销售收入线，为亏损区；交点 O 右边销售收入线高于生产成本线，为盈利区。交点 O，即为盈亏平衡点。该点所对应的产量就是

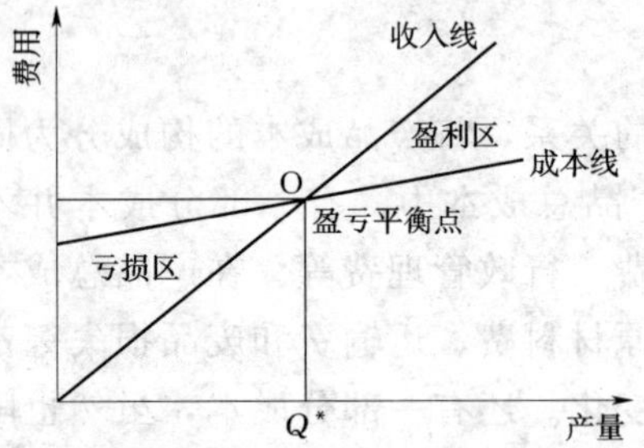

图 8-1　盈亏平衡点

保本点产量，即企业的利润为零时的产量。

二、线性盈亏平衡分析应用

1. 单方案的盈亏平衡分析

【例 8-1】　某厂一技术方案生产的产品，据有关资料计算，其单位产品的可变成本为150元，单位产品售价为300元，年固定成本为1000万元，求：

（1）该工厂最低产量应是多少？

（2）如果产品产量为10万件，那么每年的获利又是多少？

（3）如果要求预期利润达到100万元，则产量应达到多少？

解：（1）求盈亏平衡点的产量 Q^*：

已知：固定成本 $F=1000$ 万元；单位可变成本 $V=150$ 元；单位产品售价 $P=300$ 元。由式（8-2）得

$$Q^*=\frac{F}{P-V}=\frac{10000000}{300-150}=66667\text{（件）}$$

所以，该工厂的最低产量为66667件。

（2）若产品产量为10万件，由式（8-1），年获利润为

$$E=(P-V)Q-F=(300-150)\times100000-10000000=500\text{（万元）}$$

也就是说，当产品产量达到10万件时，每年可获利500万元。

（3）若预期利润达到100万元，则产量应为

$$Q^*=\frac{E+F}{P-V}=\frac{1000000+10000000}{300-150}=73333\text{（件）}\tag{8-3}$$

即当产品产量达到73333件时可获利100万元。

2. 多方案的盈亏平衡分析

如果有两种或两种以上的可以相互代替的方案，其成本函数取决于同一个变量时，根据盈亏平衡原理，就可以确定出该变量的某一个数值，恰能使对比方案的成本相等，该变量的所对应的这一确定值，即为方案的优劣平衡点。

如有若干个可相互代替的方案，则首先建立成本函数：

方案一的成本函数　$C(x_1)=f_1(Q)$

方案二的成本函数　$C(x_2)=f_2(Q)$

方案三的成本函数　$C(x_3)=f_3(Q)$

……

要求对每两个方案分别求解，找出两个方案的优劣平衡点，然后再进行比较，最终确定出最经济的方案。在比较具有相同经济目标的若干方案时，一般考虑选择盈亏平衡点较低的方案，因为这样的方案预示风险较小；而不宜选用盈亏平衡点较高，即风险较高的方案。需要强调的是，选择最优方案不仅仅要考虑风险的大小，还要综合考虑其他因素，如技术

的先进性、生产的可能性、效益的大小等，经综合分析比较以后，才能进行决策。

【例 8-2】 有一土方工程，由于所采用的机械化程度不同，现有两种不同的方案可供选择，参数见表 8-1。试对两种方案进行盈亏平衡分析。

表 8-1 两种方案的比较

方 案	固定成本（万元）	单件可变成本（元/m^3）
一	1000	50
二	2500	20

解：当土方工程量为万 m^3 时，两种方案所需的成本相同。

建立成本函数：

方案一 $C(x_1)=1000+50x$

方案二 $C(x_2)=2500+20x$

令 $C(x_1)=C(x_2)$，则有

$$1000+50x=2500+20x$$

得 $x=50$（万 m^3）

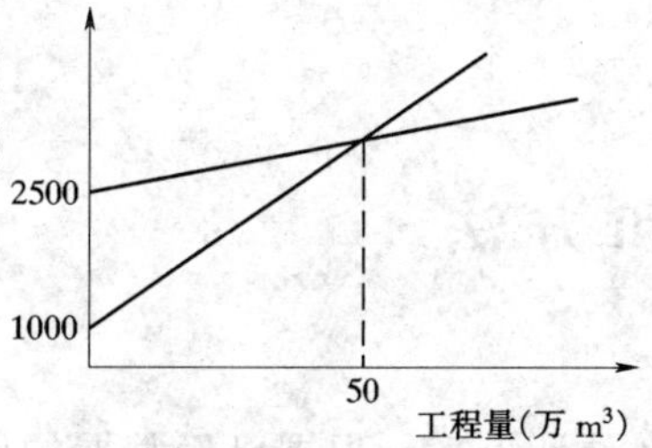

图 8-2 两方案的总成本线

经过上述分析计算并根据成本函数绘制两种方案的总成本线（见图 8-2）。从图 8-2 中可以看出，当土方工程量小于 50 万 m^3 时，选用方案一较为经济；当土方工程量大于 50 万 m^3 时，选用方案二较为合理。

【例 8-3】 建设某个工厂有三种方案：

方案 A：从国外引进生产设备，需要固定成本 700 万元，单位产品可变成本为 9 元。

方案 B：采用一般的国产自动化装置，需要固定成本 400 万元，单位可变成本为 11 元。

方案 C：采用自动化程度较低的生产设备，需要固定成本 200 万元，单位可变成本13 元。

试对上述三种方案进行盈亏平衡分析。

解：根据已知条件，设 x 万件为预计产量，建立各方案的成本函数：

方案 A $C(x_A)=700+9x$

方案 B $C(x_B)=400+11x$

方案 C $C(x_C)=200+13x$

可以看出三种方案的成本函数都以产品产量为唯一的变量，各方案的总成本线如图 8-3所示。

方案 A、B、C 的成本线交于三个点，对应于横轴上的坐标分别为 x_{AB}、x_{AC}、x_{BC}。具体计算如下：

令 $C(x_A)=C(x_B)$，则有

$$700+9x=400+11x$$

$$2x=300$$

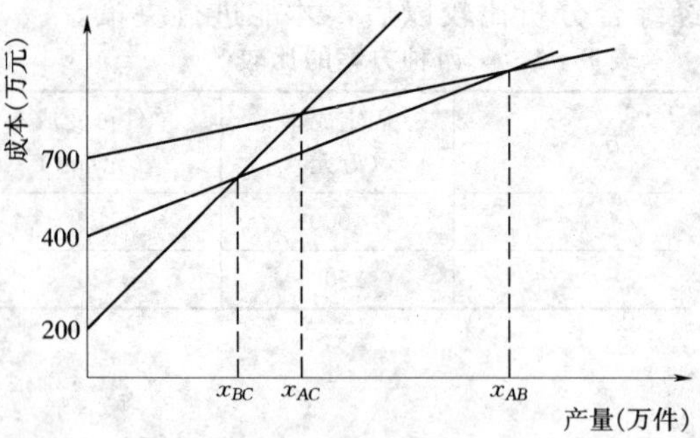

图 8-3　三种方案成本线

$$x_{AB}=150$$

令 $C(x_C)=C(x_B)$，则有

$$200+13x=400+11x$$

$$2x=200$$

$$x_{BC}=100$$

令 $C(x_A)=C(x_C)$，则有

$$700+9x=200+13x$$

$$4x=500$$

$$x_{AC}=125$$

从图 8-3 可以看出，三种方案适用的产量范围是不相同的。

当产量小于 100 万件时，方案 C 的成本最低；

当产量为 100 万～150 万件时，方案 B 成本最低；

当产量大于 150 万件时，方案 A 成本最低。

最后应结合投资和其他条件综合选择可行方案。

第三节　预测的作用和方法

一、预测的概念

预测就是对未来的预计和推测，是根据历史和现实来预计未来。根据已经掌握的历史和现实的客观资料、信息，经过定性、定量分析，从中找出事物发展的客观规律，对未来事物发展的趋势作出科学的分析。

二、预测的分类和特点

预测是一门实用性很强的应用科学，当前已经广泛应用于技术、经济等各个领域。按照不同的划分标准预测可以划分为不同的类型。

(1) 按预测的时间长短可划分为长期预测（一般为 5 年以上）、中期预测（一般为 1～5 年）和短期预测（一般以月、季或年为期限）。

(2) 按预测的方法划分，可分为定性预测和定量预测两种。定性预测是根据调查所得的信息资料，依靠人的经验、知识和能力，运用逻辑推理的方法，对未来的变化趋势进行预测。定量预测是根据较为系统的历史资料信息，通过建立一定的数学模型，对未来的发展趋势作出科学的预测。

(3) 按预测的对象划分，可分为科学发展预测、技术预测、经济预测等。

(4) 按预测的范围划分，可分为宏观预测和微观预测。

预测的类型虽然很多，但各种类型的预测都是根据已知推测未知，都是经过定性定量的分析计算对未来作出的估计。因此，它们都有下列特点：即科学性、近似性和局限性。其中科学性是指在调查和收集到的较为系统的资料信息的基础上采用适当的方法进行预测，可以得到事物未来的变化趋势，基本反映了事物发展的客观规律；近似性是指对未来的估计和预测，总要受到各方面因素的影响，因此，预测结果总会与未来实际发生结果存在一定的偏差；局限性由于预测时资料掌握得不够全面和准确，或在建立某数学模型时简化了某些条件和因素，导致预测结果具有一定的局限性。

三、预测的作用

(1) 预测是制定和执行规划，决定技术和经济发展方向和速度的重要依据。在编制中长期规划时，事先都应有一个定性或定量的估计。

(2) 科学的预测是作出正确决策的基础和前提。通过对方案在实施过程中可能遇到的各种情况进行科学的预测，为正确选择方案和作出决策提供可靠的依据。尤其在市场经济中，为了降低风险，增加方案的可靠性，预测起着重要的作用。

四、预测的方法

1. 定性预测方法

定性预测法简单易行，但通常带有局限性，精度不高。一般用于数据资料不足或不完全依靠数据进行决策的情况。常用的定性预测方法有：专家会议预测法、专家个人预测法和特尔菲法。其中，特尔菲法是一种应用较为广泛的定性预测方法，是20世纪40年代末期由美国兰德公司提出的一种专家预测法。这一方法的特点是：一方面要发挥专家们的集体智慧，另一方面又要避免专家会议的缺点。该方法采取背靠背地发表意见的方式，以便把心理因素的影响降低到最低限度，然后再将各个专家的不同意见进行分析处理，并且反复征求意见，最后形成比较客观的预测结果。

特尔菲法的预测步骤如下：

(1) 挑选专家。挑选与预测问题相关的专家时，要注意专家的学科领域、知识结构的不同。

(2) 就提出的征询问题，收集专家们的意见，并对各种意见进行整理、统计。

(3) 将整理统计的结果反馈给专家，再次征询并收集整理专家们的意见，如此反复多次。

(4) 作出预测结论。经过多轮的反复征询意见，对专家意见进行统计分析和综合，得出最后的预测结论。要求专家意见的概率分布符合或接近正态分布。

2. 定量预测方法

定量预测方法主要有时间序列预测法和回归分析法。时间序列预测法属于历史资料延伸性预测，简单易行，通常用于短期预测。它包括简单平均法、加权平均法和移动平均法。下面就来介绍这几种方法。

(1) 简单平均法。当预测对象变化不大时使用较为合理。该方法根据过去一定历史时期内各个时期的历史资料，求其算数平均值作为预测数据。

简单平均法的计算公式为

$$\overline{x} = \frac{\sum_{i=1}^{n} x_i}{n} = \frac{x_1 + x_2 + x_3 + \cdots + x_n}{n} \tag{8-4}$$

式中　$\overline{x}$——预测的算术平均值；

x_i——第 i 时段的数据；

n——资料数或期数。

（2）加权平均法。在简单平均法中，认为所有的统计数据的重要性是完全相同的。实际上统计数据中近期的数据能够更多地反映当前的变化趋势，即越是近期的统计数据在计算中所占的比重越大，因此，对不同时期的统计数据应设置不同的权数，这样预测结果才能比较准确。

加权平均法的计算公式为

$$Y=\frac{\sum_{i=1}^{n}w_ix_i}{\sum_{i=1}^{n}w_i} \tag{8-5}$$

式中　Y——观测值的加权平均值；

x_i——第 i 期的数据；

w_i——第 i 期的权数。

加权平均法的关键是合理地确定权数，一般根据经验来确定。

（3）移动平均法。移动平均法是以算术平均法为基础逐步发展的，这种方法是根据近期资料并考虑事物发展趋势来进行预测的。

其具体做法是：把已知数据根据数据点划分为若干段，然后，再按数据点的顺序逐点推移，逐点求其平均值。也就是说，移动平均法是按数据点的顺序，逐点推移。例如，按四个数据一组进行分段，第一段是 1、2、3、4 数据点，第二段是 2、3、4、5 数据点，等等，按照这种方法推移下去。以期最后得到一组具有较明显趋势的新数据。由于它具有时间上的滞后性，一般多不用于直接预测，而是根据一次和二次移动的平均数，先建立移动平均预测模型后再进行预测。

移动平均法的计算公式为

一次移动平均值：

$$W_t^{(1)}=\frac{X_t+X_{t-1}+X_{t-2}+\cdots+X_{t-N+1}}{N} \tag{8-6}$$

式中　$W_t^{(1)}$——第 t 周期的一次移动平均数；

t——周期数；

X_t——第 t 周期的数据；

N——分段数据点数。

二次移动平均值：

$$W_t^{(2)}=\frac{W_t^{(1)}+W_{t-1}^{(1)}+W_{t-2}^{(1)}+\cdots+W_{t-N+1}^{(1)}}{N} \tag{8-7}$$

式中　$W_t^{(2)}$——第 t 周期的二次移动平均数；

其他符号意义同前。

【例 8-4】　某企业过去 15 年的销售收入见表 8-2。计算其一次及二次移动平均数。

表 8-2　　某企业 15 年的销售收入

年份	1980	1981	1982	1983	1984	1985	1986	1987	1988	1989	1990	1991	1992	1993	1994
周期	1	2	3	4	5	6	7	8	9	10	11	12	13	14	15
销售收入（万元）	168	217	265	285	294	296	316	356	406	421	434	445	450	512	520

解： 已知 $t=15$，取时段长 $N=5$，根据上面公式计算 $W_5^{(1)}$、$W_6^{(1)}$、…，则

$$W_5^{(1)}=\frac{168+217+265+285+294}{5}=245.8$$

$$W_6^{(1)}=\frac{217+265+285+294+296}{5}=271.4$$

$$\vdots$$

根据一次移动平均值，计算二次移动平均值 $W_9^{(2)}$、$W_{10}^{(2)}$、…，则

$$W_9^{(2)}=\frac{245.8+271.4+291.2+309.4+333.6}{5}=290.24$$

$$W_{10}^{(2)}=\frac{271.4+291.2+309.4+333.6+359.0}{5}=319.2$$

$$\vdots$$

计算成果见表 8-3。

表 8-3　　移动计算结果

年份	周期	年销售收入（万元）	一次移动平均值（万元）	二次移动平均值（万元）
1980	1	168		
1981	2	217		
1982	3	265		
1983	4	285		
1984	5	294	245.8	
1985	6	296	271.4	
1986	7	316	291.2	
1987	8	356	309.4	
1988	9	406	333.6	290.24
1989	10	421	359.0	319.20
1990	11	434	386.6	335.96
1991	12	445	412.4	360.20
1992	13	450	431.2	384.56
1993	14	512	452.4	408.32
1994	15	520	472.2	430.96

(4) 回归分析法。在某些领域里，常常看到有些变量与变量之间存在着一定的相关关系。回归分析是一种从事物变化的因果关系出发的预测方法。也是处理变量与变量之间关系的数学方法，所以，预测精度较高。回归分析法分为一元回归分析（两个变量）和多元回归分析（三个和三个以上的变量）两种。按函数的形式可分为线性回归（一次函数）和非线性回归（两次或两次以上函数）两种。下面主要研究一元线性回归，它的理论可以推广到多元线性回归中。

采取回归法进行预测应该注意的是统计数据的多少决定着预测的可靠程度。一般说来，收集到的历史数据应至少在20个点以上。

一元线性回归分析法的工作程序如下。

1）建立一元线性回归模型。根据已知若干组 X_i 与 Y_i 的历史统计数据，在直角坐标系上描绘出各组数据的散点图，然后求出各组数据点距离最小的直线，即预测回归直线。直线方程为

$$Y=a+bX \tag{8-8}$$

式中　Y——因变量；

X——自变量；

a、b——回归系数。

2）根据最小二乘法原理，由已知样本数据求出回归系数 a、b。确定回归方程 $Y=a+bX$。计算公式为

$$a=\overline{Y}-b\overline{X} \tag{8-9}$$

$$b=\frac{\sum X_iY_i-n\overline{X}\,\overline{Y}}{\sum X_i^2-n(\overline{X})^2} \tag{8-10}$$

其中

$$\overline{X}=\frac{\sum X_i}{n} \tag{8-11}$$

$$\overline{Y}=\frac{\sum Y_i}{n} \tag{8-12}$$

$\overline{X}$ 是 n 个实际点 X_i 的平均值，$\overline{Y}$ 是 n 个实际点 Y_i 的平均值。

3）根据已经确定的回归方程 $Y=a+bX$，把 a、b 作为已知数，并与具体条件相结合再去确定 X、Y 等值的未来演变。

4）计算相关系数 r，进行相关检验。

要检查预测的可靠程度，即回归直线 $Y=a+bX$ 的拟合程度，可以采用相关系数来进行。计算公式为

$$r=\frac{\sum X_iY_i-n\overline{X}\,\overline{Y}}{\sqrt{[\sum X_i^2-n(\overline{X})^2][\sum Y_i^2-n(\overline{Y})^2]}} \tag{8-13}$$

式中符号意义同前。

$0\leqslant|r|\leqslant1$，$|r|$ 越接近于1，说明 X 与 Y 的相关性愈大，预测结果的可信度就越高。

【例8-5】　某建筑公司连续12年的预制构件计划销售量与实际销售量两者之间存

在相关关系，具体统计资料见表 8－4。试用回归分析法预测，如果计划销售量为 100 万件时，实际的销售量为多少。

表 8－4　　某建筑公司连续 12 年预制构件计划销量与实际销量情况　　单位：万件

序　号	年　份	计划销售量	实际销售量	序　号	年　份	计划销售量	实际销售量
1	1981	13	15	7	1987	65	45
2	1982	24	21	8	1988	71	48
3	1983	35	29	9	1989	76	53
4	1984	42	30	10	1990	82	58
5	1985	54	38	11	1991	88	63
6	1986	58	44				

解： 首先应计算出回归系数 a、b 的值。可根据式（8－9）、式（8－10）计算。计算过程也可以借助表格形式进行，见表 8－5。

表 8－5　　计　算　过　程　　单位：万件

序　号	年　份	计划销售量 X_i	实际销售量 Y_i	X_iY_i	X_i^2
1	1981	13	15	195	169
2	1982	24	21	504	576
3	1983	35	29	1015	1225
4	1984	42	30	1260	1764
5	1985	54	38	2052	2916
6	1986	58	44	2552	3364
7	1987	65	45	2925	4225
8	1988	71	48	3408	5041
9	1989	76	53	4028	5776
10	1990	82	58	4756	6724
11	1991	88	63	5544	7744
Σ		608	444	28239	39524

根据表 8－5 可得

$$\overline{X}=\frac{\sum X_i}{n}=\frac{608}{11}=55.27\text{（万件）}$$

$$\overline{Y}=\frac{\sum Y_i}{n}=\frac{444}{11}=40.36\text{（万件）}$$

则

$$b=\frac{\sum X_iY_i-n\overline{X}\,\overline{Y}}{\sum X_i^2-n(\overline{X})^2}$$

$$=\frac{28239-11\times55.27\times40.36}{39524-11\times3054.77}=\frac{28239-24562}{39524-33602}=\frac{3677}{5922}=0.621$$

$$a=\overline{Y}-b\overline{X}=40.36-0.621\times55.27=40.36-34.32=6.04$$

得到回归方程为

$$Y=a+bX=6.04+0.621X$$

当计划销售量为100万件时，利用回归分析得到的预测结果为

$$Y=6.04+0.621X=6.04+0.621\times100=68.14(\text{万件})$$

也就是说当计划销售量达到100万件时，预测的实际销售量为68.14万件。

第四节　决　策　方　法

一、决策的基本概念

1. 决策的含义

决策就是为了实现某一定目标，在一定的约束条件下，通过正确的分析、判断，从多种可行方案中选择一个最佳方案过程。

决策是一个提出问题、分析问题、解决问题的系统分析的过程。决策是技术经济分析中一个重要的组成部分，技术方案的择优和技术政策的制定，都要涉及到一系列的决策问题。正确的决策产生正确的行动，能够取得好的经济效益。错误的决策就会产生错误的行动，造成严重的后果。所以，决策是行动的基础，是企业经营的重点，也是管理过程的核心。合理的决策是整个经营工作的核心和基础。

2. 决策问题的构成

构成一个决策问题，一般应必须具备下列条件：

(1) 决策要有一个明确的目标。因为决策是为了达到一定的目的，寻找到解决问题的方法。

(2) 决策要有两个或两个以上可供选择的可行方案。

(3) 存在着决策者无法加以控制的两个以上的自然状态。

(4) 不同方案在各自然状态下的收益或损失可以定量地表示出来。

(5) 决策者对各种自然状态的发生的可能，有的是可以肯定的；有的虽然不能肯定其是否发生，但可能发生的概率大体可以估算出来；有的既不能肯定是否发生，也不能预计其可能发生的概率。

3. 决策的步骤

通常，决策过程一般应包括以下几个基本步骤：

(1) 确定决策目标。决策前应首先要明确想要解决的问题和最终要达到的目标，这是决策的出发点和归宿。

(2) 收集所需信息。只有在充分收集掌握大量可靠信息的基础上，才能作出科学的预测。

(3) 拟定可行方案。根据所确定的目标和预测的结果，综合考虑各方面影响因素，提出各种可行方案。

(4) 进行方案评价。对于拟定的各可行方案，根据所确定的目标和评价标准进行分析评判。

(5) 选择最优方案。根据前面分析结果，从各可行方案中选择一个最优方案。

4. 决策问题的分类

按照对各种自然状态的认识和掌握的程度不同，决策问题一般可划分为以下三种类型：

(1) 确定型决策。是指在自然状态的发生为已知的情况下进行的决策。

(2) 非确定型决策。是指决策者对各种自然状态是否发生，事先不能确定，即可能发生，也可能不发生，并且对各种自然状态可能发生的概率也无法预计。

(3) 风险型决策。也叫随机型决策或统计型决策。是指在未来几种自然状态中究竟哪种自然状态出现，不能肯定，但各种自然状态出现的可能性（概率），可以事先估计出来，这种情况下作出的决策称为风险型决策。

各种自然状态发生的概率为

$$1 \geqslant P(Y_j) \geqslant 0$$

$$\sum_{j=1}^{n} P(Y_j) = 1 \tag{8-14}$$

式中 Y_j——自然状态；

$P(Y_j)$——Y_j 发生的概率；

n——自然状态数目。

二、决策方法

1. 确定型决策

这种类型的决策问题较为简单，一般采用直接择优法。

【例 8-6】 假设某工程项目建设需要一批原材料，有两种方案可供选择：

方案一：购买当地的原材料，所需经费 20 万元。

方案二：购买外地的原材料，所需经费 40 万元。

为使成本最低，应选择哪一种方案？

解： 在此例中，自然状态是已知的，如果其他条件基本相同，通过比较，很容易判断第一种方案成本最低，为最优方案。

但是，在实际工作中，确定型决策问题不一定都像例 8-6 那么简单。如果可供选择的方案数量很大，尽管自然状态的发生状况为已知，但是要想从中选择出最优方案来也不是很容易的。比如，出于某种需要，要从一个城市到另外 10 个城市巡回活动一次，这样，可以选择的路线就有 10×9×8×7×6×5×4×3×2×1＝3628800 条。在这个决策型问题中，如何选择出最短路线，则必须借助于线性规划的数学方法才能解决。

2. 非确定型决策

常用的决策方法有以下几种：

(1) 最大收益值最大准则。又称为大中取大法。这是一种较为冒险的方法。具体方法是先找出各种方案最大收益值，然后，再从这些最大收益值中选取最大收益所对应的方案作为最优方案。

(2) 最小收益值最大准则。又称为小中取大法。这是一种较为保守的方法。具体做法是先找出各种方案的最小收益值，然后，再从这些最小收益值中选择最大的，以所对应的方案作为最优方案。

（3）后悔值准则。又称为最小最大后悔值法。后悔值是在每种自然状态下，其最大收益值与采取其他方案的收益值之差。具体做法是先计算出各种自然状态下各种方案的后悔值，然后，找出各方案的最大后悔值，再从这些最大后悔值中选择最小值，这个最小的最大后悔值所对应的方案即为最优方案。

（4）概率相等准则。假定各种自然状态出现的概率相等，计算出各方案的收益值平均数，选取平均收益值最大的方案。

3. 风险型决策

风险型决策常用的准则有最大可能法、最大期望值法和决策树法。

（1）最大可能法。对于一个事件来讲，其概率越大，发生的可能性就越大。具体做法是取概率最大自然状态下最大损益值对应的方案为最优方案。

（2）最大期望值法。通过计算各行动方案在各种自然状态下的期望值，选择最大（收益期望值）或最小（损失期望值）的方案作为最优方案。

期望值计算公式为

$$1 \geqslant P_i Y_i \geqslant 0$$

$$V = \sum_{i=1}^{n} Y_i P_i (i = 1,2,3,\cdots,n) \tag{8-15}$$

式中　V——期望值；

Y_i——出现第 i 种情况下的损益值；

P_i——第 i 种事件发生的概率。

表 8-6　两种方案每年损益值及自然状态

自然状态	概　率（%）	大车间（万元）	小车间（万元）
销路好	80	100	30
销路不好	20	−40	20

【例 8-7】　为了生产某种产品现有两种方案（表 8-6）：

方案一：建设规模大的生产车间，需要投资 300 万元；

方案二：建设小规模的生产车间，需要投资 150 万元。

两方案的使用期限均为 10 年，试计算两方案的期望值。两种方案的每年损益值及自然状态见表 8-6。

解：方案一的期望值为

$$100 \times 0.8 \times 10 + (-40) \times 0.2 \times 10 - 300 = 420\ (万元)$$

方案二的期望值为

$$30 \times 0.8 \times 10 + 20 \times 0.2 \times 10 - 50 = 130\ (万元)$$

显然建大车间较为合适。

（3）决策树法。决策树是解决风险型决策问题的一种主要方法。前面两种决策方法是以损益值表为基础进行计算分析的。这样的表称为决策表。但是，这种决策表在进行单级决策时简单有效，如果遇到多级决策问题就较为困难了，这种情况下就需要运用决策树方法。

1）决策树的结构。根据例 8-7 的资料来说明决策树的结构，如图 8-4 所示。

决策树是以方块和圆圈作为节点，并由直线连接而成一种树枝状结构。图中方块称为

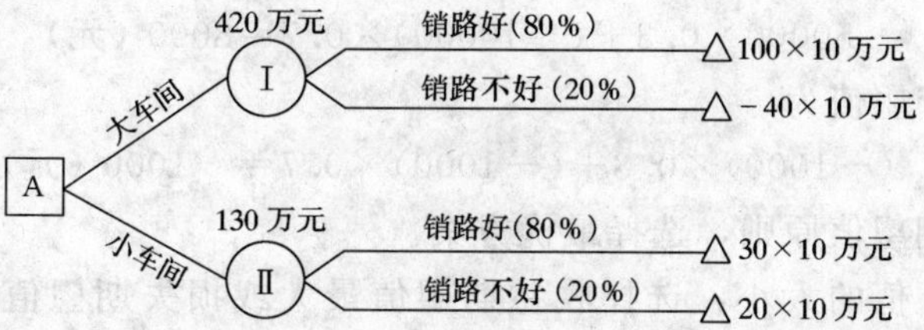

图 8-4　决策树结构示例

决策点；由决策点引出若干条直线，每条直线代表一个方案，称为方案分枝；在方案分枝的末端画个圆圈，称为方案节点，在方案节点上方把计算出来的各方案的期望值标注上供最后决策用；由它引出的若干线条表示不同的自然状态，叫做概率分枝，在每条概率分枝上注明自然状态及其概率；在概率分枝的末端画个小三角，称为结果点，在结果点后面要标明在不同自然状态下的损益值。由于整个图形像棵树，所以形象地称为决策树。决策树就是把各种可供选择的方案和可能出现的自然状态及其产生的结果，都简明地绘成一张树枝网状形图，便于分析研究。

2）决策树的应用。运用决策树进行决策的过程是从右向左，逐步后退。具体步骤为：首先，根据结果点的损益值及概率分枝的概率，计算出各方案的期望值的大小；然后，按照期望值准则，确定出最优方案。

下面通过例题来说明决策树的用法。

【例 8-8】　有一项高空作业，施工管理人员需要决定下月是否开工。如果开工后天气好，则可以按期完工，获利 50000 元；如果开工后天气不好，就要造成 10000 元的损失；假如不开工，无论天气好还是天气不好，都要损失 1000 元。根据过去的统计资料，下月天气好的概率是 30%，天气不好的概率为 70%。试用决策树的方法为施工管理人员作出决策。

表 8-7　例 8-8 两种方案情况

自然状态	概率（%）	行动方案	
		开工（元）	不开工（元）
天气好	30	+50000	-1000
天气不好	70	-10000	-1000

解：第一步：根据题意，将自然状态、概率和行动方案列成明细表，见表 8-7。

第二步：根据表 8-7 所列的情况，绘制决策树，如图 8-5 所示。

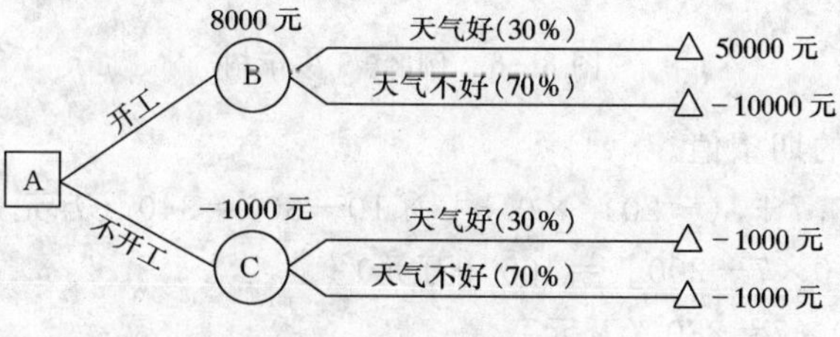

图 8-5　例 8-8 决策树

第三步：计算各方案的期望值。

开工方案的期望值为

$$50000\times0.3+(-10000)\times0.7=8000\text{（元）}$$

不开工方案的期望值为

$$(-1000)\times0.3+(-1000)\times0.7=-1000\text{（元）}$$

第四步：根据期望值原则，选择最优方案。

也就是根据期望值的大小，选择收益期望值最大或损失期望值最小的方案为最优方案。本题应该选择收益期望值最大的方案，即开工方案。

【例 8-9】 某地区为满足某种产品的市场需求，拟规划建厂，在可行性研究中，提出了三个方案：

（1）新建大厂，需投资 300 万元。据初步估计，销路好时每年获利 100 万元，销路不好时每年亏损 20 万元，服务期限 10 年。

（2）新建小厂，需投资 140 万元。销路好时每年可获利 40 万元，销路不好时仍可获利 30 万元，服务期限为 10 年。

（3）先建小厂，3 年后若销路好再进行扩建，投资 200 万元，每年可获利 95 万元，服务期限为 7 年。

根据市场营销形势预测，产品销路好的概率为 70%，销路不好的概率为 30%。试用决策树法进行决策。

解：（1）根据题意画出决策树，如图 8-6 所示。

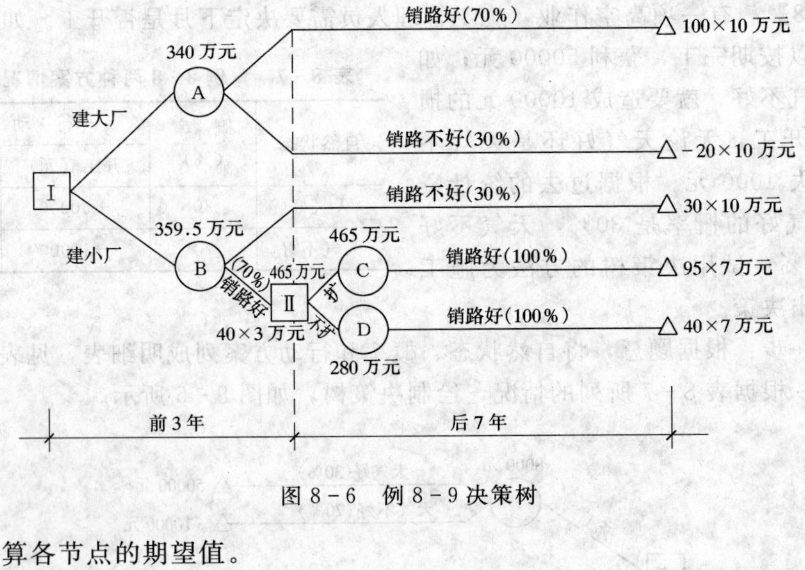

图 8-6　例 8-9 决策树

（2）计算各节点的期望值。

节点 A：$[100\times0.7+(-20)\times0.3]\times10-300=340$（万元）

节点 C：$[95\times1.0\times7-200]=465$（万元）

节点 D：$40\times1.0\times7=280$（万元）

在决策点 B：节点 C 的收益期望值比节点 D 的收益期望值大，可以看出在决策点 B，应选择新建小厂、3 年后再进行扩建的方案。

节点 B：[40×0.7×3＋（95×7－200）×0.7＋30×0.3×10]－140＝359.5（万元）

(3) 选择最优方案。根据节点 A 与节点 B 的收益期望值相比较，可知节点 B 的收益期望值要大些，所以，最优方案应为先建小厂、3 年后销路好再进行扩建的方案。

三、灵敏度分析

在风险型决策问题的决策过程中，人们对自然状态概率的估计和对各方案损益值的预测都不可能与实际完全吻合，所以就存在着误差问题。因此，需要对自然状态的概率值的微小变化进行分析，也就是事先让概率有一个微小的变化，反复计算期望值，分析是否会影响最优方案的选择。这种分析就是灵敏度分析。

灵敏度的分析主要作用是，经过对数据做合理变动后，计算出的期望值对方案决策并无明显影响，表明所选择的方案是较为稳定的；如果对数据做合理变动后，影响到了对最优方案的选择，则说明方案的可靠性比较差，需要进行进一步的分析，使决策建立在比较稳定可靠的基础上。

【例 8-10】 以例 8-8 的提供的资料为例，对该决策问题进行灵敏度分析。

解：根据计算所得的结论，下月天气好的概率为 30%，天气不好的概率为 70%，开工方案为最优方案。

如果对数据作合理变更，即将下月天气好的概率由 30%变为 25%、将下月天气不好的概率由 70%变为 75%时，开工方案是否仍为最优方案？

重新计算各方案的期望值。

开工方案的期望值为

$$50000\times0.25+(-10000)\times0.75=5000\text{（元）}$$

不开工方案的期望值为

$$(-1000)\times0.25+(-1000)\times0.75=-1000\text{（元）}$$

根据期望值的计算，仍然选择开工方案为最优方案。说明天气好的概率由 30%变为 25%、天气不好的概率由 70%变为 75%时，对方案的选择没有产生显著的影响。

继续变换数据，如果将下月天气好的概率由 25%变为 10%、将下月天气不好的概率由 75%变为 90%时，对最优方案的选择又会有何影响？

再重新计算各方案的期望值。

开工方案的期望值为

$$50000\times0.10+(-10000)\times0.90=-4000\text{（元）}$$

不开工方案的期望值为

$$(-1000)\times0.10+(-1000)\times0.90=-1000\text{（元）}$$

根据期望值的计算，在这种情况下，两种方案的损失期望值分别为 4000 元和 1000 元，所以，应该选择不开工方案。

为了计算出天气好的概率究竟变化到什么值时，即会对最优方案的选择产生显著的影响，可以利用求转折概率的方法，来计算这一数值。

以 P 代表天气不好的概率，$(1-P)$ 代表天气坏的概率，计算两个方案的期望值，并使之相等，即

开工方案的期望值为

$$50000(1-P)+(-10000)P$$

不开工方案的期望值为

$$-1000(1-P)+(-1000)P$$

令两者相等，则有

$$50000(1-P)+(-10000)P=-1000(1-P)+(-1000)P$$

$$60000P=51000$$

$$P=85\%$$

所求出的85%就叫做转折概率，当天气不好的概率$P>85\%$时，不开工方案为最优方案；当天气好的概率$P<0.85$时，开工方案为最优方案。

在实际工作中，往往需要把概率值、损益值等在可能发生的误差范围内做几次变换，计算不同条件下的各方案的期望值，并进行比较。分析这种变化是否会影响到最优方案的选择。这样通过灵敏度分析，能够进一步提高方案决策的可靠性。

第五节　价值分析原理

一、价值分析的基本概念

1. 价值分析的含义

价值分析是在第二次世界大战后，由美国通用电气公司的麦尔斯（Lawrence D. Miles）首先创建，20世纪50年代在美国推广使用，到70年代，世界各国一致认为价值分析是提高产品功能、降低产品成本的有效技术。价值分析又叫做价值工程，它是一种技术经济分析的科学方法。价值分析是研究如何以最少的人力、物力、财力和时间来实现产品必要功能的技术经济分析方法。

2. 价值分析中的价值的含义

在价值分析中，价值是说明产品的成本与功能关系的，可以用下式来表示：

$$V=\frac{F}{C} \tag{8-16}$$

式中　V——价值；

F——功能；

C——成本。

价值分析中，价值的含义是指产品的功能与为获得这种功能所支出的成本之间的关系。其中，功能是指产品的有用效果，也就是通常所说的使用价值，成本是指生产产品所必须支付的费用。式（8-16）说明价值的高低取决于功能的大小和成本的高低。功能大、成本低，则价值就高；成本高、功能差，价值就低。

提高价值有以下几种途径：

（1）通过改进设计，提高功能，降低成本。

（2）通过改进设计，提高功能，成本不变。

（3）通过改进设计，功能不变，成本降低。

（4）通过改进设计，功能有很大的提高，成本稍有提高。

(5) 通过改进设计，功能稍有降低，成本有较大提高。

二、价值分析的实施步骤

价值分析的实施过程，实际上是发现问题、分析问题、解决问题的过程。其工作程序为分析、综合、评价三个阶段。

价值分析的具体实施步骤如下。

1. 选择价值分析对象

(1) 选择价值分析的对象是进行价值分析的首要问题。通常对象选择的应按下列基本原则进行：一要选择在成本降低、功能改进方面潜力较大的产品或零部件；二要选择在生产经营上迫切需要改进的产品。

(2) 在具体选择对象时，一般应从下列条件中选择：

1) 在设计上要选择技术水平低、结构复杂、原材料贵、重量大、尺寸大、性能较差的产品。

2) 制造上要选择生产量大、工艺复杂、原材料消耗高、占用关键设备工作量大的产品。

3) 在成本方面应选择占成本比重大、成本高的产品和零部件。

4) 在产品发展方向上，应选择正在研发或快要投入市场的产品。

5) 在产品销售方面应选择竞争能力差、利润少、需要巩固和扩大市场的产品。

2. 收集情报资料

确定价值分析的对象后，就要围绕其展开调查研究和情报资料的收集工作，以便提出改进方案。在收集资料时，首先要确定收集资料的目的，明确收集的范围，然后选择翔实可靠的资料源。资料收集的大致内容应包括以下四个方面，即销售和使用方面的信息；最新的科学技术动态及发展方向；相关的经济分析资料；企业的相关情况。同时资料的收集还应兼顾数量和质量两个方面。

3. 进行功能分析

功能分析是价值分析的核心，是价值分析活动的重要环节。功能分析的主要目的就是要用最少的成本去实现必要的功能，寻找最优方案的途径。也就是通过功能分析可以弄清楚产品各功能之间的关系，舍去不必要的功能，调节功能间的比重，使产品的功能更趋于合理化。

功能分析的过程一般包括功能定义、功能整理和功能评价。

(1) 功能定义。功能定义是指用简明准确的语言对作为价值分析对象的产品、部件和零件的功能加以描述。进行功能分析时，首先要对功能下定义，这样可以限定功能概念的内容，明确功能概念的本质，以便于其他的功能概念相区别，这为今后提出改进方案提供准确的依据。除了对产品的总体功能给予定义外，对构成产品的部件或零件的功能也要下定义。往往对产品认识越深刻、理解越全面，对产品的功能的描述就越简明准确。

(2) 功能整理。功能整理是指根据一定的逻辑，将定义了的功能加以系统化，明确它们的关系，以正确体现用户所要求的功能。价值分析的一个重要目的就是在大量定义了的功能中把握住必要功能。为实现这一目标就必须进行功能整理。在功能系统内部各功能之间的关系有两种：一种是目的和手段关系；另一种是并列关系，如图 8－7 所示。

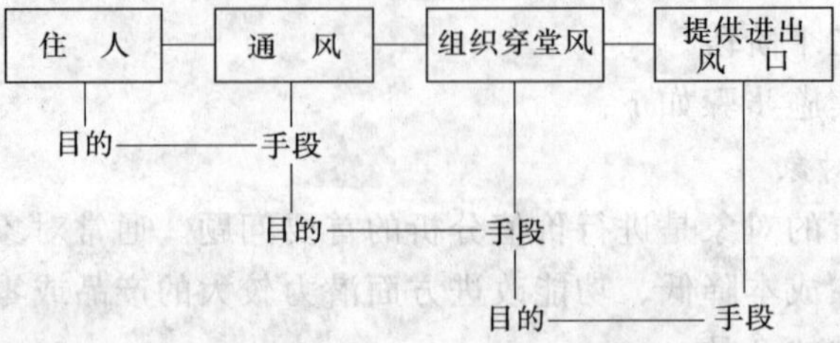

图 8－7　功能的相互关系

功能整理的过程可以用图形来表示称为功能系统图，就是将功能按照对象功能得以实现的功能逻辑关系排列起来，并列关系就并排排列；目的、手段关系，按照目的功能在左，手段功能在右，最基本功能排在最左端的原则，即可绘出功能系统图，如图 8－7 所示。下面结合图形来说明功能整理的具体步骤。

1）明确产品的基本功能和辅助功能，并把产品的最基本功能找出来排列在左端，称为最上位功能。

2）明确各功能之间的关系。即各功能之间是目的和手段关系，还是并列关系。目的手段关系就是上下关系，并列关系就是各功能处于同等地位，都是为了实现同一目标而必备的条件。

3）绘制功能系统图。图 8－8 是功能法系统图的一般形式。

图 8－8 中，图 F_0 是整个产品的最基本功能，也就是最上位功能，F_1、F_2、F_3 是几个并列功能，同时也是 F_0 的下位功能；F_{11}、F_{12}、F_{13} 是 F_1 实现的手段，也是 F_1 的下位功能；F_{21}、F_{22}、F_{23} 和 F_{31}、F_{32}、F_{33} 分别是 F_2 和 F_3 的下位功能。

通过绘制功能系统图，能够清楚地看出每一个功能在全部功能中的作用和地位，便于发现不必要的功能，从而找出提高产品价值的途径。

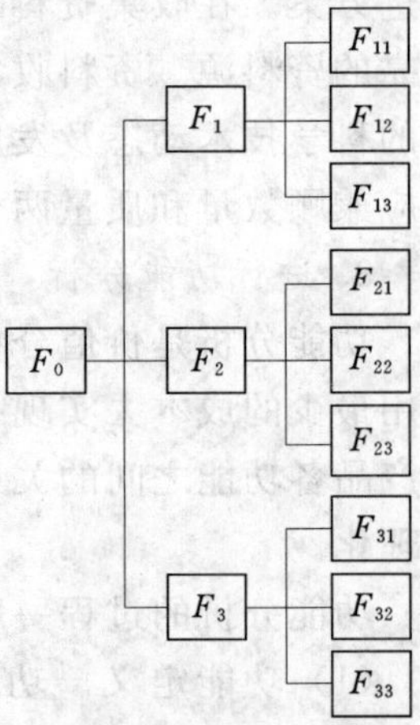

图 8－8　功能系统图的一般形式

（3）功能评价。功能评价就是对产品和零部件在各自的范围内的功能大小进行定量评价。功能评价的目的是分析研究功能的大小及其价值，找出低价值的功能区域，明确需要改进的具体功能范围和大致了解降低成本的可能性。

功能评价的方法有两大类：一类是功能评价系数法；另一类是功能成本法。本节重点介绍功能评价系数法。

功能评价系数法又称相对值。这类方法中的各零部件的价值系数为功能评价系数与成本系数的比值，即

$$价值系数(V_i)=\frac{功能系数(F_i)}{成本系数(C_i)} \tag{8-17}$$

$$成本系数(C_i)=\frac{每个零部件的实际成本}{全部零部件的实际总成本} \quad (8-18)$$

式中　成本系数（C_i）——每个零部件的实际成本与组成产品的全部零部件的总成本之比。

功能评价系数（功能系数 F_i）就是指按功能评价系数法的规定，对分析对象的零部件重要程度进行一一对应的评分，然后把各零部件的得分进行累计，除以全部零部件的总分所得到的值。即

$$功能系数(F_i)=\frac{某零部件的得分累计}{全部零部件的得分总和} \quad (8-19)$$

利用价值系数进行功能评价的具体步骤如下：

1）计算功能评价系数。首先将各零部件按其功能的重要程度来找出研究对象，将各零部件按其功能的重要程度一一进行比较，两者中相对重要的零件得 1 分，不重要者得零分。每一个零件与其他比过一轮，得出各自的重要性评分。每一个零件的得分数与总分（产品各零件得分之和）的比值叫做该零件的功能系数，见表 8-8。

表 8-8　功 能 评 价 系 数

分析对象（零件名称）	A	B	C	D	得分 f_i	功能系数 F_i
A	—	1	0	1	2	0.33
B	0	—	0	1	1	0.17
C	1	1	—	1	3	0.50
D	0	0	0	—	0	0
合计					6	1.00

在表 8-8 中，功能评价系数 F_i 为

$$F_i=\frac{f_i}{\sum f_i} \quad (8-20)$$

在分析对象中，最重要的零件是 C，最不重要的是 D。

2）计算成本系数 C_i。成本系数 C_i，即为各零件目前的成本与零件总成本（各零件目前成本的总和）之比。即

$$C_i=\frac{c_i}{\sum c_i} \quad (8-21)$$

式中　c_i——某零部件的目前成本。

3）最后，计算出各零件的价值系数 V_i。即为功能系数与成本系数之比：

$$V_i=\frac{F_i}{C_i}$$

如表 8-8 中 A、B、C、D 的成本分别为 90、50、130、15，则它们的成本系数 C_i 和价值系数 V_i 见表 8-9。

4）根据价值系数进行分析。通过上面计算可以看出，价值系数存在三种情况：

a. 价值系数小于 1，即评价系数小于成本系数。说明该零部件在成本上占了很大比重而其功能并不重要，此类零部件应该作为重点研究对象，如零件 B。

b. 价值系数大于1，即评价系数大于成本系数。说明分配给该零部件的成本低而且该零部件比较重要，这种情况下要注意由于分配的成本很低而导致该零件功能未能完全实现。

c. 价值系数等于1。说明该零部件在功能上所占的比重同其在成本上所占的比重基本匹配，可以不作为重点改进对象，如零部件A。

表 8-9　　成本系数和价值系数

零部件	功能得分 f_i	功能系数 F_i	目前成本 c_i	成本系数 C_i	价值系数 V_i
A	2	0.33	90	0.32	1.03
B	1	0.17	50	0.18	0.94
C	3	0.50	130	0.45	1.11
D	0	0	15	0.05	0
合　计	6	1.0	285	1.00	

4. 制定和评价改进方案

经过功能分析和评价确定了价值分析对象与目标成本之后，应根据具体结果制定改进方案并使之具体化。

制定和评价改进方案的具体过程分以下两个步骤：

(1) 要根据所期望达到的目标和所掌握的信息资料，充分发挥主观能动性，勇于创新，设计构思出尽可能多的改进方案。

(2) 评价方案。对所制定的改进方案进行综合评价，并进行方案择优。一个技术方案的优劣取决于诸多因素，如技术上是否可行，经济上是否合理，是否有较好的社会效益等。所以，对于方案的评价应该综合考虑各方面的情况之后，再来确定方案的综合效果。一般来讲，技术方案的评价应该包括以下几个方面：技术评价、经济评价、社会评价等。

常用的进行方案评价的定量方法如下：

(1) 加法评分法。就是将评价项目按照实现程度先划分成若干等级，并确定出各个等级的评分标准，然后对方案的评价项目逐一打分，再将各方案的各项得分相加，根据总分的多少来评价方案的优劣。总分最高的方案为最优方案。该方法简单易行。

(2) 价值系数评价法。应用该方法对方案进行评价时，具体步骤如下。

1) 用评分法对产品功能的重要性进行评分，确定出各功能的评分 f_i。

2) 仍用评分法对各方案满足各项功能的程度进行评分，充分满足的给高分，依次递减，该分值叫做满足系数 S_i。

3) 求出各方案的功能总分。即将各方案的每一功能的评分 f_i 与其相应的满足系数 S_i 相乘，对乘积再求和，该和值叫做各方案的功能总分。

4) 求各方案的价值系数 V_i。首先根据各方案的功能总分求出每个方案的功能系数 F_i；根据各方案的成本求出每个方案的成本系数 C_i；两者的比值即为价值系数 $V_i = F_i/C_i$。

5) 进行方案评价。按照各方案的价值系数的大小来评价方案的优劣，一般价值系数最大的方案为最优方案。

6) 改进方案的实施和检查。方案评价后选出了最优方案，然后进行实施，发现问题，及时解决。

【例 8-11】　有一产品具有四种功能（A、B、C、D），现在有四种可供选择方案。其中，方案一的成本为 50 万元，方案二的成本为 48 万元，方案三的成本为 53 万元，方案四的成本为 56 万元，试用价值系数法来对各方案进行评价。

解：计算过程见表 8-10。

表 8-10　　价值系数计算表

产品功能	A	B	C	D	方案功能总分 $\sum f_i$	方案功能系数 F_i	方案成本（万元）	方案成本系数 C_i	方案的价值系数 V_i
功能评分	3	4	1	2					
方　案	满足系数								
一	3	4	3	1	30	0.252	50	0.241	0.046
二	1	4	4	2	27	0.227	48	0.232	0.978
三	3	4	2	3	33	0.277	53	0.256	0.082
四	4	3	1	2	29	0.244	56	0.271	0.900
合　计					119	1.000	207	1.000	

根据计算，最优方案应为方案三，因为方案三的价值系数最高。

三、选择价值分析对象的方法

常用的选择价值分析对象的方法有以下几种。

1. ABC 分析法

ABC 分析法又称为帕累脱（Pareto）分配律法。意大利经济学家帕莱脱通过研究资本主义财富的分配，发现 80％的财富集中在 20％的人手中，并绘出了分配曲线，如图 8-9 所示。

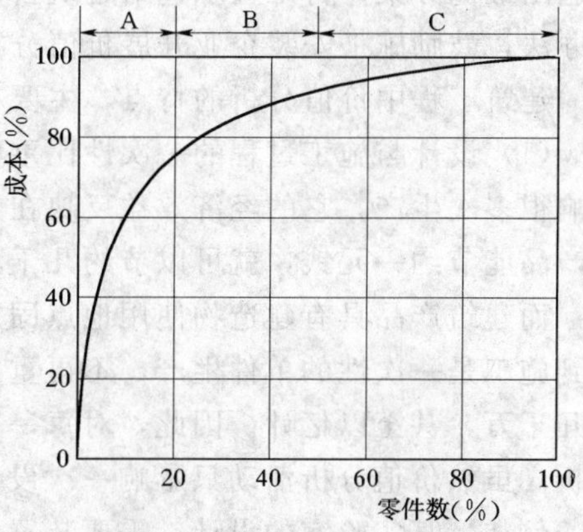

图 8-9　资本主义财富分配曲线

据统计，对于建筑产品来说，其成本的分配也并不是均匀的分摊在每一个分项工程上的，成本的分配规律也大致服从上述规律。在选择价值分析对象时把建筑产品分为 A、B、C 三类。

A 类指大约占全部分项工程总数 10％～20％的一些主要分项工程，其成本要占建筑产品总成本的 60％～80％；C 类指 60％～80％的分项工程的成本却占总成本的 10％～20％的分项工程，也就是说这部分数量最多，但所占的成本最少；其余的分项工程的数量及成本都较低，则划为 B 类。

在进行价值分析时应把 A 类作为主要分析对象，因为这一部分所占成本最大，是提高产品价值的关键因素；B 类可以根据实际情况列为一般分析对象；C 类数目最多，所占成本比重又很小，如要进行价值分析，则工作量很大而且成本降低的潜力也很有限，所以这类因素一般不作为价值分析的对象。

2. 价值系数法（01 评分法）

当一种产品由较多零件组成，且各种零件的成本又相差不多，价值分析对象不易确定时，则可按各零部件的重要程度来找出研究对象。此法称价值系数法（01 评分法）。基本方法同前，这里就不再介绍了。

第六节　价值分析在建筑工程中的应用

一、建筑工程中进行价值分析的特点

价值分析在建筑工程中应用，要比制造行业晚得多。直到 1970 年美国科学院、联邦建筑委员会、建筑研究咨询委员会联合召开会议，才研究在建筑工程中应用价值工程的问题。日本在 1970 年首次召开“建筑工程 VE 讨论会”，之后成立了建筑业“VE 研究会”。

价值分析在建筑工程中应用的难度比较大，这是由建筑业的生产及其产品的技术经济特征所决定的。每座建筑物的用途、规模、施工条件各不相同，不适于大批量重复生产，使价值分析的应用受到限制。国外对建筑工程的价值分析，常常采用双管齐下的办法。设计部门组织价值分析小组，从分析各项功能入手，提出问题，设计多种方案，经过价值分析选出最优方案；将工程承包给建筑公司时，在契约中规定由于改进原设计方案的利润分成办法，鼓励施工安装企业开展价值分析。

建筑工程中价值分析的特点，主要有以下两方面：

（1）设计与施工过程的一次性比重大。在制造工业中，改革产品的设计，一次改革能影响很多次生产，它的经济效益反映在几千件乃至几百万件产品上。通过价值分析，若每件产品能节约一元钱，就可以节约几千元甚至几百万元。

而建筑产品具有建造物使用地点固定性的特点，许多工业或民用建筑工程项目，从设计到施工是一次性的单件生产，不再重复进行。但每一项建筑工程的费用少则几十万，多则几千万，甚至以亿计。因此，对每一项建筑工程，特别是耗资巨大的工程，应开展价值分析。虽然价值分析活动只影响一次设计和施工，但其节约的投资额常常是很大的。

例如，某实验室的设计，需要装置一架探查铸件内损的设备。为了保护实验室周围不受 X 射线波及，设计了一座 2m 厚、5m 高的马蹄形钢筋混凝土的防护建筑物，建造费用 5 万美元。经过价值分析，明确 2m 厚的钢筋混凝土墙的主要功能是防护，而不是荷载和外观等功能的要求，因此修改原设计，改用厚土墙。结果，建筑费用由 5 万元降为 5000 元，节约率达 90%。

随着建筑工业化的发展，建筑产品手工业生产的方式正逐步改变。工厂大批量生产的建筑构件、配件，住宅日益增多，施工现场机械化装配工作量增加，其生产方式与制造业比较接近了。因此，要对建筑工程批量生产的构件和配件，以及住宅标准等从设计标准、材料供应、生产工艺、运输、吊装、使用，寻求降低成本的可能，积少成多，就可取得显著的经济效益。

（2）影响建筑物总费用的部门和工种多工业产品的价值分析，一般在研究所或工厂的设计、公司的发展部门进行。而建筑工程所涉及的部门和工种相当多，进行任何一项工程的价值分析，都需要组织各有关方面参加，发挥集体的智慧才能取得成效。但在实际工作

中，常常是各部门各工种各行其是，只图本单位的节约和少数人的方便。反而使总费用增加，使用功能不能保证或是过剩，使价值降低。

影响建筑物总费用的工种，有的比重大，有的比重小，一般情况是建筑工种影响总费用最大，其次是结构和水、暖工种与机械设备工种，再次是电气工种。各工种彼此之间相互影响，但主要是受建筑工种的影响。因为，建筑工种是决定建筑物使用性质、建筑标准、平面和空间布局的工种。

图 8－10 为某高层建筑各工种影响总费用比重和各工种之间相互影响的程度。

另外，建筑物的生命周期很长，使用期间费用大，所以在进行价值分析时，应按整个生命周期来计算全部费用。既要求降低造价（一次性投资）；又要求在使用过程中节约经常性费用，还要求尽可能延长其使用年限。

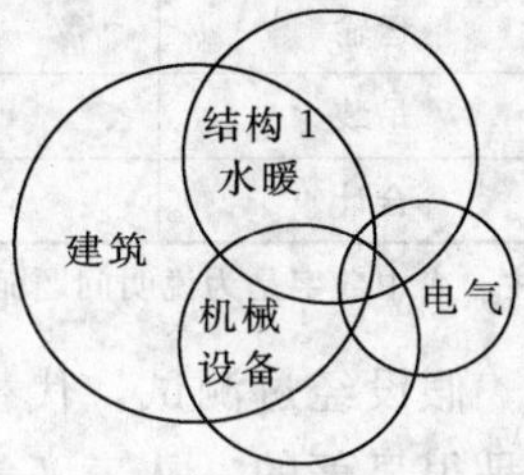

图 8－10　工种与费用的相互关系图

二、实例简介

北京市大模板高层住宅外墙板的价值分析。

1. 选择价值分析的对象

北京市用大模板工艺建造了一批高层住宅楼，分析其造价，发现结构造价占土建工程的 70%，而外墙造价占结构造价的 1/3，但外墙体积在结构混凝土总量中只占 1/4。从造价的构成上看，外墙是降低造价的主要矛盾，应作为价值分析的主攻目标。

2. 功能分析

通过调研和功能分析，可以明确回答下列问题。

a. 在大模板住宅建筑体系中，外墙的功能是什么？

答：作为受力部件，抵抗水平力；作为围护部件，挡风防雨，隔热防寒。

b. 这种外墙用什么材料做成？

答：配钢筋的陶粒混凝土墙板。

c. 规格尺寸如何？

答：长×高×厚＝330cm×290cm×28cm，重量约 4t，净面积 $73m^2$。

d. 有几道生产工序？成本如何分配？

答：在构件厂预制板材，300 元，占 87%；专用拖车运到工地，30 元，占 87%；塔式起重机吊装，15 元，占 4.3%。

e. 有哪些可供选择的代替方案？

答：现浇混凝土贴钙塑保暖板；加气混凝土拼装整间大板；玻璃纤维增强水泥复合板。

3. 评价代替方案

经过建筑师、结构工程师、混凝土制品工艺技术人员和工人、施工技术人员和工人、材料供应人员，以及预算人员的共同分析后，选定以膨胀珍珠岩做保暖层的玻璃纤维增强水泥复合板，作为优先考虑的代替方案。并拟定产品规格为长×高×厚＝630cm×290cm×12cm；重量约 5t，净面积 $13m^2$。

生产工艺及成本分配预计为构件厂预制板材，320 元，占 93.3%；专用拖车运到工地，8元，占2.3%；塔式起重机吊装，15元，占4.4%。

代替方案与原方案的成本比较，见表8-11。

表8-11　　成本比较

成本项目	原方案（元）		替代方案（元）	
	每块墙板净面积 7.3m²	每平方米墙面成本	每块墙板净面积 13.8m²	每平方米墙面成本
板材预制	300	41.10	320	23.19
运输	30	4.11	8	0.58
吊装	15	2.05	15	1.09
合计	345	47.26	343	24.86

注　表中数字是为说明问题而假设的。

假设经过测试，代替方案的物理能和力学性能都可满足要求，那么代替方案的经济效益是很显著的。从表8-11中可看出，每平方米墙体可节约成本47.26元－24.86元＝22.4元，节约率高达47.4%。据此，建议采用该代替方案。

复习思考题

1. 技术经济的含义是什么？
2. 如何理解技术和经济的关系？
3. 技术经济分析方法可以划分哪两类？
4. 盈亏分析的含义是什么？
5. 什么是产品构成？
6. 什么是盈亏平衡点？
7. 什么是预测？
8. 预测可分哪些类型？
9. 预测有几种方法？
10. 决策的含义是什么？
11. 构成决策问题需要哪些条件？
12. 什么叫灵敏度分析？
13. 什么叫价值分析？
14. 提高产品价值途径是什么？
15. 如何选择价值分析对象？
16. 价值分析的核心是什么？

第九章 建筑业的管理

第一节 建筑业管理的基本概念

一、企业管理概念

1. 管理的产生

凡是许多人在一起共同劳动，都必须有管理。“一个单独的提琴手是自己指挥自己，一个乐队就需要乐队指挥。”如建设工程的项目管理，从拟建一项工程开始，包括项目的可行性研究、规划、勘察设计、施工，到竣工验收（销售）以至售后服务的整个过程中，所进行的计划、实施和控制等活动，均称为管理。

2. 企业管理

企业管理是按照生产资料所有者的利益和意志，对企业的生产经营活动所进行的决策与计划、组织与指挥、控制与协调、教育与激励，从而保证企业生产经营活动的正常顺利开展，获得最佳社会经济效果，实现企业的管理观念、目标和任务。其范畴包括生产管理和经营管理。

3. 企业生产经营活动

企业的生产经营活动，包括两大部分：

(1) 企业内部生产活动。包括基本生产、辅助生产、生产准备和生产服务等活动。对其管理称为生产管理。

(2) 涉及企业外部流通领域的活动。包括投入前的承揽工程，采购材料、机具、招聘职工、收集信息，产出后的销售和售后服务等活动。对其管理称为经营管理。

二、建筑业企业类型

为了发展工程总包与分包新的行业管理体制，建设部于1995年10月6日以第48号令发布了新的《建筑业企业资质管理规定》(以下简称《规定》)，其中对建筑业企业类型规定分为：工程施工总承包企业、施工承包企业和专项分包企业三类。并对各自的承包能力和专业业务活动范围，作了以下规定：

(1) 工程施工总承包企业是指从事工程施工阶段总承包活动的企业，应当具备施工图设计、工程施工、设备采购、材料订货、工程技术开发应用、配合生产使用部门进行生产准备直到竣工投产等能力。

(2) 施工承包企业是指从事工程施工承包活动的企业。

(3) 专项分包企业是指从事工程施工专项分包活动和承包限额以下小型工程活动的企业（注：文件规定“限额以下小型工程的范围，由省、自治区、直辖市人民政府建设行政主管部门确定”）。

文件对建筑业企业资质等级作出了规定：即，工程施工总承包企业资质等级分为一级、二级；施工承包企业资质等级分为一级、二级、三级、四级。对企业资质等级实行分级审批，一级企业由国务院建设行政主管部门审批；二级以下企业，属于地方的，由省、自治区、直辖市人民政府建设行政主管部门审批。直属于国务院有关部门的，由有关部门审批（以上行政主管部门统称资质管理部门）。对企业资质实行动态管理，按企业资质等级标准进行资质审查，根据情况的变化，企业资质等级可升级、降级，以及吊销资质证书等。《规定》还强调指出：所称建筑业企业资质是指企业的建设业绩、人员素质、管理水平、资金数量、技术装备等。

另外，对于大型、中型、小型建筑业企业的划分国家也有了新的标准，对我国过去多年沿用的按企业职工人数划分大型、中型、小型建筑业企业的做法予以了取消。根据国家统计局最近颁发的《建筑企业统计指标解释》的规定，今后采用“建筑业总产值”和“生产用固定资产原值”两项经济指标来考核划分企业。具体标准为大型土建企业总产值达5500万元，生产用固定资产原值1900万元；中型企业前项为1900万～5500万元，后项为1100万～1900万元；小型企业前项为1900万元以下，后项为1100万元以下。大型安装企业建筑业总产值4000万元，生产用固定资产原值1500万元；中型安装企业前项为1500万～4000万元，后项为800万～1500万元；小型安装企业前项为1500万元以下，后项为800万元以下。新划分标准突出了建筑业企业的主业部分，不再包括附属构件生产等产值，同时固定资产原值也限于生产用固定资产部分，以促使企业进一步提高施工能力。此外，无论是安装或土建企业，大中型企业的资质等级必须是二级以上。

三、企业管理的任务和作用

1. 企业管理的任务

总的来说，企业管理的任务是完善生产关系和组织发展生产力，研究与解决生产、技术和经济工作中的矛盾，实现技术进步，提高经济效益，为社会和为人民提高物质文化生活水平，提供适用产品，为国家提供财富，把企业办成两个文明的现代化企业。具体如下：

（1）根据客观规律，包括经济与技术活动规律的要求和社会主义建设的需要，确定建筑企业的管理观念、发展方向和战略目标。

（2）根据企业管理的性质和社会生产力发展的要求，改革和完善建筑企业管理制度。

（3）在国家政策和计划指导下，正确处理本企业与国家、与其他企业、与职工之间三个关系，以及与消费者（用户）、资金提供者和地区社会间的关系。

（4）运用科学的管理理论、方法和手段，加强计划、生产、技术、物资、劳动、财务等业务管理，并结合经济工作做好思想政治工作，提高管理的科学水平。

（5）分析研究生产经营活动的诸因素，协调它们之间的关系，创造条件全面完成国家计划，满足社会需要，努力提高企业的经济效益。

2. 企业管理的重要性

由于现代科学技术的飞跃发展，建设规模愈来愈大，专业分工愈来愈细，综合性愈来愈强。一项大型工程或若干项工程的综合施工，需要投入几十个工种，几百个工序，上千种材料、机具，我们已不能只用旧的组织管理经验来办事。例如日本只用23年走完了欧美国家50年走过的路，其总的劳动生产率在1965～1970年间平均增长了14.2%。原联邦德国早在20世纪50年代末就提出了“经济科学化”的方针，1976年其总的劳动生产率达到了增长9.2%的较高水平。这两个国家取得如此成就的重要原因之一，就是在发展科学技术的同时，重视并不断加强科学管理。

3. 企业管理的作用

企业管理的重要作用主要有以下四个方面：

（1）企业管理是取得企业最佳经济效益的重要途径。加强企业管理，合理组织生产力，能主动地处理各种生产关系，可以把生产经营活动中各个互相影响、互相制约的因素协调起来，使有利的因素即优势得到充分发挥，并使不利因素转变为有利因素，获得最佳经济效益。凡是先进企业都证实了这一点。管理出高效、优质、低耗。

（2）企业管理是加速实现社会主义现代化和物质文明的有力手段。通过科学管理，充分挖潜革新，合理使用技术和装备，能使同样的人力、物力、财力，取得更大的经济效益，满足社会和人民的物质文化需要，为国家提供更多的积累。

（3）企业管理是建设高度社会主义精神文明的重要措施。通过有效的智力开发和思想建设，促使科、教、文和思想政治素质的提高。

（4）企业管理是巩固和发展社会主义制度的重要条件。通过管理有助于解决生产力与生产关系的矛盾，促进生产力发展，巩固公有制和完善社会主义制度。

四、企业管理职能

科学管理先驱者法约尔首先提出计划、组织、指挥、协调、控制等五职能说，以后又有“三职能”、“四职能”、“七职能”等，相互有共同之处。这里从四个方面介绍具体职能。

1. 计划与决策

计划是首要的职能，决策是计划的前提，没有计划职能就谈不上其他管理职能。企业的经营生产活动，应在国家政策、法规指导下，根据市场需求，坚持以提高经济效益为中心，经过综合平衡，确定经营生产目标，制定中长期、年季度计划和各项主要的技术经济指标及落实计划的措施。制定计划必须进行各种预测，在多种可能方案中选优决策。

2. 组织与指挥

组织是为了实现企业、部门和职工承担的目标任务，需要进行静态组织设计，动态的组织调整和组织变革的决策，使企业建立既有民主又有集中的领导体制，形成高效、有力的经营、生产、技术协调统一的指挥系统，保证企业的人、财、物、机械、资金和方法等生产经营要素有效结合，获得优质低耗的建筑产品。

3. 监督与控制

施工企业经营生产任务往往是“一次性”的经营生产活动，新的工程任务不断循环往复，各项专业职能管理处于动态系统之中，必须建立良好的管理信息系统，加强施工项目管理的监督与控制，对照目标、计划、规章制度和产品规范、标准，使各项管理处于有计划地控制之中，确保目标的优化。

4. 教育与激励

教育在现代化管理中，显示了愈来愈重要的地位。它担负着包括企业文化、职业道德和技术进步在内的“两个精神”文明建设的重要职责。企业通过教育与激励职能的发挥，去调动企业一切积极因素，发挥广大职工当家作主的精神，不断提高职工的政治思想水平和技术业务水平，加强民主管理，落实各项经济责任制，奖勤罚懒，贯彻按劳分配原则。

除上述四个方面的管理职能之外，根据施工企业坚持“现场第一，服务第一”的原则，服务是施工企业必须具备的管理职能，各专业职能部门应做好为施工现场和工程项目管理服务的工作。另外，在企业管理的全过程中，各种管理职能的发挥应当形成动态管理的系统机制，适应市场环境的变化，承受来自于外部的压力和冲击，企业决策者具有承担风险的能力。

五、企业管理的构成及其关系

建筑企业的活动主要是生产经营活动。企业的目的就是企业管理的目的，即为满足社会的需要，产品（商品）生产要达到时间上快、数量上多；质量上精度高、功能好；经济上成本低、资金省。也就是常说的要达到高效、优质、低耗三个生产目标。

为了进行生产活动，必须投入人力（Men）、材料（Materiais）、机械（Machines）、资金（Money）和方法（Methods）五个生产要素。

随着我国经济体制的改革，建筑企业生产的建筑产品也属于商品经济范畴，必然与社会流通领域相联系，并进入流通领域。随之而产生的对社会的和建筑市场的需求分析，任务、资源的供求预测，生产经营的决策，承揽工程项目，以至销售和售后服务等活动，称之为经营活动。

这样，由市场、预测、决策和承包到投入五个生产要素，再到产出三个目标，以至销售（交工）和售后服务，就构成了产品（商品）的生产经营由流通到生产再到流通的整个循环，而且这个循环是周而复始的。在每个循环中，对各个因素（市场、预测、生产要素、目标等）必须进行相应的管理，这些管理就构成为整个企业管理。

计划管理、质量管理和成本管理，是达到生产目标的最基本且必要的三大管理，也就是企业管理的三大支柱。这三大管理又称为一次性管理，见表9-1。

表9-1 企业三大生产目标和三大管理

内 容	目 标	管 理
进度	快	计划管理
质量	好	质量管理
经济	省	成本管理

计划、质量和成本，这三项管理并非孤立存在，而是相互联系的。通常，工程进度与成本的关系为：进度快、数量多，单位成本就低，但是突击赶工成本反而增高；成本与质量的关系为：质量好，成本就高；进度与质量的关系为：进度快，突击赶工，则质量下降。一个建筑产品同时要最快、最好、最省，这是不可能的。因此，快、好、省之间是辩证统一的关系，应综合考虑。一般情况下，管理应满足工程质量和工期两个条件，着眼于在计划和控制工作中尽可能达到经济。特殊情况下，若对工期有特殊要求，应以保证工期为目标，并应收取赶工费作为补偿。而当优质时，应是优质优价。

生产要素的管理包括劳务管理、材料管理、机具管理、资金管理和技术管理等，称为二次性管理。

经营活动即在流通领域里的活动的管理，包括企业的市场、预测、决策、承包、销售等项管理。

第二节　建筑业的体制改革

一、建筑业管理体制存在的主要问题

20 世纪 80 年代初期，建筑业体制改革作为城市经济体制改革的突破口，走在了其他行业前面。我国建筑业管理体制改革，以国务院国发〔1984〕123 号文件《关于改革建筑业和基本建设管理体制若干问题的暂行规定》为基本依据，推行了招标投标制、工程监理制、项目法人负责制等一系列改革举措，促进了行业发展。建筑业是一个十分庞大的产业，全行业共拥有企业 10 万余家。从业人员约 3500 万人，约占全球建筑业从业人数的 1/4，是我国国民经济中的重要物质生产部门。但由于客观环境和各种因素的影响，近年来，建筑业管理体制落后了，存在的问题不少，远远不能适应市场经济体制的要求。归纳起来有如下几方面的问题：

(1) 建筑业仍存在着条块分割、行业垄断、地方保护、多头管理、职责不明等现象，不利于建筑市场的规范和建筑业的发展。

(2) 市场主体行为不规范，建设单位、设计单位、施工单位、工程咨询单位作为市场主体，法律意识和法制观念淡薄，主体资格尚不成熟，不规范的行为和现象比较严重，加上政府宏观调控力度不够，有法不依、执法不严、违法不究的现象时有发生，建筑市场比较混乱，工程质量令人担忧。

(3) 招标投标和合同管理制度不完善，存在一些明招暗投、压价发包、阴阳合同、走形式等不正之风，导致弄虚作假和腐败现象，失去了招标投标的公正性和意义。

(4) 缺乏有效的市场运行机制，管理体制不顺，法规不健全，制度不配套，监督约束不力。

(5) 违背客观规律的长官意志、行政命令对公款投资项目造成严重干扰。建筑企业内部以包代管，挂靠现象亦较普遍，项目管理水平有待提高。

这些问题的存在，其后果十分严重，不但可能导致重大经济损失，危及人民生命财产安全，而且在社会上造成恶劣影响，影响政府形象。因此，建筑业管理体制改革是当务之急，刻不容缓。

二、建筑业管理体制改革的思考和建议

长期以来，对于建筑业管理体制改革，存在较大的分歧认识。一方面由于处在变革时期，新情况、新问题、新信息不断涌现，自然引起人们认识上不一致，而理论和政策研究的滞后，现有的部门所有、条块分割的局面，更给建筑业的改革与发展增加了难度。通过对上述存在问题的原因分析和国内外现状调查，我们认为建筑业管理体制的改革，应抓住主要矛盾，从以下几方面着手。

1. 实行建筑行业的归口管理

由于历史原因，我国建筑企业有的是省、部属的，有的是地（市）、县属的，行政隶属关系各不相同，形成条块分割、多头管理、各自为政的局面。建设主管部门与综合管理部门、专业管理部门职能交叉，甚至争审批权、收费权、发证权等，行业与行业之间，地区与地区之间存在着严重的部门保护和地区封锁，不符合建筑产品生产和管理的客观规

律，对建立统一的建筑业管理体制和市场调控体系造成很大干扰。因此，必须加强行业归口管理。一些建筑企业在行政上可能有不同归属，但在业务活动上、在职能管理上，要统一归口。例如行业政策、企业资质审查、招标投标、报建、市场准入制度等，要统一归口到建设主管部门。

工业发达国家和地区建设主管部门的组织机构和名称各不相同。德国是“联邦土地规划、建筑业和城市建设部”，英国是“环境、交通和区域部”，香港特别行政区由“工务局”作为全港的建设主管机构，而美国则没有统一的建筑业管理机构，相应的任务分别划归国防、能源、交通、住宅与城市发展等各部门负责。我国目前设有建设部，各省、自治区、直辖市有相应的建设委员会（或建工局），但行业归口管理工作远远不够。有些省、自治区、直辖市在这方面已积累了一些经验。我们建议，在全国大范围归口管理问题未统一之前，各省、市建设主管部门应根据本地区的实际情况，因地制宜，以地方立法形式，实现地方行政区域内的建筑行业归口管理。

2. 明确政府建设主管部门的职能

探讨社会主义市场经济条件下政府建设主管部门对建筑业的管理职能是机构改革的前提。建筑产品和建筑生产有其特殊性和专业性，参考国外建筑业管理经验，我们认为，建筑业规模和产品生产不能任其在市场经济条件下自由发展。对于建筑产品和生产涉及公众利益，特别是人民生命财产安全和国家利益，政府必须强化并强制管理。对于涉及建筑企业、各市场主体的生产经营等方面的问题，政府应予指导、支持，依法进行宏观调控。政府建设主管部门的主要职能如下：

（1）推动建筑业的整体发展，强调政府的服务职能。工业发达国家和香港特别行政区的建设主管部门有个明显的特点：他们不是站在企业的对立面，不是领导机构，而是服务机构，处处体现其服务职能。

（2）建立统一、开放、竞争的建筑市场，通过制定法规，调整行业发展政策和建立市场准入制度等，实现对建筑市场的宏观调控。

（3）制定建设法规和行业发展政策，运用经济杠杆等手段以建立完善的建设法规体系和严格的执法监督体系，坚持法规先行，依法行政。

（4）充分发挥咨询机构及行业协会在行业管理中的桥梁和纽带作用，专业人士组织和行业协会应是政府主管部门的参谋和助手。

（5）为建筑业企业开拓国际市场提供支持和帮助。

（6）采用专业人士注册制度，项目建设许可制度，承包商、供应商的市场准入制度，生产过程检测、认证制度等，对建筑产品生产过程进行直接监管。

（7）坚持在重点工程、公用事业工程以及政府投资项目中投资主体的核心地位。

（8）提高信息管理水平和管理效率。

（9）工程质量、安全和健康是建设主管部门的永久话题。

3. 建立有效市场运行机制，加强建筑市场的宏观调控和监管

通过市场建立起来的各经济活动组成部分之间内在的有机联系称为市场运行机制。建筑市场的运行机制应建立在统一、开放、竞争的原则之上。市场经济是法制经济，离开法制和宏观调控，市场竞争将是混乱、低效甚至是破坏性的。因此，要建立完善的建设法规

和标准体系，以制约和规范建筑市场各主体的行为，确保建筑市场健康有序地运行和发展。

建筑市场是建筑产品生产过程中形成的各种买卖关系的总和。就建筑市场运行而言，主要包括建筑工程承发包市场和材料设备供销市场两大部分。政府建设主管部门主要对发包方、承包方及中介服务机构的资质，市场信息，招标投标，工程造价等进行管理，严格材料设备准用制度，坚持法规先行，依法行政，廉政高效，提高执法的透明度。

4. 调控行业规模，优化企业结构

我国建筑业从业人数，从1980年不到1000万人，发展到过去的数倍，总量过大，能力过剩，僧多粥少，过度竞争，因此要调控规模，优化结构。通过企业改制与改组，形成三类企业，第一类是总承包企业，第二类是专业分包企业，第三类是劳务分包企业，以提高队伍素质。

5. 强化市场准许制度

在规范和改革建筑市场的过程中，坚持市场准许制度非常重要，包括建立市场主体准入制度；工程建筑技术与管理人员准入制度；工程施工岗位责任制与上岗制度；建筑材料、设备、构件、半成品准用制度；工程质量验收合格试用制度；工程作用许可证制度等。

在建立市场准入制度时，首先要保证制度的科学性、可操作性，同时强调严格执行。要有完整配套措施、处罚办法和监督机制，以维护正常的市场秩序。对于有违规行为者，坚决清除出场，决不能手软。

目前，重点应监控好工程建设技术与管理人员的准入和建筑材料、设备的准用，应制定实施细则和管理办法，确保工程质量。

6. 加强公款投资项目管理

要区分公款投资和私人投资项目，对于私人投资项目，原则上不要管得太多、太细，这是符合市场经济要求的。但我国目前政府投资，集体投资项目占绝大多数，这里应特别注意，有的项目是政府直接投资的（例如公益项目），有的项目是企业或单位投资的，是公款投资项目，另外还有一些是国家控股或参股的项目，这些项目都要实行严格的规范化管理。对于政府直接投资的公益、公用工程项目，应有严格的利益约束和健全的投资责任，并建立健全项目法人责任制，确保投资效益。

公款投资项目的建设，应形成专有的监管队伍，加大执法检查，杜绝与查处腐败现象。

公款投资项目实行建设单位领导终身负责制，不因工作岗位变动等而脱离应担负的责任，以避免工程建设中的政治因素影响。

7. 完善质量安全监督体系

建筑工程质量已影响到我国的经济建设速度并关系到行业的兴衰、企业的命运。因此要特别予以重视，依法治理工程质量。要认真推行项目法人负责制、招标投标制、工程监理制和合同管理制度。不断完善质量监督体系，质量保证体系和质量评价体系，严格质量监督，规范工程监理，具体来说包括以下几项。

（1）理顺政府监督、建设单位（或监理单位）监控、承包单位管理与保证的关系和工作程序。

(2) 政府质量安全监督虽不承担经济责任，但因玩忽职守、滥用职权徇私舞弊，造成的工程质量责任，应承担相应的行政责任和法律责任。

(3) 强化工程监理制度，提高监理人员素质和工程监理水平。

(4) 实施工程质量管理终身责任制。

(5) 健全完善质量法规、标准和评价办法。

(6) 坚持“谁设计谁负责，谁施工谁负责”的原则，确保工程质量与安全。

8. 建立建筑业管理信息网络

建立建筑业管理信息网络，是政府建设主管部门提高管理效率，有效监管工程建设活动和建筑市场交易行为的手段，是依法行政、监察惩治不正之风的重要依据，是引导企业管理发展的基础。

在21世纪，各行业都在研究产业政策和发展战略，制定整体改革方案，以适应形势发展的需要，建筑业更是如此。建筑业管理体制改革，量大面广，制约因素多，有的属于整个国民经济体制改革与调整的大问题，需要一个过程和坚持不懈的努力。在新形势下，我们应尽快统一认识，加大宣传力度，为深化建筑业体制改革创造良好的舆论环境，以促进建筑业的发展，为我国经济建设事业做出更大的贡献。

第三节　建筑企业的经营方式

一、经营方式及其发展

建筑企业的经营方式是指建筑企业向用户、业主（建设单位）或服务对象提供产品或服务的方式；是使企业的生产劳动变为社会劳动的方式；也是组织建筑安装工程所采取的经营管理形式。

经营方式作为经济活动的方式，必然伴随着社会生产的发展、科学技术的进步，引起社会分工的生产专业化和协作综合化而不断演变，不断丰富多样。

我国是世界四大文明古国之一，自古以来就有许多闻名于中外的土木建筑工程的营造，诸如宫室、坛庙、苑囿、官署、府第等。到了12世纪初，即北宋后期，由主管工程的李诫编修了《营造法式》，成为人类工程建筑中的一份珍贵遗产。当时的经营方式是由官府主持征工征料，自行建造的，民间的房屋也是自己营建，这种自营方式至今仍然有着很大影响。

到了16世纪初，即明朝中叶，由于社会的发展，出现了营造商，他们进行工程承包，这比经济发达的西方国家约早一个世纪。从1840年鸦片战以来我国屡遭帝国主义的侵略，连年战祸，建筑业也日趋凋敝，营造厂商不振，但是承发包方式仍有存在。

新中国成立以来，由于种种原因，工程建设的经营方式历经多次变化。即中华人民共和国建国初期多数工程实行承发包制，少数工程实行自营；“一五”时期，中央各部多是自己组织营造，而自营增大；“大跃进”以后取消了承发包制，采取“指挥部”方式、经常费办法等，自营方式占统治地位，造成建筑企业吃大锅饭现象，效果很差。

党的十一届三中全会以来，大力恢复了承发包方式，特别是经济体制改革以来，纷纷试行或实行发包（招标）、承包（投标）制度，使承发包制有了新的活力。

在国外，最典型的是英国，承发包制已经历了五个阶段。

第一阶段：由业主直接组织雇用工匠进行建筑营造。

第二阶段：营造师的出现，作为业主的代理人管理工匠，并担任设计工作。

第三阶段：建筑师的出现，建筑师担任设计，营造师管理工匠，组织施工。

上述三个阶段是按业主自营方式进行工程建设活动的。

第四阶段：承包企业的出现。形成了业主（即发包者）、顾问（即建筑师、工程师，负责规划调查、设计和施工监督）与承包者（施工者），三者既相互独立又相互协作，用经济合同联系起来。设计者除担当施工监督外，往往还承当业主与施工者之间纠纷的调解人。承发包方式出现后，自营方式在国外就几乎不存在了。因为自营方式需要兼管一支较大的施工技术队伍及大量的建筑机械，这与雇用拥有丰富经验和专门技术的承包企业完成建设任务相比，有很多弊端。

第五阶段：进入 19 世纪，出现了总承包企业。到了 20 世纪，它已具备了较完整的体系。逐渐形成以承发包为主要特征的承包企业的多种经营方式。

近年来，又有了设计—施工一体化的成套供应的经营方式，改变了传统经营方式。最新的经营管理方式——工程管理方式（Construction Management，简称 CM）方式，在前述的用户、设计和施工三者之外，又出现了第四者即工程管理者参加到工程建设中来。作为用户委托的代理人，用其熟练的管理技术，进行全面的系统管理，以最短的工期、最小的费用去完成建设任务。

工程管理者的职能是：负责规划；进行设计咨询；估算工程费；检查和验收；协调劳资关系；合同的代行和调整；管理成本和建设全过程。他可以是一个公司、几个人或者一个人代表业主履行全部建设任务。

CM 方式改变了过去那种需要设计图纸全部完成以后才能进行投标的连续建设生产方式，而是采用在工程的一部分设计完成以后分别发包的阶段发包方式，这是该方式的一个特点。以前的方式是计划、设计、施工三个阶段像接力棒一样连续进行，这样工期长而且要受到经济变动的直接影响。CM 方式可以缩短从工程计划开始到竣工移交的工期，节约建设投资。尤其是建设单位可以是提前使用该建筑物，从而提前获得经济效益。

从历史发展看，由业主自营，把计划、设计和施工集中于一身的原始状态起，到有了设计与施工的分工，总包与分包的出现，到现代的设计—施工一体化和具有高度能力的工程管理者的最新方式的出现，经历了由原始的“合”到后来的“分”，发展到现代的“合”的发展过程，这不是简单的由合而分，又由分而合。原始的“合”是在社会生产力水平较低，社会生产的专业化和协作程度较低情况下的合，而现代的“合”则是科学技术进步和社会生产高度发展的结果。这个“合”中包含了高度的科学技术和管理技术。在“合”的系统中又有了更细的分工。因此，现代建筑业的经营在处理分与合的矛盾中，表现出了各种形式的经营方式。

二、经营方式的分类

1. 总包—分包经营方式

这种方式已经历了一个多世纪，形成了比较完整的责任分担体系，如图 9-1 所示。

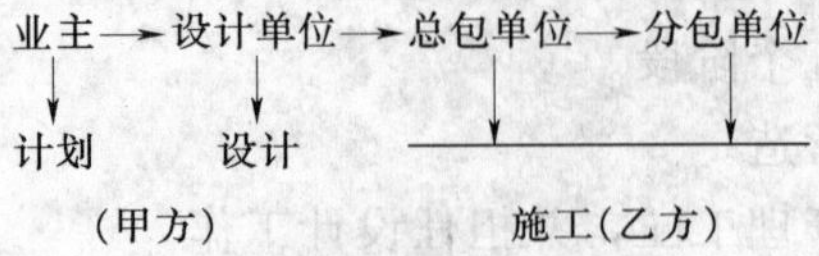

图 9-1 总包—分包经营方式

这个体系中业主和建筑师在经营关系中属于甲方，总包以下的施工企业属于乙方。两者通过工程合同结成承包发包关系。

总包—分包经营方式，从建筑企业来看最突出的优点如下：

(1) 由于专业化分工的发展，促进施工专门技术的发展和施工组织管理技术的发展。

(2) 责任分担体系比较合理，建筑企业由于受到合同的严格控制，在确保工程施工期限、造价和质量上形成一种外部压力，同时又由于当事人双方利益得到合同的保证，使承包人的主动性和积极性得到充分发挥。

但是，采用总分包经营方式，由于分工愈来愈细，环节愈来愈多，每个环节都有未知因素，因而导致总包单位控制上的难度增加。

2. 设计—施工承包经营方式

这种经营方式取消了传统经营中的施工总包环节，美、日等国的大型建筑企业都在采取这种方式，即由设计—施工一体化经营的企业承担总包角色。企业不必等到设计文件成套齐备，就可以分项施工。这种方式可以减少中间的合同变更，提前开工日期，加快工程进度，简化了用户的管理工作。

3. 计划—设计—施工联合经营方式

这种经营方式又称开发式经营、一揽子承包、交钥匙方式，建后出售，如住宅商品化经营等。名称各不相同，方式上也各有差别。但大体上都是指建设单位授权或发包给一个建设企业如开发公司，由它进行计划、设计直到施工竣工。建设单位只需等待“交钥匙”之后开启使用。这种方式在民用建筑上得到广泛应用。其优点是承建单位可以腾出时间，能最大限度地去考虑建设后的运营及其利益，同时减少计划、设计、施工之间的矛盾。

4. 联合经营方式

联合经营方式是两家以上的企业联合向建设单位投标（包括与设计、供应、销售、房地产的联合），按各自投入资金或人力的份额分享利润并承担风险；或作任务上的划分，各自负责，承担风险。由于几家联合，资金雄厚，技术及管理上取长补短，能够各自发挥自己的优势。同时在投标中由于几家同时作价，在标价的投标策略上得到交融。因此，提高了竞争能力。联合经营在海外承包工程中，应用相当普遍，因为和当地企业联合经营有利于对当地国情民俗的了解和适应。

三、承发包方式

综上所述，承包商企业不论采取哪种经营方式，都要通过不同的承发包方式来实现，其方式有以下几种。

(1) 全部承包。全部承包即所谓大包干，施工单位承包全部建筑工程，包括建筑材料、内外装修和设备。

(2) 部分承包。部分承包即部分包干，如施工单位只包基础工程、主体结构和装修工程所需要的一切材料；或只包地方材料而不包国拨物资。

(3) 包工不包料。包工不包料即只包工程建筑劳务，不包材料和设备。

目前采用全部承包方式较多，也是发展方向，而采用包工不包料方式较少。

第四节　工程承包的合同制

一、基本概念

1. 合同

合同是签约双方（或多方）为实现某个共同目的而进行合作时所签订的协议。合同的种类繁多，经济合同是其中的一种。

2. 经济合同

经济合同是法人之间为实现一定经济目的，明确相互权利和义务关系的协议。因此，法人、一定经济目的和明确相互的权利和义务是经济合同的三个基本要素。

3. 建设工程承包合同

建设工程承包合同简称工程合同，是经济合同之一，是由建设单位与承包或承建单位之间根据国家批准的建设项目或单项工程，按照建设程序的规定而签订的具有法律效力的经济合同。

二、工程合同的作用

(1) 工程合同是实现国家建设计划的重要手段，又是企业经营计划的重要依据。国家通过计划下达的各项指标，只有在建设单位和承包单位签订合同之后才算落实。履行工程合同的过程就是国家计划或指标实现的过程，有了工程合同，企业的生产经营，包括各种资源的安排才有可靠的依据，同时企业才有了合同法律的约束和保证。

(2) 工程合同是推行经济责任制的法律保证，可以促进企业改善生产经营管理，加强经济核算，提高企业的社会、经济效益。工程合同对当事人的权限、责任和利益有了明确规定，奖罚分明。合同一经签订，就有法律效用。因此，有利于促使签约人从自己的利益出发主动地关心各自承担的责任和行使的权限，促使企业按合同规定的数量、质量、工期、造价和其他条件要求，采取科学的管理方法，运用价值规律去组织生产，从而提高企业生产经营管理水平。

(3) 工程合同可以确保生产经营管理各个环节的紧密衔接。用合同方式可以保证在合同有效期中实现有关单位的稳定结合。这种方式对于外部横向联系是有效的法律手段，是科学地实现分工与协作的纽带。

三、工程合同的分类

(一) 按合同的适用范围分

1. 建设工程勘察设计合同

建设工程勘察设计合同是委托方与承包方为完成一定勘察设计任务，明确相互权利和义务关系的协议。签约双方必须是具有法人地位，委托方是建设单位或有关单位，承包方是持有勘察设计营业证书或勘察设计单位。勘察设计合同必须符合国家规定的建设程序。

2. 建筑安装工程施工准备合同

对于建筑规模大、技术复杂的工程，在不具备直接签订承包合同的情况下，可根据建设单位提供的国家批准的建设任务书、投资计划和上级主管部门下达或自行承揽的施工任务，由建设单位与施工单位签订建筑安装工程施工准备合同，据以进行施工准备工作。

3. 建筑安装工程承包合同

建筑安装工程承包合同由建设单位与承包单位依据经济合同法及招标与投标的条件签订。在承包合同中，要明确规定工程范围、工程量、开竣工日期、质量标准、材料供应办法、工程造价、承包方式、付款方式和奖罚方法等内容。

4. 物资供应合同

物资供应合同是由承包单位与材料供应单位签订的，应明确规定材料的性能、规格、数量、供货地点、供货日期和价格等内容。

5. 成品、半成品加工订货合同

这种加工合同由承包单位与构件厂、木材厂、建筑制品厂以及其他加工厂签订的，应明确规定成品或半成品的加工数量、质量、规格、供货日期、单价、奖罚规定等内容。

6. 劳务合同

劳务合同是承包单位与提供劳务的单位之间签订的合同。劳动合同是使用劳动力的单位与劳动者签订的合同。

（二）按合同中工程价格确定方式分

1. 固定总造价合同

固定总造价合同是建设单位与承包单位根据协商并共同确认的最终工程总造价而签订的承包合同。

2. 固定单位造价合同

固定单位造价合同是建设单位与承包单位根据协商并共同确认的工程内容和每一计量单位的工程造价（如每平方米造价、每立方米造价、每延长米造价等）而签订的承包合同。

3. 固定总造价加奖金合同

固定总造价加奖金合同是建设单位与承包单位根据协商并共同确认的一个固定的工程总造价，以及奖金计算条件和方法而签订的合同。奖金通常有工期提前奖、质量优等奖等，还包括罚款。

（三）按承包方式分

1. 工程总承包合同

当一个建设项目由几个单位共同承建时，为了健全承包体系，发挥各个承包单位的优势，加强协作，达到分期分批竣工投产的目的，通常由建设单位将全部建筑安装工程交给一个承包单位总包，并同该单位签订工程总承包合同。总承包单位再与各分包单位分别签订相应的分包合同；分包单位对总承包单位负责，总承包单位对建设单位负责。

2. 工程分包合同

工程分包合同，通常有以下几种：

（1）机械施工工程分包合同。这类分包合同由土建施工单位与机械化施工单位签订，如土方、打桩、结构安装和运输等分包合同。

（2）设备安装工程分包合同。这类分包合同由土建施工单位与设备安装施工单位或其他专业施工单位签订，如变电、锅炉、设备、工业管道、通风和电梯等分包合同。

（3）分部（项）工程分包合同。这种分包合同常由土建施工单位与中小型集体所有制施工单位签订，比如基础土方和装饰工程等分包合同。

（4）工程联营承包合同。同类企业或不同类企业，为了完成某项建设工程任务，采取联合经营与建设单位签订的承包合同。这种承包合同有利于发挥各自的技术、管理上的优势，扬长避短，相互协作，从而达到互惠互利的目的。

此外，还有设计—施工一体承包合同和一揽子承包合同等。

四、签订工程合同应遵循的原则

（1）合法原则。凡是违反国家的法律、法令、政策和计划的工程合同都是无效的。合同的订立不得损害国家利益和公共利益，牟取非法收入。

（2）遵循国家计划和搞活经济的原则。

（3）平等互利的原则。签约双方必须在经济、法律地位上平等互利，而不存在上级与下级，大单位与小单位以及领导与被领导的关系。

（4）协商一致的原则。签约双方必须实事求是地、充分地进行协商，直到双方对合同的权利和义务都表示一致意愿时，合同才能订立；任何一方都不能利用自己的职权优势，把自己的意志强加给另一方，任何单位或个人都不得非法干预与己无关的合同的订立。

（5）等价有偿的原则。签约者之间经济关系要合理。对工期提前和质量优等的要实行奖励，对延误工期和质量低劣的要实行处罚。

（6）严格履行法律程序。工程合同必须经过合同管理的授权机关鉴证、公证和登记等手续，才能确认其有效。合同的鉴证是行政监督，合同的公证是法律监督。代理人超越代理人权限签订的工程合同是无效的。

五、工程合同的管理

工程合同管理主要包括合同签订、合同变更、合同执行的监督和纠纷的处理等。

（一）工程合同的签订

在招标投标中一经决标或谈判达成协议，便应向中标单位正式发出书面形式的《建筑工程中标通知书》。

中标单位收到《建筑工程中标通知书》后，应立即组织本单位的合同管理部门，研究合同的具体内容和条款，拟定工程合同书的格式，做好《合同会签表》的会签工作及合同签订前的其他准备工作，并在规定的时间内签订合同。合同基本内容如下：

（1）签订合同所依据的有关文件、资料。

（2）工程名称、工程地点、签约时间、签约双方单位名称。

（3）承包范围。

（4）建设工期，整个工程的起止时间，中间交工工程开竣工时间和影响工期的责任。

（5）建设单位的权限和责任。

（6）工程质量要求，质量监督的权限。

（7）施工图交付时间和责任。

（8）工程变更。明确变更工程设计的权限，以及当发生变更时，向乙方交付变更通知的时间及由此而承担的费用、工期上的责任。

（9）材料、构配件、设备等供应的责任划分。

(10) 交工验收的手续。

(11) 工程造价。拨款和结算的方法和手续；保证金、保险金的规定。

(12) 施工用地。发包单位提供水、电、道路以及房屋作为施工设施的规定。

(13) 奖惩办法。明确奖惩范围、奖惩计算方法。包括有益于工程的发明创造和合理化建议的奖励规定，以及违约赔偿。

(14) 发生特殊事件中止和变更合同的规定，人力不可抗拒的灾祸责任的规定。

(二) 合同变更管理

工程合同一经订立，就具有了法律效力，双方当事人应信守合同条款，任何一方不得擅自变更或解除合同。所谓合同变更，就是对原来合同的内容进行修改和补充。工程施工中导致合同变更，通常有以下一些原因：

(1) 施工图与现场状况不符；施工图和施工说明书不符；图纸有错误或遗漏，或发现未预料到的变化。

(2) 由于建设单位的原因，变更工程的内容或暂时中止整个工程或部分工程的施工。

(3) 不是由于承包企业的原因，由承包一方提出合理延长工期要求。

(4) 建设单位需要缩短工期。

(5) 物价波动或工资变动而需要对承包金额作出变更。

(6) 天灾及其他人力不可抗拒原因造成的损害等。

为了减少因变更造成双方的损失，避免因变更产生的纠纷，一般应在合同中针对各种不同原因明确规定处置程序、手续，提出答复及审理的期限，书面文件提交的对象，以及承担责任的界限和范围，损失赔偿或补偿的上下界限等。

(三) 合同监督

合同的监督主要有四种：

(1) 公证监督。是公证机关对合同进行的法律监督，包括审查合同的合法性，以免违法合同在事实上发生作用。

(2) 银行监督。工程合同一经订立，必须把合同副本抄送给两方结算的银行各一份，由银行监督。履行合同的每一笔收、付款都必须使用人民银行的支票。如有哪一方违反，根据合同的规定，由银行罚款。

(3) 行政监督。是从行政上检查合同执行情况，通过行政的程序进行监督，促使所属单位切实履行合同。

(4) 互相监督。在合同执行过程中，签约者之间有互相监督的权力。

(四) 关于合同的纠纷的处理

合同的履行过程是践约的过程。践约中纠纷的调解、仲裁、解约以及由此产生的经济责任的承担和索赔等，均应依据合同法有关条例进行处理。

1. 工程合同的解除

工程合同的解除就是宣布原订合同无效。当工程合同获得正确履行，践约过程中没有发生法律上纠纷，交工验收、结算、交付等事务清理结束，该工程合同就宣告解除。

但在实际工作中，由于许多原因，在合同期限内如果继续履行合同，可能对国家或当事人一方或双方造成严重的经济损失。因此，只好中途中止合同。中止有两种：一种是有限期的中止，即构成中止的因素一旦消除，合同即继续有效地执行。另一种是中途解除，取消当事人的合约关系。中途解除合同必须具有合法的条件，履行合法的手续。未经正式解除的合同，应视为继续有效。

2. 违反工程合同的责任

在合同期限内，对不能履行或不能完全履行合同，都必须追究责任。合同的责任分为经济责任、行政责任、刑事责任。除可以证明属于不可抗力引起的违约外，违约一方都必须承担经济责任，向受损失一方支付违约金、赔偿金。必要时，要追究行政责任和刑事责任。

3. 工程合同纠纷的调解和仲裁

合同纠纷的调解是指根据自愿原则，坚持以事实为根据，以法律为准绳，通过实事求是的分析，共同协商，弄清是非，使纠纷在双方公平合理而又互谅互让的基础上得到解决。合同的仲裁，亦称公断。发生合同纠纷，要及时解决。解决纠纷一般有三个步骤：第一步是当事人及时自行协商解决；若协商无效，第二步就要由国家规定的合同管理机构（通常是主管部门）调解，调解后得到解决的，应有书面协议书，作为继续履行合同的依据；调解不成，第三步要由经济法庭作出仲裁。法庭作出仲裁的审理决定，称为裁决。裁决的书面文件称为仲裁决定书（裁决书）。对裁决不服，还可以向上级法院起诉，由上级法院裁判决定。

（五）索赔

索赔即施工索赔，是在施工过程中，由于非本企业的原因使本企业付出了额外的费用，企业通过合法的程序要求对方单位偿还他的损失。由于工程施工条件的复杂多变，索赔在施工过程是不可避免的。在国外，承包企业的盈亏在很大程度上取决于是否善于索赔。

1. 索赔的依据

索赔工作的关键是要有充足的依据证明本企业提出的索赔要求是正当的。工程项目的各种资料是索赔的主要依据。为了做好索赔工作，承包企业要收集和保管好以下资料：

（1）定期与建设单位代表的谈话记录。

（2）各种施工进度表。

（3）施工备忘录、会议记录、来往信件和工程照片等。

（4）建设单位工程负责人填写的工程施工记录表。

（5）工资单据和各项付款单据。

（6）工程检查和验收报告。

（7）所有的合同文件。包括标书、施工图纸和设计变更通知书等。

（8）施工人员计划表、人工日报表、施工用料和机械设备使用报表。

2. 索赔的内容

（1）工期补偿。由于建设单位的原因造成的工期拖延、停工等，可提出延期损失或停工损失的补偿，主要有人工费、管理费、利息等，还可提出顺延合同工期的要求。

（2）工程变更补偿。当施工中设计变更以及工程量增加时，可根据变更内容和增加的工程量提出补偿要求。补偿可包括工程项目费用的各个方面。

复习思考题

1. 企业管理有哪些职能？
2. 生产的五要素和管理的三目标是什么？
3. 企业管理的任务是什么？
4. 为什么建筑业需要进行管理体制改革？
5. 你认为应如何进行建筑业管理体制改革？
6. 从历史发展的角度来看，建筑业经历了哪几种经营方式？
7. 承发包方式有哪几种？
8. 什么是工程承包合同？它有什么特点？起什么作用？
9. 工程合同有哪些种类？
10. 试述工程承包合同的基本内容。
11. 试述合同的履行、变更、终止、调解与仲裁。
12. 如何进行施工索赔？

第十章 建筑业的计划

第一节 计划工作的意义和任务

计划是重要的管理职能之一。它是以经营决策作为基础，把决策所确定的目标，进行数量化的表现，并把它们调整、汇总成一个体系，以有效地把握未来，达到有效地使用各种资源、取得最佳经营成果的目的。

计划工作是为了使企业的生产经营活动，能够达到预期目的综合性管理。按计划对企业的各项生产经营活动进行协调，合理安排，充分利用人、财、物，调节好产、供、销，使企业生产经营有秩序、有步骤地进行，以提高社会效益、经济效益和生产效率。计划工作是作为指导企业生产经营活动而产生和存在的。

一、计划工作的意义

(1) 计划工作是管理的开端，是管理循环的起始，任何管理都不能与计划相脱节，没有计划就失去了对行动的引导，就谈不上管理。

(2) 计划工作能使全局和局部相联系，国民经济计划是全局的、整体的、宏观的计划，而每个企业的计划是局部的、个别的、微观的计划。整体的计划要通过个别的计划来体现，没有企业计划，企业生产就搞不好，国民经济计划就要落空。正是由于有了计划工作，才能使企业计划与国家计划沟通，各部门间互相配合，只有在国家计划指导下，企业生产经营活动才能获得成功，国民经济计划才能实现。

(3) 企业（尤其是建筑企业）的生产经营涉及面广，影响因素多，为了提供最终建筑产品，必须在生产经营过程中进行综合性的平衡和协调，统筹的分析和安排，使生产经营在计划指导下进行。若无计划，其结果必然是各行其是，造成生产经营混乱。

(4) 唯有计划执行过程中的及时反馈，再优化，才有可能取得最好的成果。若无计划工作就不能使优化得到继续，就不能使供、产、销，劳力、材料、机械、资金、工期、质量、成本等各方面之间得到科学、合理地联系和安排。

二、计划工作的任务

(1) 正确贯彻国家的有关方针政策，在国家计划指导下，使国家利益和企业利益统一起来，并在全局合理的前提下努力谋求企业成长，增强企业活力。

(2) 充分地调查分析企业所处的社会、经济和资源环境，特别是建筑市场的需求和自身的能力的分析，作出科学的经营决策。

(3) 使企业长期、中期发展规划与企业短期计划相衔接，使企业整体目标与企业内部的分级目标相联系。计划有整体的，也有部分的。企业没有计划，远期、近期目标都不能明确，企业管理也就无从谈起。

(4) 做好计划的综合平衡和优化，使企业外部（建设、设计、安装、分包等）各部门和企业内部各部门保持合理的综合平衡，保证国家重点工程，统筹安排，最优地使用人力、物力、财力，而提高综合经济效益。

（5）在组织计划的实施过程中，通过控制和调节手段，消除执行中的薄弱环节及不协调因素，保证生产有节奏有秩序地进行。这里讲的控制和调节是指年度计划对季度计划、季度计划对月度计划、月度计划对旬计划的控制和调节。

（6）做好执行情况的检查、统计和分析，总结经验吸取教训，及时反馈，及时调整和改进，不断提高计划管理水平。

第二节 建筑计划的指标体系

建筑计划任务，相应地体现在计划所包括的指标体系中。

所谓计划指标就是计划任务的具体化，是它的数量及质量的表现，通常由名称及数字组成。正确地制定计划指标任务，是十分重要而复杂的事。一般说来，计划指标体系应满足下列基本要求：

（1）计划指标体系应体现国民经济社会主义现代化规划任务和要求，能反映党和政府有关发展建筑业的方针政策的贯彻执行情况。可为建筑业进一步发展和不断提高经营管理水平指明方向。

（2）计划指标应全面反映社会主义扩大再生产的主要方向，以便进行国民经济综合平衡工作。

（3）计划指标体系应便于贯彻统一计划、分级管理的原则。

（4）各类、各部门的计划指标之间，以及计划指标与统计指标之间，有关计算范围、含义解释和计算方法应协调一致。

（5）指标概念应简明、确切、通俗、易懂。

建筑计划指标的确定，除考虑以上几方面要求外，还应考虑建筑生产及经营管理的特点，满足国民经济全面考核和进行历史资料对比的要求。

应当说明的是，计划指标体系组成不是一成不变的，而随着各个计划时期的任务、计划工作水平和经济管理体制的调整等而有所变化。

建筑计划和其他国民经济计划的指标按表现的内容不同，而分为数量指标与质量指标。

数量指标，用以表示国民经济发展的规模、速度以及各种工作量的大小，如工农业产值、建筑安装工作量等。

质量指标，用以反映社会人力、物力和财力等资源利用情况，以及经济活动的质量情况。如提高劳动生产率、降低成本的指标、原材料利用指标等。在质量指标中，通常把设备、原材料、动力等生产资料利用指标称为技术经济指标。因为这些指标反映的是由于改善技术所产生的经济效果。随着经济管理水平的提高和国民经济的发展，对质量指标的要求也愈高。

任何一类经济活动总具有数量变化和质量变化两个方面，所以要用上述二类指标反映经济活动的全貌。

按表现形式来看，计划指标分为实物指标与价值指标。

实物指标是用重量、体积、面积等实物计量单位表现使用价值量的指标，如若干吨钢、若干立方米木材、若干平方米建筑面积等。此类指标特点是可确切地反映各种产品的产量或需要量，故用于具体确定各生产部门及生产单位的生产任务；确定实物产品的生产与消费间的平衡关系，建立各经济部门间物资联系及必要的比例关系，有时对同类产品产量要进行汇总。不同质量的煤是不能用自然计量单位来汇总的，但是我们可以折算成标准实物计量即可进行汇总。此种特殊的实物指标称标准实物指标，如煤炭可统一按发热量7000kcal 折算为 1kg 标准煤。

价值指标，是以货币形式来表现的指标，它可以综合地表示各部门、各企业的经济活动成果，如把各种各样的工业产品，统一汇总而以“工业总产值”表示之。其次，利用此类指标还可以表现一种产品在不同产品总量中所占的比重。此外还有许多指标只能用货币表现，如成本利润等。

价值指标又分为按现行价格计算和按不变价格计算两种。

所谓按现行价格，就是指按计划期所采用的实际价格来计算，用此指标同计划期中相关指标进行对比，如成本与利润等。此指标主要是观察同一时期内各种比例关系。但当我们要观察各种动态的比例关系，即观察各种货币关系在不同时期的发展变化时，用此指标则难达到目的，因此指标包含了物价变动的因素在内。这时，就必须采用按照不变价格计算的货币指标，然后才能真实地反映出各项指标所代表的实物量变化情况。

所谓不变价格，就是以某年度的价格为标准来计算其他年度有关的价格指标的标准价格。因此指标不仅可以把不同的产品和劳动进行统一核算，且可消除价格变动影响。将计划期与报告期有关指标相对比，可以综合表现实物量的增长动态。

上述两种表现形式的指标，实物指标是根本的。编制计划时先制定实物指标，然后再定价格指标。

此外，计划指标还可分为国家考核指标和企业内部控制指标。前者用以考核企业的生产经营活动效果，后者用以反映企业生产经营活动的全面情况，通过实现后一类指标，保证前一期指标的完成。

建筑生产的根本目的是以最少的投入，生产出数量多、质量好、造价低的适合社会需要的最终建筑产品，建筑的计划指标关系也必须按照此目标建立。

具体说来，列入国民经济和社会发展计划的建筑计划，应包括的主要指标有三类。

第一类是反映产出的指标。

(1) 建筑总产值。包括建筑工程产值和建筑制品产值，用以反映建筑生产的全貌。

(2) 净产值。用以反映为社会创造的新价值。

(3) 建筑商品产值，即建筑商品销售额。是竣工并交付使用单位的工程价值，用以反映全部建造完毕“销售”(办理了竣工验收手续) 出去，实际取得使用效益的建筑产品值。

(4) 产量。可按综合建筑产品列出，如房屋竣工面积、城市住宅竣工面积及户数、新建公路里程数、铁路正线铺轨竣工里程数等，用以反映完成的实物量。

(5) 重点工程形象进度。用以反映重点工程项目的完成程度。

第二类是反映投入的指标，即各种资源的消耗指标。

（1）主要材料。如钢材、木材、水泥的每万元消耗量。

（2）每万元能源（如标准煤）消耗量。

（3）单位产量（实物工程量或以价值形式表示的工作量）耗工量指标。

第三类是产出与投入相比的指标。

（1）实现的利润总额。

（2）利润率。包括可用资金利润率、成本利润率和产值的利率。

（3）人均产值。如人均建筑总产值、人均净产值。

（4）工程质量优良率等。

地方企业还可根据具体情况，增加一些相应指标。

建筑计划指标可有多种，其中产值，产量和利润是基本指标。

基本指标间相互关系如图 10－1 所示。

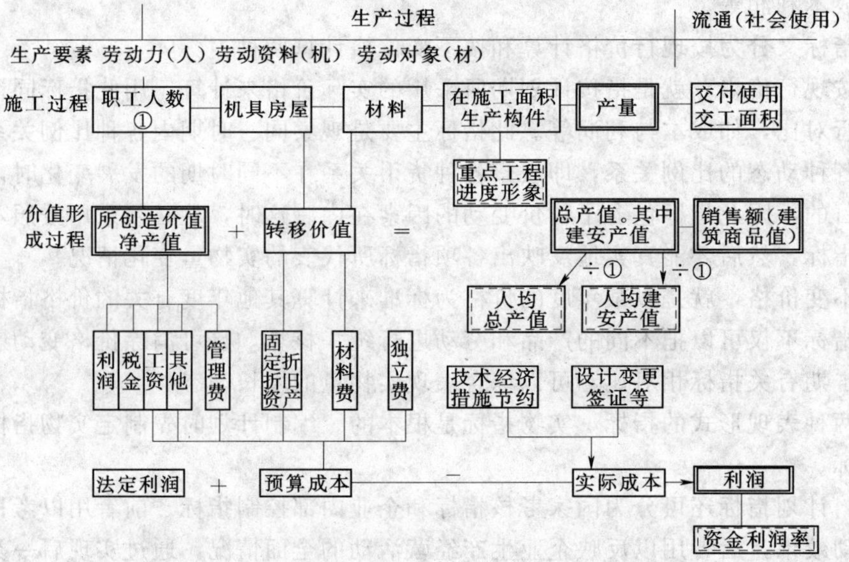

图 10－1 建筑业基本计划指标相互关联示意图

第三节 建筑计划分类

一、按计划期划分

建筑和其他国民经济计划，按计划期的长短，通常划分为长期计划、中期计划和短期计划。

长期计划是指以 10 年、15 年或 20 年为期的远景计划。通过长期计划，明确在某一定时期的国民经济发展总任务、总目标，激发人民群众的社会主义建设的革命热情，有效使用社会劳动和各种资源。长期计划应是具有预测性的科学计划。这是因为编制长期计划的不定因素很多，在较长时期内，许多情况还会发生难以预料的变化，故此种计划应具有预测性。长期计划也要具有高度的科学性，没有科学性，则长期计划是不能真正起什么作用的。

以5年为期的中期计划是长期计划的有机组成部分和主要形式。在现代科技条件下，建设大中型项目、实现重大国民经济技术改造、培养大批熟练专门人材，都需要有五年左右时间。以5年为期，能比较准确地确定科学技术进步的方向和成果。

国民经济的发展是十分复杂的，影响因素是多方面的，许多情况往往难以预料，因而中长期计划不可能编得十分详尽、具体、确切。因此就有必要编制短期计划，以便根据国民经济发展过程中的实际情况，逐步地分期实现中长期计划所规定的任务。中长期计划是短期计划的编制依据，在计划体系中起着指导作用；短期计划是中长期计划的具体化，具有现实的行动意义。

由于建筑产品实体庞大、耗用社会劳动量大、建设周期长，许多大中型建设项目往往需要3～5年或更长时间才能建成，所以5年或4年为期的中期计划对建筑业健康地发展具有特别重要的意义。实践证明，在有关建筑产品计划安排和投资管理中，不考虑或忽视基本建设这一特点和要求，就会给国民经济带来不利影响。如多年来由于我国缺乏一个经过认真综合平衡的比较稳定的中长期计划，建设项目总是一年一变，年初分投资，年终"一刀切"，建设方案经常变动，有些建设项目往往是忽上忽下，举棋不定，来回折腾，致使建设周期拖长，投资效果恶化，给国家和人民带来很大损失。由此可见，进一步改善建设计划工作办法，认真编制和实施建设发展的中长期计划，使建设项目从一年一定改为五年或更长时间一定，才能使建设工作逐步走上正轨。

如何使中长期建筑产品建设计划既能预示方向，又能结合实际，确实具有较强的科学性、现实性，从而能真正地起作用。值得我们研讨。为此，我们宜采取滚动式编制中长期计划的办法。按此办法，如1986～1990年的计划，应在1985年制定出来，而到了1986年，就要着手补充编制1991年的计划，使1987年开始之际，仍有一个五年计划进度，依次类推下去，到1989年，就有1989～1993年的计划进度。当我们在1990年进一步研究制定1991～1995年五年计划，或更长的计划，就比较容易了。建筑短期计划包括年、季计划，在基层还应有月以至更细的计划。年计划要根据五年计划规定的任务，结合当前国民经济发展的实际情况，具体规定各企业、各部门、各地区和整个国民经济的发展任务以及拟采取的有关措施。

建筑计划应保证国民经济其他部门发展计划的实现。同时，其他国民经济计划的制定也要考虑进行建筑产品生产的物力、财力和人力条件。两者之间存在着相互促进、相互制约的关系。

二、按计划编制范围划分

按计划编制的范围，建筑计划可分为国家计划、部门计划、地区计划与建筑计划。

建筑业的国家计划，就是建筑行业计划。这是一个综合性计划，应是根据整个国民经济和社会发展需要及国家人力、物力、财务的阶段确定的建筑计划。

部门计划则是在建筑行业计划指示下，各部门应完成的建筑生产计划，通常由各部门编制。

按照我国经济体制改革趋向，要以中心城市为依托，建立各种类型经济区，充分发挥各方面优势，以期提高经济效益，促进各地区及整个国民经济的发展。因此，建筑不仅要有行业、部门计划，更重要的是还要有地区计划。地区计划是按行政或经济区划分各个地区或中心城市应完成的计划。

部门与地区间的生产流通计划既要互相衔接，又要与行业计划协调一致。

建筑计划中，年度施工计划是最主要的计划，是公司一级的计划管理的指导性文件，是指导企业全体职工实现经营目标的行政纲领。建筑的年度经济计划主要来源于国家的固定资产投资计划、技术改造计划。编制施工计划，要以完成最终建筑产品为目标，坚持按施工程序组织施工，计划安排要符合工艺顺序、技术规律，注意保持施工的连续性和均衡性，搞好综合平衡，保持各方面、各环节之间的协调一致，注意提高经济效果。

三、按计划性质划分

按计划性质划分，建筑计划还可分为指令性计划、指导性计划和市场调节计划。这是因为社会主义是生产资料公有制基础上的有计划的商品经济，存在着以国营（国有）经济为主导的多种经济成分，决定了计划的管理必须实行以计划经济为主、市场调节为辅的原则。要振兴和很好地发展建筑业，经验表明，我们必须“把大的方面范围管好，小的方面放宽放活”。因此，就要采用上述三种性质的计划。

所谓指令性计划，一般说来，就是国家根据社会主义基本经济规律、国民经济有计划按比例发展规律、价值规律，以及其他经济规律的要求，对国民经济和社会发展的主要活动所下达的具有约束力的计划，主要适用于全民所有制单位。它是国家实行计划管理的基本形式，是社会主义全民所有制在生产和管理上的重要体现。指令性计划具有强制性，执行单位必须保证完成。指令性计划可以根据不同情况和要求，分为必成指标和限额指标两种。从生产计划来说，必成指标，主要适用于短线产品的生产计划，执行单位必须保证完成和超额完成；限额指标，主要适用于长线产品的生产计划，执行单位不得层层加码，任意突破。实行指令性计划的范围，限于关系国计民生的一些重要生产资料和消费资料的生产和分配，关系国家生产建设的重要任务，关系经济全局的骨干企业的主要经济活动。指令性计划任务所需的重要物资和产品的销售，由上级主管部门负责安排落实，保证产供销相互衔接，产品价格由国家确定。

所谓指导性计划，一般由计划主管部门按隶属关系下达（有些也不下达），用以指导经济和社会发展的部分活动的计划。它是国家实行计划管理的一种形式。这种计划，不是像指令性计划那样，由国家直接规定其任务，一般不具有强制性。但是，计划执行单位必须以指导性计划作为依据，结合社会需要和本单位的实际情况安排计划，允许在一定程度内有所调整，并报计划主管部门备案。国家主要通过经济政策、经济杠杆和经济法规，采取各种经济措施进行引导，必要时辅之以行政手段，促使这些单位的经济活动和社会事业的发展符合国家计划的要求。指导性计划的生产任务所需的重要物资和产品的销售，有的由上级主管部门积极安排，有的由企业通过市场自行解决。按指导性计划生产的产品价格，目前一般实行国家的固定价格和国家规定的浮动价格。

指导性计划管理主要对象是全民所有制的中小型建筑企业、县以上集体所有制建筑企业和一般工业与民用建筑项目，以及对国民经济发展有比较重要影响的建设项目。

市场调节是在国家计划指导下，通过市场，由价格规律自发地进行调节。在计划管理上，按照国家计划划定的一定范围，有关企业可以根据市场供求的变化灵活地自行安排其生产和流通，国家通过政策、法令和工商行政工作进行管理。这一部分是有计划生产和流通的补充，是从属的、次要的，但又是必需的、有益的。

需要说明的是，无论是指令性计划、指导性计划，还是市场调节，都必须加强项目管理，注意建设项目的投资效益。对建筑企业下达指令性计划，从现实情况看，必须有国家与建设单位、建设单位与施工单位的承包合同，明确各方面责、权、利，有奖有罚；指导性计划及市场调节工程，就应实行承包经济责任制，并认真执行施工合同和各项经济法规，各级建设管理部门要认真搞好合同的鉴证工作和督促检查工作，以保证计划的实现。

第四节 建筑计划的编制、执行与控制

一、编制计划的指导原则

由于中长期计划与短期计划的作用不同，对其编制的指导原则也不同。

（一）长远发展规划编制的原则

（1）要认真贯彻国家发展国民经济的方针政策，坚持社会主义经营方向，要符合国家长远发展规划对企业提出的要求。

（2）要贯彻建筑业长远发展规划，并适应本地区长远发展规划。

（3）要充分发挥企业生产经营特色，使企业具有竞争能力。

（4）要在优先考虑国家利益的前提下，兼顾到国家、集体、职工三者的利益。

（5）坚持企业的发展速度和提高经济效益相统一的原则。

（二）短期计划编制的原则

年季度综合计划是长远发展规划的具体贯彻落实，月旬作业计划是年季综合计划的具体贯彻落实。这些计划的编制，都应遵守如下的一般原则：

（1）以按期完成最终建筑产品为目标。这是社会效益的要求，因为只有交工验收才能形成用户使用的产品，才能发挥投资效果，这就需要我们安排好总包、分包和生产条件间的综合协调。

（2）坚持建设程序和施工程序。如没有扩大初步设计及施工组织总设计就不能列入年度计划，没有施工图就不能列入季度计划，没做施工准备（如图纸不全、没编好施工组织设计及物质条件不具备等）就不能列入月计划。同时要本着先地下、后地上，先共用、后单体的原则，且要符合施工工艺顺序的要求。

（3）要以施工组织设计为基础。这是多年来的经验总结。它是经过经济技术的论证与分析而制定的，并经过了企业法定程序的核定，它提供了完成某一最终建筑产品的合乎科学规律的安排。

（4）做好综合平衡。平衡就是要搞好各种主要的比例关系，比如开竣工比例，要有开有竣，比例适当；再比如分部部位的比例，北京的基础、结构、装修比例的提法是 3∶4∶3。每年开竣工比例：在国外，当年竣工的面积与当年开工的面积，两个数值大体相等。竣工率：我国南方应为 55％～65％，北方应为 50％～60％；大了第二年不宜均衡，小了会拖长工期。工程任务要与企业生产能力相平衡，如工种间人力的平衡，材料的需供平衡，机械、运输的需供平衡。各季、月产值的比例关系，理想的情况是每季完成全年的

25%，但由于季节的影响，一般应如表10-1所示。此外，也要在质量、成本、工期和效率之间保持协调与平衡。

表 10-1　季节影响的分季完成率　%

季度	一	二	三	四
北方	10～15	25～30	30～35	25～30
南方	15～20	20～25	25～30	30～25

(5) 注重施工的连续性、紧凑性、均衡性和灵活性。

1) 连续性。是指时间的有效利用。要求各施工队班组连续作业，每项工程的上下工序、施工区段连续作业，尽量克服各种间歇，提高连续性。

2) 紧凑性。是指空间的有效利用。要求上下工序紧凑。

3) 均衡性。是指在一定期间里，人力物力的均衡使用，不是忽高忽低。要求均衡系数（高峰与平均的比值）愈小愈好。

4) 灵活性。是指关键线路中时差的利用。要求灵活机动，求取资源均衡。

这四点不是孤立的，是相互联系、依存、影响和制约的。处理得好，可以提高生产效率和经济效益。

二、计划的编制

(一) 长远发展规划——企业经营计划的编制

企业长远发展规划应由企业经理、总工程师、总经济师负责，以计划部门为主，有关部门参加制定。

编制的依据应是对计划期任务的数量和来源的预测，企业的经济技术发展方向及要达到的目标，制定的技术和管理方面的措施纲要，定出的主要技术经济指标（这些指标包括人员、机械设备、附属企业的增长及素质的提高，作业的天数、生产效率的增长，资金和利润的增长）。以此建立生产经营目标方案，进行战略决策，对任务和企业的生产能力做出综合平衡，形成计划草案，报送决策层审核。经反复调整后，报党委、职工代表大会审议，并上报给上级主管部门审查或备案。其编制程序如图 10-2 所示。

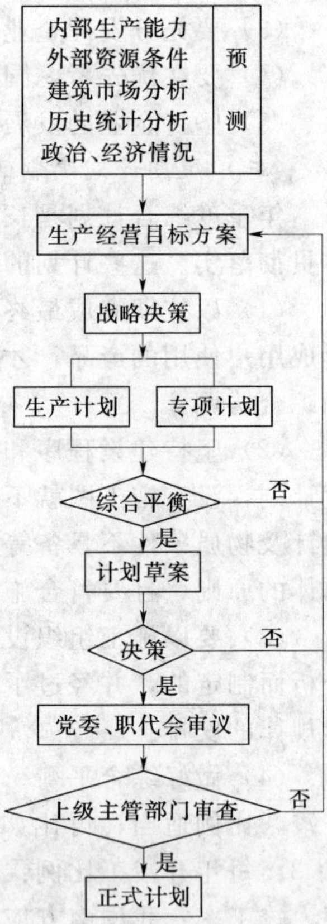

图 10-2　企业经营计划编制程序

(二) 滚动计划的编制

由于长远规划综合性较强，随机性因素多，受到内外环境的制约，所以，在方法上，对当前的、近期的计划要较详细，对远期的计划可以适当粗些。要“远粗近细”，远近结合，逐年修订，体现出计划的滚动性和连续性。如编制五年计划、每完成一年，就补充一年，每年都制定一个新的五年计划。

同理，滚动计划也可应用于季、月计划的编制。

(三) 年（季）度计划的编制

年（季）度计划的编制由企业主管经理负责，计划部门为主，有关部门的领导和专业人员参加制定。编制的依据是：国民经济计划，长远规划所规定的年度经营目标，已签工程合同协议，主要资源供应计划落实情况，任务摸底、上一年度计划执行情况的差异分析，施工组织总设计，施工组织设计和有关技术经济定额等。

一般采用上下结合、分级编制。公司按上级主管部门要求及经营计划的分阶段的内容和自行承揽的任务，由计划部门组织各有关职能部门参加，编制整个公司的年度和季度计划，并提出分配方案、下达给所属各工区与职能部门。各工区编制工区的计划草案，并上报公司。公司综合汇总平衡后，提出企业的正式计划，报主管上级审查或备案，正式下达到工区。工区修改原计划草案，下达给所属施工队。

（四）月、旬作业计划的编制

1. 月计划的编制

月计划由工区负责，吸收栋号（或施工队）有关人员参加编制，经公司审定。

编制依据为：年季计划，经过汇审过的图纸，施工组织设计，各项资源落实情况，上月完成计划情况。

2. 旬计划的编制

旬计划由栋号（或施工队）负责编制，经工区审定。

编制的依据为：月计划，各项资源落实情况，上一旬计划完成情况。

（五）计划的编制分工

目前，建筑企业一般都采用公司、工区和栋号（或施工队）三级管理体制。按不同时间阶段的编制分工见表 10－2。

表 10－2　　建筑企业各阶段计划的编制分工

阶段计划	长期规划	年计划	季计划	月计划	旬计划
公司	编制	编制	编制	平衡、审批	
工区		编制	编制	编制	平衡、审批
栋号（或施工队）				编制	编制

至于各专业计划，则由各级的相应专业部门编制，并由计划部门汇总。

三、计划的实施和控制

编制计划仅仅是计划管理的开始，更为重要的是组织计划的实施和对计划实施的有效控制。

（一）计划的实施

（1）把各项计划指标逐级分解下达给工区、班组，由各职能部门归口管理、成为他们的行动准则。

（2）层层定“包”，全面交底，讨论落实。

（3）建立经济责任制，让成果与利益挂钩。

（4）做好动态的平衡调度工作，协调生产活动。

（5）发动群众，依靠群众的积极性。

（二）计划的控制

（1）控制的内容。包括工程项目及其综合的进度，产量、质量、消耗、利润、成本和安全。

(2) 控制的标准。包括计划指标、合同、规范、定额、制度等。

(3) 控制的手段。根据反馈原理，包括各级领导深入实际的检查，统表报表（日、旬、月、季、年报），生产会议，以及电子计算机的信息反馈。

(4) 对比分析。找出对计划的偏离及其原因，采取措施，优化地完成计划。

(5) 形成各种计划的保证与控制体系，如图 10-3 所示。

保证关系	→	→	→	→	
计划种类	旬日计划	月计划	季计划	年计划	合同或经营计划
控制关系	←	←	←	←	

图 10-3　各种计划间保证与控制体系

四、电子计算机应用于计划管理

计划管理中应用的一种方法是横道图；另一种方法便是网络图。网络图最初应用于建筑企业的日程（进度计划）管理（PERT/Time)，以后应用在时间、人员、成本的优化上。对这种计划，一种是无计算机的情况，在 300 个工序项目以下，适宜于手工编制和控制，不次于计算机。另一种是有大量的工序项目的计划，要靠计算机来编制与控制。

精密的科学的计划管理，会带来优异的经济效果，因而对复杂的资源（人、物）、时间、成本优化及其控制，就需要应用电子计算机，并建立相应的计划管理信息系统。

而且，进一步还可建立“设计—预算—计划管理”的综合系统，使三者相联系，发挥更大的效果。但是程序应用的难度较大。

网络计划管理的适用范围探讨如下：

(1) 应用于几个现场（工地）要比只用一个工地为优，但须注意工地的情况要求。

(2) 应用电子计算机去解决时间成本问题，需要一定时间的人员培训。

(3) 用它可进行下列情况的施工优化：①资源有限，工期最短；②工期一定，资源优化。时间的资源曲线、水平图表均可直接输出。把网络图与流水横道图相结合的方法，在我国已开始应用。

(4) 微型机的效率高，价格低，因此将会有更多的建筑企业要应用这一现代化工具。

复习思考题

1. 建筑计划的意义和任务是什么？
2. 建筑计划的指标体系都包括哪些？
3. 建筑计划如何分类？
4. 编制计划的指导原则是什么？
5. 各类计划如何编制？
6. 在计划管理工作中为什么要应用计算机？

第十一章　建筑业的财务管理和经济核算

第一节　建筑业的财务管理

一、财务管理的任务

财务管理的任务是指人们进行财务管理所要达到的目的和要求。具体地说，企业等单位财务管理的任务包括四个方面。

（1）合理筹集资金，及时满足需要。企业从事生产经营活动，必须拥有一定数量的资金，因此，财务管理的首要任务就是从各个方面合理地筹集资金，及时组织资金供应。企业在筹集资金时，要根据企业的生产任务及其他条件，结合使用资金的要求，正确地确定企业进行生产经营活动所必需的资金数额，选择适当的资金渠道，分别从国家财政拨款、银行借款、社会集资和企业内部积累等方面筹措资金，以尽可能低的资金成本获得所需要的资金。

（2）合理地使用资金，提高资金利用效果。企业从各方面筹集来的资金，应当合理而节约地使用，把有限的资金用在刀刃上，防止设备闲置，避免材料、产品积压，及时收回销集货款，加速资金周转。同时，在生产经营过程中，努力降低消耗，提高劳动效率，节约费用支出，降低成本，增加盈利，不断地提高资金使用的经济效益。

（3）正确分配货币收入，协调经济利益关系。企业的货币收入主要是销售产品（或商品）或提供劳务所取得的收入。企业正确分配货币收入，应贯彻国家、企业、个人三者利益正确结合的原则，在增产增收的基础上，保证国家多收、企业多留、职工多得。为此，企业必须认真贯彻执行国家的有关财经法令、制度。

（4）正确进行财务监督，维护财经纪律。财务监督就是通过财务收支和财务指标对企业等单位的生产经营或事业行政等活动进行审查和控制，对于违反财经政策、法令和制度的行为予以制止，对于不利于完成计划的消极因素加以限制。通过对日常的各项财务收支进行正确的审查和控制，可以及时发现和制止不合理或不合法的收入和支出，促使企业等单位严格遵守党和国家的有关财经政策、法令和制度，正确地完成各项计划。通过对各项财务指标进行检查、分析，可以审视资金和物资的占用是否合理，人力、物力和财力的利用是否有效，各个环节的工作组织得是否完善，从中发现问题，总结经验教训，促进企业等单位改善经营管理，做到增产节约，增收节支，提高经济效益。

二、财务管理的程序

1. 财务预测

根据财务的历史资料、现实条件和今后的要求，运用科学方法对未来的财务收支、财务成果和财务状况进行预计测算。包括编制计划之前的预测和计划执行过程中对计划完成情况的预测。从其内容来看，包括资金预测，成本预测，价格、销售收入和利润预测。

2. 财务决策

财务决策是对资金筹集、资金使用方向和效益的不同方案进行分析选择。它以财务预测提供的不同方案的财务数据为依据，通过分析比较，权衡利弊得失，从中选择最优方案。财务决策包括筹资决策、投资决策、对已投入生成经营过程中的资金如何使用和管理的决策，以及收益分配决策等。

3. 财务计划

在财务预测和决策的基础上编制财务计划，是财务管理的一个指导性环节，也是财务管理的重要方法之一。企业财务计划一般包括资金计划、成本费用计划、利润计划和财务收支平衡计划等，它是企业生产经营财务计划的一个重要组成部分，是企业进行日常财务管理和实行财务控制的依据。

4. 财务控制

财务控制是以财务制度、计划、定额等为依据，对资金收支、占用、耗费等进行事前的、日常的审核和对比。力求使财务活动符合预定的标准，实现预定的目标，保证计划的正确执行。

5. 财务检查

财务检查是对经济活动和财务收支的合法性、合理性和效益性进行检查和监督。它是保证正确贯彻方针政策、维护财经纪律、全面完成计划的重要手段。通过财务检查，肯定成绩，揭露问题，分清责任，查明原因，纠正错误，改进工作。

6. 财务分析

财务分析是以会计核算提供的资料为主要依据，研究财务计划的完成情况和各项财务指标的发展变化情况，剖析经济活动和财务收支，查明财务情况好坏的原因，挖掘潜力，提出改进措施，并为以后进行财务预测、决策和编制财务计划提供资料。

三、建筑业财务管理的主要内容

就建筑企业而言，其财务的本质是建筑企业再生产过程中客观存在的资金运动，因此，企业财务管理的内容主要包括三个方面：一是资产的管理；二是成本费用的管理；三是工程价款收入和利润的管理。

（一）资产的管理

对于资产的管理，这里主要对流动资产和固定资产的管理作一简单的介绍。

1. 流动资金管理

企业流动资金是指可以在一年内或者超过一年的一个营业周期内变现或者运用的资金。包括现金及各种存款、存货、应收及预付款项等。

（1）货币资金。货币资金包括现金、各种存款和其他货币资金。对于企业而言，如果缺乏必要的货币资金，企业将不能应付业务开支。但是，如果企业置存过量的货币资金，又会因这些资金不能投入周转无法取得盈利而遭受损失。货币资金一般由企业的财务部门负责管理，财务部门管理货币资金的主要工具就是编制现金预算或现金收支计划。在现金预算中预测计划期间企业货币资金的收入量和支出量，以及收入大于或小于支出的时间和金额，以便资金不足时设法筹集资金，资金过剩时把多余闲置的资金及时对外投资。

（2）应收及预付款项。应收及预付款项是指企业在生产经营过程中，由于销售或购买产品，提供或接受劳务时应收或者预付其他单位及个人的各种款项。包括应收工程款、应收销售款、其他应收款、应收票据、待摊费用、预付分包工程款、预付分包备料款、预付工程款、预付备料款、预付购货款等。在市场经济条件下，应收账款的发生有其客观必然性。其中有的是因为企业间距离原因和结算原因而导致不能及时收回货款形成的，也有企业有意通过赊销商品作为企业营销策略形成的。尤其在市场竞争日益加剧、企业资金紧张的情况下，采取一定的赊销措施会对更多买主产生吸引力，从而扩大销售，保证企业正常生产经营不致中断甚至不断扩大。但对企业带来积极影响的同时，也会使企业牺牲一定的经济利益，因此，企业应综合考虑各项因素，加强对应收款项的管理和控制。如：运用信用政策的变化，改变或调节应收账款的大小，根据企业自身的情况，确定客户的信用标准和规定适宜的信用条件；建立健全收款办法，制定的受款政策，既不能过严、也不能过宽，要十分谨慎，尽量协商解决债务问题。

(3) 坏账准备金和坏账损失。按现行规定，企业可以预先按一定标准提取坏账准备金计入管理费用，当坏账实际发生时，再冲销已提取的坏账准备金，从而避免由于坏账损失引起企业生产经营和财务收支的困难，使应收账款实际占用资金接近实际，有利于加快企业资金周转，提高企业经济效益。

(4) 存货。存货就是企业在生产经营过程中为销售或耗用而储存的各种货物。按经济内容，包括材料、设备、低值易耗品、在建工程、在产品、产成品、商品等。对于存货可以采用 ABC 管理法、经济采购批量法进行财务上的管理。

2. 固定资产管理

固定资产就是指使用期限超过一年，单位价值在规定的标准之上，并且在使用过程中保持原有物质形态的劳动资料。为了便于对固定资产的管理和核算，建筑企业的固定资产，按其经济用途和使用情况分为六类。

(1) 生产用固定资产。包括房屋、建筑物、施工机械、运输设备、生产设备、仪器及实验设备，以及其他生产使用的固定资产。

(2) 非生产用固定资产。如职工宿舍、招待所、医院、学校、俱乐部、食堂等单位使用的房屋、设备、器具等。

(3) 租出固定资产。指出租给外单位使用的多余、闲置的固定资产。

(4) 未使用固定资产。指尚未使用的新增固定资产，调入尚待安装的固定资产，进行改建、扩建的固定资产，以及长期使用的固定资产。

(5) 不需用固定资产。指本企业目前和今后都不需用，准备处理的固定资产。

(6) 融资租入固定资产。指企业以融资租赁方式租入的施工机械、机器设备、运输设备、生产设备等固定资产。

在企业的财务制度中，固定资产折旧制度是其中的一项重要内容。一般来说，国有企业固定资产折旧年限在 13～15 年，在此基础上，同时还制定了折旧年限的弹性区间，也就是规定了一个上限和下限，允许企业根据自身的实际情况，在规定折旧年限的区间内具体确定每类固定资产的折旧年限。财务制度还规定，建筑企业计提折旧一般采用平均年限法和工作量法。技术进步较快或使用寿命受工作环境影响较大的施工机械和运输设备，经财政部批准，可采用双倍余额递减法或年数总和法计提折旧。企业计提的折旧不再冲减资本金，并取消专户存储。

（二）成本费用的管理

建筑企业的成本费用，分为直接工程费和间接费两部分。其中，直接工程费是指制造成本，间接费是指期间费用。直接费为施工过程中耗费的构成工程实体和有助于工程形成的各项费用，包括人工费、材料费、施工机械使用费。间接费则为建筑企业为组织施工生产、筹集资金等经营活动而发生的各项费用。

建筑企业成本费用管理，着重围绕着成本费用预测、成本费用计划、成本费用控制、成本费用核算、成本费用分析与考核等环节来进行。这些环节的内容相辅相成，构成了一个完整的成本费用管理体系。各个环节之间是互为条件、互为制约的。成本费用预测与成本费用计划为成本费用控制与成本费用核算提出要求和目标，成本费用控制与成本费用核算为成本费用分析与考核提供依据；成本费用分析与考核的结果，反馈给成本费用预测与计划环节，作为下一阶段预测和计划的参考。企业的整个成本费用管理工作就是这样一环扣一环不断进行的。

（三）施工企业的营业收入和利润

1. 施工企业营业收入的内容

营业收入是指企业在生产经营活动中，由于工程施工、提供劳务、作业以及销售产品等所取得的收入。营业收入是企业生产经营成果的价值表现，是企业的一项重要财务指标。施工企业的营业收入包括工程价款收入和其他营业收入。

（1）工程价款收入。指施工企业的基本业务收入，它在企业营业收入总额中占有极大的比例。根据财务制度规定，施工企业工程价款收入主要指工程价款结算收入，此外，还包括工程索赔收入、向发包单位收取的临时设施基金、劳动保险基金、施工机构调遣费等。其中工程价款结算收入是指施工企业在建筑安装工程全部或部分完工时，按照承包合同所签订的投标价格或按照国家和地区规定的预算单价和取费标准，向发包单位办理工程结算所得的价款收入。

（2）其他营业收入。指除工程价款收入之外的施工企业其他各种营业收入，是对工程价款收入的补充，一般每笔业务金额较小，收入不太稳定，服务对象不十分固定。主要包括劳务作业收入、设备租赁收入、产品销售收入、材料销售收入、多种经营收入和其他业务收入等。这部分营业收入在企业总收入中所占比例虽然不高，但随着市场经济的发展和企业经营机制的转变，这些收入有增加的趋势。

2. 利润及利润分配

（1）企业利润总额。企业利润是企业在一定时期内，经营活动所取得的财务成果。施工企业的利润总额，由营业利润、投资净收益和营业外收支净额组成。即

利润总额＝营业利润＋投资净收益＋营业外收支净额

利润总额是企业在一定时期内实现盈亏的总额。它集中反映了企业生产经营活动各方面的效益，是企业最终的财务成果，是衡量企业生产经营管理的重要综合指标。

1）施工企业的营业利润是由工程结算利润加其他业务利润减管理费用和财务费用组成，可由下式表示：

营业利润＝工程结算利润＋其他业务利润－管理费用－财务费用

其中，工程结算利润，指企业及其内部独立核算的施工单位已向工程发包单位（或总包单位）办理工程代价款结算而形成的利润。为施工企业结算工程的价款收入减去已结算工程的实际成本和流转税金及附加（含营业税、城市维护建设税、教育费附加等）的所得值，是施工企业的主营业务利润，可由下式表示：

工程结算利润＝工程价款收入－工程实际成本－工程结算税金及附加

其他业务利润，指施工企业除工程价款收入以外的其他业务收入扣除其他业务成本及应负担的费用、流转税金及附加后的所得利润，一般包括产品销售利润、材料销售利润、其他销售利润、多种经营利润、机具设备租赁利润等。

2）投资净收益。投资收益和投资损失是指企业对外投资所取得的收益或发生的损失，企业投资收益扣除企业投资损失后的净额为企业的投资净收益。

3）营业外收入与营业外支出。营业外收入，指与企业销售收入相对应的，虽与企业生产经营活动没有直接因果关系，但与企业又有一定联系的收入。如：固定资产盘盈和出售净收益、罚款收入、教育附加返还款等。营业外支出，是指与企业生产经营没有直接关系，但却是企业必须负担的各项支出，包括固定资产盘亏、毁损报废和出售的净损失，非季节性和非大修理期间停工损失，非常损失，公益救济性捐赠，赔偿金、违约金等。

（2）企业的利润分配。一般企业实现的利润在缴纳所得税后，按下列顺序进行分配：

1）被没收的各种财物损失，支付各项税收的滞纳金和罚款。

2）弥补以前年度亏损。

3）提取法定盈余公积金。

4）提取公益金。

5）向投资者分配利润。

第二节　建筑业的经济核算

一、经济核算应遵循的原则

为了提高建筑企业经济核算质量，正确地反映企业的资金、成本和损益情况，建筑企业会计制度对企业经济核算应遵守的核算原则作了严格的规定。

（1）会计记账采用借贷复式记账法。运用复式记账法，就是对每一经济活动做出既相联系、又相互对立、在数量上相等的双重记录。借贷复式记账法，是用“借”、“贷”作为记账符号，记录经济业务上资金运动的一种复式记账法。

（2）权责发生制原则。企业应按照权责发生制的原则记账，凡是当期已经实现的收入和已经发生或应当负担的费用，不论款项是否收付，都应作为当期的收入和费用；凡是不属于当期的收入和费用，即使款项已在当期收付，也不应作为当期的收入和费用处理。

（3）收益和费用配比原则。企业的收入与其成本、费用应当相互配合，一个会计期间内的各项收入与其相关联的成本、费用，都必须在同一会计期内入账，不得脱节，不得提前或延后。

（4）实际成本核算原则。企业的各项财产物资都应按照取得或购建时发生的实际成本核算，除国家另有规定者外，一律不得自行调整企业各类资产的账面价值。

（5）资本性支出与收益性支出相区别原则。企业应划分资本性支出、收益性支出的界限。凡支出的效益及于几个会计年度的，应作为资本性支出；凡支出的效益仅及于本年度的，应作为收益性支出。

（6）前后期会计处理方法一致原则。企业会计核算方法应当前后各期一致，不得随意变动。如有必要变动，应当将变动情况和原因、变动后对企业财务状况和经营成果的影响，在会计报告中说明。

二、建筑企业设置和使用的会计科目

建筑企业的会计科目，是正确组织会计核算的主要条件之一。它用来总括地分门别类反映建筑企业的运动情况，提供经济管理所需的会计资料。为了全面、系统地反映因各项经济业务活动而引起的资金增减变化，每一个会计科目按资金运动的经济性质进行分类，反映一类经济业务。各个会计科目，从不同角度反映资金运动的总体。

现行的会计制度是为了规范建筑企业的会计核算，便于贯彻执行《企业会计准则》而制定的。因此，企业应按照同意会计制度的规定，设置和使用会计科目。规定的会计科目如下：

（1）资产类。包括现金、银行存款、其他货币资金、短期投资、应收票据、应收账款、坏账准备、预付账款、其他应收款、物资采购、采购保管费、库存材料、库存设备、低值易耗品、材料成本差异、委托加工材料、待摊费用、长期投资、固定资产、固定资产清理、无形资产、递延资产、待处理财产损益等科目。

（2）负债类。包括短期借款、应付票据、应付账款、预收账款、其他应付款、应付工资、应付福利费、应缴税金、应付利润、其他应缴款、预提费用、长期借款、应付债券、长期应付款等科目。

（3）所有者权益类。包括实收资本、资本公积、盈余公积、本年利润、利润分配等科目。

（4）成本类。主要为开发成本。

（5）损益类。包括经营收入、经营成本、销售费用、经营税金及附加、其他业务收入、其他业务支出、管理费用、财务费用、投资收益、营业外收入、营业外支出等科目。

三、建筑业经济核算的主要内容

（一）货币资金的核算

建筑业企业存在于货币资金形态的资金，主要是现金、银行存款和其他货币资金等三种。它和其他行业一样，是企业拥有的各项资产流动最多的资产，在企业营运资本中占极为重要的位置。其营运是否合理和恰当，对企业的资金周转和经营的好坏，关系极大。

正由于货币资金流动最多，大量经营活动都涉及到它的收入与支出，如果没有适当的控制措施，则容易为经管人员所挪用或侵占，因此，也最需要健全内部控制来进行严密的管理，防止意外事件或损失的发生。

所谓内部控制，是指企业内部为了保护营运的资金财产、核对会计数据的准确性、提高经营效率，坚持按既定的管理方针而采用的组织方案和互相协调的方法与措施。一个良好的资金收入和支出的内部控制制度，必须包括以下几点：

（1）建立明确的资金收支事项的日常处理程序和责任制度。将资金的经管工作和有关的记账工作严格分开。出纳员不应负责会计记录，会计员不应接触资金。这样分工才可自动揭示错误，互相监督，使想为非作歹者无机可乘，除非是串谋作案。

(2) 将资金收入经管活动和资金支出经管活动分开，不要由一人同时兼管资金的收入和支出。

(3) 每日所收入的资金，都必须全数存入银行。

(4) 所有的付款，应按《现金管理条例规定》办理。

(二) 物资的核算

为了保证企业开发建设计划任务的完成，节约器材，降低工程成本，在开发企业内正确组织物资的核算，有着十分重要的意义。

1. 开发企业物资核算的主要任务

(1) 正确地反映物资采购计划的完成情况，保证及时地满足工程上的需要。

(2) 监督物资的收发、移动和保管，防止短缺和毁损，正确而又及时地反映物资的实有情况。

(3) 计算物资的实际价值和预算（概算）价格的差异。

(4) 监督物资的合理使用，从而正确反映物资消耗定额的执行情况，促使正确地使用各种物资，并加强成本核算的准确性。

(5) 及时揭发未被利用的和应予变价处理的物资，监督物资的定额储备，以充分运用内部资源和加速经营建设资金的周转。

2. 财会部门须做好的事情

(1) 根据工程建设内容，按会计制度规定的会计科目分类，制定物资目录及采用计划成本核算的材料计划价格。

(2) 主动地、合理地安排物资供应、仓库的核算和监督工作。

(3) 正确地组织制定有关物资的一切原始凭证和凭证的循转程序。

(4) 及时地检查物资的实有额，定期进行全部盘存和部分盘存或抽查，以保证账面数字与实际库存相符。

(三) 开发费用和开发产品

开发费用和开发产品成本的核算，是建筑开发企业会计核算工作的重要组成部分。其成本管理的基本任务是：通过预测、计划、控制、核算、分析和考核，反映企业生产经营成果，挖掘降低成本的潜力，努力降低成本。因此，做好开发费用和开发产品成本的核算工作，对于正确反映企业各项开发经营支出和建筑产品成本，加强成本管理，降低费用消耗水平，提高经济效益，以及贯彻执行国家的各项方针、政策和财政、财务、税收制度，考核开发经营支出和成本计划的执行情况，都具有重要意义。

建筑企业在开发过程中所发生的各项费用支出的核算，按用途划分可分为土地开发核算、房屋开发核算、配套设施开发核算、代建工程开发核算。

开发产品是指企业已经完成全部开发过程，并已验收合格，合乎设计标准，可以按照合同规定的条件移交订购单位，或者可以作为商品对外销售的开发产品——房屋、配套设施和代建工程等。开发产品的核算主要涉及两个方面的内容：一是开发产品增加的核算，即企业开发的各种建设产品完工成本的结转；二是开发产品减少的核算，即企业对外销售、转让或自用开发产品有关成本的结转。

（四）应收票据和应付票据的核算

应收、应付票据是一种有价证券，有本票和汇票两种。目前，我国常用的是汇票——商业承兑汇票和银行承兑汇票。

商业承兑汇票是指由收款人开出，经付款人承兑或由付款人开出并承兑的汇票。付款人在汇票正面签署“承兑”字样并加盖印鉴。目前的商业汇票承兑，仅适用于购销双方订有完整的购销合同的商品、物资的购销任务，及由此而引起的劳务供应的结算。银行承兑汇票，是通过银行办理承兑的汇票，由付款单位向银行申请承兑，并与银行签订承兑协议，支付承兑手续费。

1. 应收票据的核算

建筑企业会计制度设置“应收票据”科目，核算企业因转让、销售开发产品等收到的商业汇票，属于资产类科目。企业取得商业汇票时，借记“应收票据”科目，贷记“应收账款”、“经营收入”等科目。应收票据到期收回的票面金额，借记“银行存款”科目，贷记“应收票据”科目。如为带息票据到期，则按收到的本息，借记“银行存款”科目，按票面金额，贷记“应付票据”科目，按其差额，贷记“财务费用”科目。

2. 应付票据的核算

建筑企业会计制度设置“应付票据”科目，核算企业对外发生债务时所开出、承兑的商业汇票，包括银行承兑汇票和商业承兑汇票，属于负债类科目。企业开出承兑或以承兑汇票抵付贷款、应付账款时，借记“物资采购”、“应付账款”等科目，贷记“应付票据”科目。支付银行承兑汇票的手续费，借记“财务费用”科目，贷记“银行存款”科目。收到银行支付到期票据的付款通知时，借记“应付票据”科目，贷记“银行存款”科目。

（五）对外投资的核算

企业常以其多余的资金购入其他公司的股票或债券作为投资，这在传统经济核算上划分为两类：一是归属于流动资产性质的“短期投资”；二是非流动性质的“长期投资”。

1. 短期投资的经济核算

建筑企业设置“短期投资”科目，用以核算企业购入的各种能随时变现、持有时间不超过一年的有价证券以及不超过一年的其他投资，包括各种股票、债券，它是属于流动资产类科目。

企业购入的各种债券和股票，按照实际支付的价款，借记“短期投资”科目，贷记“银行存款”科目。

企业购入的股票，如在实际支付的款项中包括已宣告发放，但尚未支取的股利，应作为其他应收款处理，按照实际成本（即实际支付的价款扣除以宣告发放的股利），借记“短期投资”科目，按照已宣告发放股利，借记“其他应收款—应收股利”科目，按实际支付的价款，贷记“银行存款”科目。

企业转让、出售股票和债券，按照实际收到的金额，借记“银行存款”等科目，按照实际成本，贷记“短期投资”科目，按尚未支取的股利，贷记“其他应收款—应收股利”科目，按其差额，借记或贷记“投资收益”科目。

2. 长期投资的核算

企业设置“长期投资”科目，用以核算企业不准备在一年内变现的投资，包括股票投资、债券投资和其他投资。在“长期投资”科目下设置四个明细科目：股票投资、债券投资、其他投资、应计利息。

“长期投资”科目应按投资时实际支付的金额或确定的财产价值记账。企业对其他单位的投资如具有控股权，“长期投资”科目应按收益法核算，以反映企业所拥有的接受投资单位净资产的份额及其变化。不具有控股权的，按成本法核算。

另外，“长期投资”科目应按股票、债券种类和被投资单位进行明细核算。

（六）固定资产的核算

建筑企业的固定资产标准是：企业拥有的使用年限在一年以上，单位价值在规定的标准以上，并且在使用过程中保持原有物质形态的资产，均作为固定资产进行核算。企业一般应根据主管部门制定的固定资产目录，具体确定本企业的固定资产；如无主管部门制定的固定资产目录，企业可结合本企业的具体情况，与财政部门协商指定企业固定资产目录，作为核算的依据。

企业的固定资产应分别经营用固定资产和非经营用固定资产，并根据管理需要选择适合本企业的固定资产分类标准，进行固定资产的核算。按固定资产的类别，一般分为“房屋及建筑物”、“机械设备”、“运输工具”、“办公管理设备用具”和“其他设备”等。企业应设置“固定资产登记簿”和“固定资产卡片”，按固定资产类别、使用部门和每项固定资产进行明细核算。

（七）销售和利润的核算

1. 经营业务的核算

企业为了核算和反映企业在月份、年度内利润（亏损）的实现情况，设置了损益类的会计科目 11 个，其内容如下：

(1)“经营收入”科目。用以核算企业对外转让、销售、结算和出租开发产品等所取得的经营收入。它应按经营收入的类别设置明细账，如“土地转让收入”、“商品房销售收入”、“配套设施销售收入”等。

(2)“经营成本”科目。用以核算企业对外转让、销售、结算和出租开发产品等应结转的成本。它应按经营成本的种类设置明细账，如“土地转让成本”、“商品房销售成本”、“配套设施销售成本”等。

(3)“销售费用”科目。用以核算企业为销售开发产品过程中而发生的各项费用，包括产品销售之前的改装修复费、产品看护费、水电费、采暖费，产品销售过程中发生的广告宣传费、展览费，以及为销售本企业的产品而专设的销售机构的职工工资、福利费、业务费等经常费用。它应按费用项目设置明细账。

(4)“经营税金及附加”科目。用以核算应由当月经营收入负担的经营税金及附加，包括按规定应缴纳的营业税、城市维护建设税和教育附加等。

(5)“其他业务收入”科目。用以核算企业主营业务以外的其他业务收入，如商品房售后服务收入、材料销售收入、无形资产转让收入、固定资产出租收入等。它应按照其他业务的种类设置明细账。

(6)“其他业务支出”科目。用以核算企业发生的与其他业务收入相关的成本、费用、经营税金及附加等。他应与“其他业务收入”科目相对应设置明细账。

(7)“管理费用”科目。用以核算企业行政管理部门为组织和管理房地产开发经营活动而发生的管理费用，包括工资、福利费、工会经费、职工教育费、劳动保险费、房产税、车船使用税、印花税、土地使用税等。它应按管理费用项目设置明细账。

(8)“财务费用”科目。用以核算企业在经营过程中，为进行资金筹集等理财活动而发生的财务费用。

(9)“投资收益”科目。用以核算企业对外投资取得的收入或发生的损失。它应按投资收益种类设置“股票投资收益”、“债券投资收益”、“其他投资收益”等明细账。

(10)“营业外收入”科目。用以核算企业发生的与企业经营业务无直接关系的各项收入。

(11)“营业外支出”科目。用以核算企业发生的与企业经营无直接关系的各项支出。

2. 利润核算

建筑企业利润是指企业在开发经营过程中实现的各种利润，包括开发产品销售利润、其他业务利润、投资净收益和营业外收支净额。

企业应按月结账，计算本月实现的利润或发生的亏损以及本年累计实现的利润或发生的亏损。企业进行利润结算，是在设置的“本年利润”科目中计算。经营利润（或亏损）的结转，月份终了，将“经营收入”、“其他业务收入”、“营业外收入”等科目的余额，转入“本年利润”科目，借记“经营收入”、“其他业务收入”、“营业外收入”等科目，贷记“本年利润”。将“经营成本”、“销售费用”、“经营税金及附加”、“其他业务支出”、“管理费用”、“财务费用”、“营业外支出”等科目的余额，转入“本年利润”科目，借记“本年利润”，贷记“本年利润”。将“经营成本”、“销售费用”、“经营税金及附加”、“其他业务支出”、“管理费用”、“财务费用”、“营业外支出”等科目。将“投资收益”科目的净收益，转入“本年利润”科目，借记“投资收益”科目，贷记“本年利润”科目；如为投资净损失，做相反会计记录。

年度终了，将本年收入和支出相抵后结出的本年实现的利润总额，转入“利润分配”科目；如为亏损总额，做相反会计记录。结转后“本年利润”科目应无余额。

（八）会计报表

建筑企业的各项经济活动，是按照开发建设计划进行的。编制会计报表的主要目的和作用，就在于用以检查建筑企业在一定时期内的计划完成情况。由于会计报表是在日常核算资料的基础上编制的，因而它能总括地反映企业在一定期间执行开发建设计划的经过和结果，以及经营资金来源和运用的状况。企业领导、投资者和主管部门就能够据以检查和监督开发建设计划的执行情况，从而对开发企业在一定时期的经济活动作出总的评价，指导下一步工作，而且，在编制下一期计划时，还可充分利用会计报表资料，作为拟订和修订各项计划指标的参考。

建筑企业的会计报表内容必须正确、完整，编报及时。只有完全符合要求的会计报表，才能真实而完整地反映一定时期的资金来源和占用情况，及时了解和分析在建工程的投资，这对于促进开发建设、加强经济核算、提高投资效果，具有重要作用。

一般来说，应编报的会计报表有资产负债表（月报）、损益表（月报）、财务状况变动表（年报）、利润分配表（年报）。建筑企业编报的会计报表和报送时间，应按照上级主管部门和财政部门的规定办理。企业报送年度会计报表应附送财务情况说明书，主要说明企业的开发经营情况、盈亏情况和利润分配情况、资金增减和周转情况、各项财产物资变动情况、主要税费的缴纳情况，以及对本期或下期财务状况发生重大影响的事项和其他财务会计方面需要说明的问题。财务情况说明书，要求全面详细，有情况，有分析，有建议。

第三节 建筑业经济活动的分析

一、建筑企业经济活动分析的方法

建筑企业为巩固经济核算制，提高企业的经济效益，需要对其经济活动进行分析。经济活动分析就是在经营成果指标与计划指标比较的基础上，对企业经济活动的各个方面进行分析，揭露矛盾，挖掘潜力，为提高建筑企业的管理水平创造条件。

建筑企业经济活动分析采用的主要方法介绍如下。

（一）相对数分析法

相对数是指两个有联系的总量指标之比。利用相对数指标可以使一些不能直接对比的指标，具有共同的比较基础。因为，仅从建筑企业某项经济活动的绝对数来比较，往往不能对建筑企业的经营成果作出正确的判断。例如，有两个建筑企业，它们实现利润的绝对数相同，但是企业的规模不同，完成的工作量不同，因此，仅从利润的绝对量指标无法判断它们的财务成果谁好谁坏。如果利用相对数指标——产值利润率或资金利润率来比较，则很容易得出结论。

（二）比较法

比较法是通过比较经济指标，揭示指标间的差异，分析企业经营管理的好坏，研究产生差异的原因和影响程度，从而进一步挖掘建筑企业增产节约潜力的方法。通常利用比较法进行以下对比：

（1）本期实际完成与本期计划比较。

（2）本期实际完成与上期实际完成比较。

（3）本期实际完成与历史先进水平比较。

（4）本期实际完成与国际先进水平比较。

（三）因素分析法

一些综合性的指标通常是由多种原始因素构成的。为了分析和确定各原始因素对综合指标的影响程度，必须把综合指标分解为原始因素，然后进行比较，从中找出差异。例如，在进行工程成本分析时，除了将预算成本与实际成本比较外，还必须进一步将工程成本分解为各个费用项目，将各费用项目的预算成本与实际成本相比较，从中可以找出各成本项目是否有节约和超支。这种分析方法就叫做因素分析法。

（四）连环代替法

连环代替法是因素分析法的一种。它是按照指标组成的因素，以计划指标为基础，把各个因素的实际数，逐次顺序地替换计划数，连续进行比较，来计算各个因素变化对经营成果的影响程度。

例如，某工程计划砌砖工程量为500m³，按预算定额每立方米耗用红砖520块，每块红砖计划价格0.073元；实际砌砖工程量为510m³，每立方米实际耗用红砖510块，每块砖的实际采购价格0.076元。影响红砖材料费超支787.6元（红砖的计划费用－红砖的实际费用＝500×520×0.073－510×510×0.076＝－787.6元）的因素有三个：工程量、材料耗用量和材料单价。下面利用连环代替法计算各个因素变动对红砖材料费用的影响程度，见表11-1。

表11-1　各因素变动对红砖材料费的影响程度　单位：元

项　目	计　算　公　式	差　异	超支或节约的原因
计划材料费	500×520×0.073＝18980		
第一次替代	510×520×0.073＝19359.6	＋379.6	由于实际工程量增加超支
第二次替代	510×510×0.073＝18987.3	－372.3	由于实际耗用量的减少节约
第三次替代	510×510×0.076＝19767.6	＋780.3	由于实际单位价格增加超支
合计		＋787.6	红砖材料费总超支

（五）平衡法

平衡法是利用“四柱清册”的平衡原理进行分析的一种方法。“四柱清册”的平衡原理是：

期初余额＋本期增加＝本期减少＋期末余额

上面公式的“＝”号两边是平衡的。两方任何一个数的变动都会影响其他三个数中一个数或两个数的变动，否则就不能保持平衡。

在经济活动分析中，平衡法的用处很广，特别是适用于建筑企业中各种有平衡关系的指标分析。

现以某建筑企业钢材库存量分析为例说明如下，见表11-2。

表11-2　某建筑企业钢材储备情况　单位：t

项　目	计　划	实　际	项　目	计　划	实　际
期初余额	2000	2000	本期减少	7000	7500
本基增加	8000	10000	期末余额	3000	4500
合计	10000	12000	合计	10000	12000

从表11-2可见，钢材库存超计划储备1500t，是因为本期增加数比计划多2000t。本期减少数比计划多500t所造成的。具体原因，需要进一步深入分析。

二、建筑企业经济活动分析的内容

建筑企业经济活动分析的内容包括：生产活动分析、工程质量分析、资金利用情况分析、工程成本和财务成果（利润）分析等。现分别简要介绍如下。

（一）生产活动分析

生产建筑活动是建筑企业的基本经济活动，生产任务完成的好坏直接影响其他各项经济活动，因此生产活动分析在建筑企业的经济活动分析中占有十分重要的地位。

在分析建筑企业生产活动时，首先应当分析建筑企业自行完成的建筑安装工作量情况。自行完成的建筑安装工作量是指施工企业自行完成的（不包括分包企业完成的）、以价值形式表示的产品总量。

分析施工企业自行完成工作量完成情况时，先将本期自行完成工作量的实际数与计划数比较，求出计划的完成情况。然后再将本期自行完成工作量的实际数与基期自行完成工作量比较，求自行完成建筑安装工作量的增长情况，即计算自行完成建筑安装增长率。计算公式为

自行完成建筑安装工作量增长率＝(报告期自行完成建筑安装工作量/基期自行完成建筑安装工作量－1) ×100％

其次，应分析建筑企业竣工工程价值指标的完成情况。竣工工程价值是反映建筑企业生产活动最终成果的重要指标。所谓竣工工程价值（也称竣工工作量、商品建筑产值）系指完成了设计规定的全部工程内容的单位工程价值之和。

竣工工程价值的分析方法与自行完成工作量分析方法相同，即先将竣工工程价值的实际指标与计划指标比较，先求竣工工程价值的完成情况，然后再将报告期竣工工程的价值与基期竣工工程的价值比较，求竣工工程价值的增长率。计算公式为

竣工工程价值增长率＝（报告期竣工工程价值/基期竣工工程价值－1）×100％

竣工工程价值增长率是以价值形式反映工程竣工情况的指标。为了全面了解建筑企业承包工程的完工情况，还可以利用实物指标进行分析。即求建筑企业的房屋建筑面积竣工率和单位工程竣工率。房屋建筑面积竣工率是报告期建筑企业竣工的房屋建筑面积占施工建筑面积的比率。计算公式为

房屋建筑面积竣工率＝报告期房屋建筑竣工面积/报告期房屋建筑施工面积×100％

单位工程竣工率是报告期建筑企业竣工的单位工程个数与报告期施工的单位工程个数的比率。计算公式为

单位工程竣工率＝报告期竣工的单位工程个数/报告期施工的单位工程个数×100％

这两个指标愈高，建筑企业的生产效果愈好。同时，也说明建筑企业对社会所做的贡献愈大。

（二）工程质量分析

建筑安装工程的质量是指它能够满足人们的一定需要，并且必须具备坚固、耐用、经济、适用、美观等属性。评价工程质量优劣的尺度是工程质量标准。达到工程质量“优良”标准的即为优良产品。优良产品占建筑企业完工经过验收鉴定的工程或房屋竣工面积的比重愈大，说明建筑企业的质量管理工作愈好。所以进行工程质量分析时，首先要计算建筑企业完工的经过验收鉴定的单位工程个数中评定为质量优良的单位工程个数所占的比重，即计算工程的优良品率。计算公式为

工程优良品率＝优良的单位工程个数（或面积）/验收鉴定的全部单位工程个数（或面积）×100％

除上述指标外，在创全优的建筑企业中，还可以计算全优工程率。全优工程率是指达到全优工程标准的工程，即不仅工程的质量优良，而且资料齐全、各项经济效果指标的评

定均为良好以上。全优工程率的计算公式为

全优工程率＝评定为全优工程的单位工程个数（或面积）/全部竣工的单位工程个数（或面积）×100％

如果分析优良品率或全优工程率的增长情况，只需将报告期的工程优良品率或全优工程率，减去基期的上述各率，即可求得。

（三）资金利用情况分析

资金利用情况的分析，包括固定资金利用情况的分析和流动资金利用情况的分析。

固定资金利用情况的分析，一般均采用固定资金产值率和固定资金利润率两个指标。固定资金产值率即每百元固定资金所能提供的产值，是企业一定时期内所完成的总产值同固定资金的平均占用额的比率。每百元固定资金所提供的产值越多，说明固定资金的利用效果越好。固定资金利润率，即每百元固定资金所提供的利润，是企业一定时期内所实现的利润总额与固定资金平均占用额的比率。每百元固定资金所提供的利润越多，固定资金的利用效果越好。计算公式分别为

固定资金产值率＝工业总产值/固定资产平均总值×100％

固定资金利润率＝利润总额/固定资产平均总值×100％

这两个指标是利用价值形式反映建筑企业固定资产利用效果的指标。

进行流动资金分析时，首先应当分析流动资金内的来源和流动资金的运用是否合理，即根据建筑企业的资金平衡表，编制流动资金使用情况分析表，见表11－3。

表11－3　　流动资金使用情况分析

流动资金占用	定额数	金额	流动资金来源	金额
定额流动资产小计			定额流动资金小计	
（1）主要材料			（1）流动基金	
（2）结构件			（2）流动资金借款	
（3）机械配件			（3）预收备料款	
（4）其他材料			（4）预收工程款	
（5）低值易耗品			其他流动资金小计	
（6）周转材料				
（7）委托加工材料				
（8）未完施工				
（9）在产品				
（10）待摊费用				
（11）产成品				
（12）应收工程款				
其中，期末拖欠工程款				
（13）备用金				

根据表11－3可进行两项分析。首先分析建筑企业流动资金的实际占用数是否超过了定额数。在一般情况下，如果实际数超过了定额数，则说明企业材料货物有积压。其次，应当将流动资金占用方的定额流动资金小计与流动资金来源方的定额流动资金小计相比

较，看看定额流动资金的占用与定额流动资金的来源是否平衡。如果定额流动资金的占用数大于定额流动资金的来源数，则说明定额流动资金占用了其他资金，反之，如果定额流动资金的来源数大于流动资金的占用数，则说明企业的流动资金被其他方面占用。

至于流动资金利用效果的分析，通常采用流动资金周转率、产值资金率、销售收入资金率和流动资金利润率等指标来反映。计算公式分别为

$$流动资金周转次数=周转额\times\frac{商品产品销售收入}{流动资金平均余额}$$

一定时期内的周转次数越多，流动资金的周转速度越快，利用效果越好。

$$每百元产值占用的流动资金=\frac{流动资金平均余额}{工业总产值}\times 100$$

每百元产值占用的流动资金越少，流动资金的利用效果越好。

$$每百元销售收入占用的流动资金=\frac{流动资金平均余额}{商品产品销售收入}\times 100$$

$$每百元流动资金提供的利润=\frac{利润总额}{流动资金平均余额}\times 100$$

(四）工程成本和财务成果分析

工程成本是反映建筑企业管理水平的一个综合指标。通过成本分析可以检查建筑企业降低成本计划的完成情况，分析节约和超支的原因，从而找出差距，进一步挖掘企业的潜力，提高建筑企业的管理水平。

进行工程成本分析时，首先要计算建筑企业的工程成本降低额和工程成本降低率。计算公式分别为

$$工程成本降低额=预算工程成本-实际工程成本$$

$$工程成本降低率=\frac{工程成本降低额}{工程预算成本}\times 100\%$$

工程成本降低额是个综合指标，一个建筑企业即便从整个企业来看，降低了工程成本，但并不是说企业没有薄弱环节。因此，对工程成本进行总括分析以后，还要利用因素分析法，分析各个单位工程、各个费用项目的节约或超支情况，以便找出企业管理的薄弱环节，提出改进措施。

利润是建筑企业的财务成果，它也是反映企业生产经营状况的综合指标之一。进行利润分析时，首先求建筑企业利润的绝对额，然后计算建筑企业的利润增长率。计算公式为

$$建筑企业利润增长率=\left(\frac{报告期实现利润}{基期实现利润}-1\right)\times 100\%$$

复习思考题

1. 简述企业财务管理的主要内容。
2. 企业的经营业务如何进行核算？
3. 建筑企业经济活动分析的评价指标有哪些？
4. 分别用相对数分析法、比较法、因素分析法、连环代替法和平衡法对企业的经济活动进行分析，并举一例加以说明。

第十二章 建筑物估价方法

第一节 建筑物估价概述

一、建筑物估价的定义

（一）建筑物概念

建筑物，主要是指地上或地下面的具有顶盖、梁柱或墙壁，供人们使用的构造物及其他设施等。因此，建筑物主要是为满足人们在生产和生活中的需要而进行建筑的人工改良物，融入了大量的人类劳动和物质，作为人类生产和生活的场所。

建筑物的基本功能是满足人们生产、生活的需要。如房屋建筑物为人类提供丰富的生产、生活空间；桥梁、涵洞、烟囱等作为基本的生产生活设施，是工农业生产和交通运输的主要设施。随着社会生活的发展，人类不仅要求建筑物能够满足生产生活的需要，还要求建筑物在形态上讲究艺术化，要求建筑物能够改善所处地区的景观，且能代表时代的特色。因此，在现代社会中，建筑物除具有遮风避雨、防晒避寒的基本功能外，还需要具有为人类提供艺术、文化、欣赏等的功能。

（二）建筑物的分类

依据不同的分类方法，可将建筑物划分为不同类别。按生产性质，建筑物可分为生产性建筑（即工业建筑、农业建筑）和非生产性建筑（即民用建筑）。其中，工业建筑指厂房、仓库等；农业建筑包括农用仓库、灌溉机房等。民用建筑根据建筑物使用功能，分为居住建筑和公共建筑两大类。居住建筑是供人们生活起居使用的建筑物，包括住宅、公寓、宿舍等；公共建筑是供人们进行政治文化活动、行政办公以及其他商业、生活服务等公共活动所需要的建筑物。

按建筑物的建筑结构分类，通常是依建筑物的主要承重结构所用材料进行划分的，一般可分为五类。第一类为钢结构，承重的主要结构是用钢材建造的，包括悬索结构；第二类为钢筋混凝土结构，全部或承重部分为钢筋混凝土建造，包括框架大板与框架轻板结构等；第三类为砖混结构，部分结构为钢筋混凝土，主要是砖墙承重的结构；第四类为砖木结构，承重的主要结构是用砖、木材建造的；第五类为其他结构，凡不属于上述结构的建筑物都归入此类，如竹结构、石结构、砖拱结构、窑洞、木板房、土草房等。

（三）建筑物估价的定义

建筑物估价，是指估价人员在遵循有关估价原则的前提下，根据估价的目的，选用适当的估价方法，对待估建筑物价格的影响因素进行分析和判断，评估出待估建筑物在某一时日的市场价格。

二、建筑物估价的基本原理

依据建筑物的性质，建筑物估价分成两类。

对具有市场流动性的建筑物，其估价的原理是以重置成本为基础，采用重置价折旧法、对照法、建筑物残余法、比较法等，评估出建筑物的市场价格。

对不具备市场流动性的建筑物，如博物馆、图书馆等，其估价的基本原理是用成本法计算的重置价格扣除折旧来评估建筑物的价格。

三、影响建筑物价格的因素

建筑物的价格水平是受众多因素影响的。概括起来，其影响因素主要有以下几个。

1. 建筑物重置价

任何一个购买建筑物的个人，不会用高于重建效用相同建筑物的价格，去购买目前已存在的建筑物。因此，建筑物重置价是决定建筑物价格的最基本因素。

影响建筑物重置价的因素很多，如建筑结构、种类、式样、材料、装饰、物价等因素。

2. 环境因素

影响建筑物的环境因素主要有以下几个：

(1) 建筑年代。主要指建筑物的成新，它决定建筑物折旧状况和剩余使用年限。

(2) 建筑物朝向。建筑物的朝向影响到建筑物的采光、通风等，关系到人们对居住的判断与适应。

(3) 建筑物用途。建筑物用途不同，收益不同，使用年限也不同。

(4) 建筑物楼层。

3. 其他因素

影响建筑物的其他因素很多，如建筑物的设计，影响到使用功能；另外，还有一些因素与土地相关，也影响到建筑物的价格，如垃圾场的坐落位置等。

四、建筑物价格的特点

(1) 时间的有效性。建筑物一旦建成，随着时间的推移，其使用价值将越来越小，最终消失。

(2) 建筑物价格的递减性。一般情况下，随着逐年计提折旧的增加，建筑物价格将越来越低。

(3) 建筑物价格的地区性。不同区域之间人工及材料价格的差异，使同样的建筑物表现出不同的地区价格。

(4) 建筑物价格受自然条件影响大。

(5) 影响建筑物价格的不确定因素多。

五、建筑物估价中的几个概念

1. 房屋建筑成本

房屋成本价指不包括建筑红线以外的土地上的投资，单指房屋从设计到地基处理至整幢房屋可交付使用过程中的全部费用，是房产价格的重要构成部分。包括：勘察设计费，房屋主体结构工程的建筑、装修费用，室内各种配套设备及安装费，建筑红线内的室外各种设施配套安装费，管理费，贷款利息等。

2. 重建成本

根据目前的人工与材料价格，采用原建筑物的材料和标准，重新建造一幢相同的建筑物所需的成本，称为重建成本。

3. 重置成本

根据目前的人工、材料价格及正常管理水平，并利用目前的材料、标准与设计，建造一幢各项设备相同或相当（即同等效用）的建筑物所需的成本，称为重置成本。

4. 应计折旧

应计折旧是指到评估当时所发生的所有折旧，包括起因于物理、功能与经济的退化等。

5. 标准房价

标准房价是一个城市同一个等级房屋的平均价格，是房屋价格评估的依据。

6. 建筑安装工程预算定额

建筑安装工程预算定额指为编制施工图预算制定的定额，是按社会平均必要劳动量确定的单位建筑产品所消耗的物化劳动和活劳动的数量标准。包括建筑工程预算定额、设备安装工程预算定额、间接费用定额。它既是编制施工图预算、确定建筑产品预算价格的依据，也是编制概算定额的基础。

7. 建筑安装工程概算定额

建筑安装工程概算定额指按扩大分部分项工程确定的人工、材料、机械台班耗用的数量标准，是设计单位编制初步设计概算和技术设计修正概算中建筑安装工程概算的依据，也是设计建筑安装工程用料概数以及进行设计方案经济比较的基础。

8. 建筑物残值

建筑物在不能使用时还能收回的价值，称为建筑物残值。

第二节 建筑物估价方法概述

一、重置价格折旧法

重置价格折旧法是成本估价法具体应用中的一种评估方法，适合对独立旧建筑物进行估价。另外，各地在城市拆迁补偿过程中的房屋拆迁补偿标准，也多是按此办法制定的。

（一）基本思路

重置价格折旧法评估建筑物的价格，是按现在的建筑经营管理水平及建筑材料价格，重新建筑与评估对象一样的建筑所需的现实资金。在此基础上，按建筑物的耐用年限和已使用年限，折旧扣除建筑物已使用的价值，得到建筑物在评估时日的价格。

（二）基本公式

利用重置价格折旧法评估建筑物价格，其基本公式为

建筑物价格＝建筑物重置价格－已使用年限的折旧额

或　　建筑物价格＝建筑物重置价格×成新度

（三）建筑物重置价格的确定

1. 房屋建筑物分类

根据房屋建筑物的承重构件、建筑材料和建筑标准的不同，房屋建筑物的结构可分为七类等。

（1）钢筋混凝土结构。指全部或承重部分为钢筋混凝土结构。包括框架大板与框架轻板结构等房屋。这类房屋一般内外装修良好，设备比较齐全。

（2）砖混结构一等。指部分钢筋混凝土，主要是砖墙承重的结构，外墙部分砌砖、水刷石、水泥抹面或涂料粉刷，并设有阳台，内外设备齐全的单元式住宅或非住宅屋。

（3）砖混结构二等。指部分钢筋混凝土，主要是砖墙承重的结构，外墙是清水墙，没有阳台，内部设备不全的非单元式住宅或其他房屋。

（4）砖木结构一等。指材料上等、标准较高的砖木（石料）结构。这类房屋一般是外部有装修处理、内部设备完善的庭院式或花园洋房等高级房屋。

（5）砖木结构二等。指结构正规，材料较好，一般外部没有装修处理，室内有专用上、下水等设备的普通砖木结构房屋。

（6）砖木结构三等。指结构简单，材料较差，室内没有专用上、下水等设备，较低级的砖木结构房屋。

（7）简易结构。如简易楼、平房、木板房、砖坯房、土草房、竹木捆绑房等。

2. 建筑物重置价格的确定

建筑物的重置价格，是假设在估价时旧有建筑物所在的土地是一块空地，而在同一场所除建筑物以外的状况均维持不变，重新建筑与旧有建筑物完全相同或具有同等效用的全新状态的建筑物时，所需要的建筑费、其他费用和正常的利税；或是设想将建筑物发包给建筑承包商建造，而由建筑承包商将直接可使用状态的建筑物移交给发包人，此时发包人对建筑承包商支付的标准建筑费，加上发包人直接负担的通常附带费用。

建筑物的重置价格包括两种情况：一种是以重建成本代替重置价格；另一种是以重置成本来代替重置价格。

两种重建方式不同，往往得出的重置价格也不完全相同。一般情况下，特殊有保护价值的建筑物采用重建成本较为适宜，普通建筑物适用于重置成本。另外，因年代久远，已缺少与旧有建筑物相同的建筑材料，或因建筑材料式样、建筑技术等变迁，使得旧有建筑物重新出现有困难的情形，也往往采用重置成本。

具体求取重置价格的方法有直接法和间接法两种，必要时两者可并用。所谓直接法，是就旧有建筑物的构成部分或全体，调查使用材料的种别、品级、数量及所需劳务的种别、时间等，并以旧有建筑物所处地区在估价时点时的各种单位为基础，计算直接工程费，加上间接工程费及适当的承包利润，求取标准建筑费，进一步加上发包人应直接负责的通常附带费用，以求得重置价格的方法。所谓间接法，是如果能明确掌握旧有建筑物所处地区或同一供求范围内的类似地区中，有与旧有建筑物相类似的新建筑物实际建筑的直接工程费、间接工程费、承包商利润及发包人直接负担的通常附带费用等的数额及其明细（种别、品级、数量、时间、单价等），则就这些明细加以分析，并将不属于标准的加以适当修正，以求得重置价格的方法。

在估价上，通常将计算建筑物重置价格的方法分为三种：①净计法；②平方法；③立方法。

净计法是就建筑物所需各种材料设备的数量和人工时数，逐一乘以估价时点时各该同样材料设备的单价和人工工资支付标准，再将其加总即得建筑物的重置价的方法。

平方法是先计算建筑物每平方单位（通常为平方米）的建筑价格，再乘以建筑物的总平方米数，即得建筑物的重置价格的方法。

立方法是先计算建筑物每立方米单位（通常为立方米）的建筑价格，再乘以建筑物的总立方米数，即得建筑物的重置价格的方法。

上述三种方法各有优缺点，净计法的优点是翔实，缺点是费时费力并需委托专家（如建筑师）参与办理；平方法和立方法的优点是简便迅速，但缺点是较粗略。现实计算建筑物的重置价格时，以平方法最为常用。

（四）建筑物折旧额的计算

1. 折旧概念

建筑物的折旧，指建筑物因时间经过所造成的损耗。这种损耗包括缘于物理因素的有形损耗和基于功能和经济退化因素的无形损耗。其中，物理的折旧包括因使用建筑物而产生的磨灭或破损、风吹日晒的侵蚀和自然灾害造成的损坏；功能的折旧指功能退化而造成的折旧，通常由于同类型建筑物因技术革新、设计优化等导致其变得落伍而引起的相对减价；经济的折旧是指建筑物与其所处的附近环境不协调而产生的价格减低。

2. 建筑物折旧的影响因素

建筑物折旧的影响因素，可归纳为物理因素、功能因素与经济因素三个方面。

（1）物理因素。所谓物理的因素，是指引起建筑物的实体所产生的磨灭、破损或损坏的因素。引起建筑物产生折旧的物理因素主要有以下几项：①因使用建筑物而产生的磨灭及破损，这种折旧一般随使用时间的延长而不断产生；②自然腐朽化（Deterioration），这是随时间的经过或风雨侵蚀等自然作用而产生的，一般不论使用与否，都会随时间的经过而产生折旧；③因风灾、水灾或地震等偶然事件而发生的损伤，这种折旧不与使用状态发生关系，因此通常不易做有规律的测算。在估价过程中，分析由于物理因素所发生的折旧时，考察该折旧部分是否有修复的可能非常重要。对于可修复的折旧，则可采用修复所需要的费用为计算折旧的依据；对于不可修复的折旧，通常只有依靠估价人员的观察与判断来确定折旧额。

（2）功能因素。所谓功能的因素，是指建筑物因使用功能的落后或不合适而引起折旧的因素。建筑物功能因素所引起的折旧通常不论建筑物的新旧程度如何，只要其使用功能不能满足要求，使其经济价值和使用价值降低，这就产生功能的折旧。而且这种功能的落后或不适应往往是由于新的功能的出现，例如由于技术革新、过时的功能没有需求，从而引起其经济价值和使用价值降低。比如我国20世纪六七十年代设计的居室结构通常都是卧室大而客厅小，住房主要是满足住的要求，而进入20世纪90年代以后，人们的社会交往不断增多、生活水准不断提高，出现一些小卧室、大客厅的设计，以满足现代生活的要求，这样有的老式的大卧室小客厅的住房尽管建造年代并不长，物理折旧并不明显，但是由于其设计结构的不合理造成经济价值明显降低，这就是其功能的因素所引起的折旧。

（3）经济因素。所谓经济的因素，是指在建筑物使用过程中所和间的经济上不合理或不适应的因素。引起建筑物折旧的经济因素，通常有建筑物的使用与周围环境的不协调、附近环境的变化、房地产市场的变化等。例如居住区内残留的小工厂，由于一方面其周围没有其他工厂，无法产生集聚效益；另一方面周围都是居住区，对生产过程中产生污染的处理要求更严，增加其生产成本，从而引起该工厂建筑物使用价值的降低。

这三类因素对建筑物折旧的影响并不是相互独立作用的，物理的折旧会引起功能的折旧，功能折旧又会反映到经济的折旧，可见三者互为因果关系。因此，在估价实务上，通常将三种因素作为一体，同时考虑。

3. 确定建筑物折旧的方法

(1) 新旧程度折旧法。新旧程度折旧法适用于同时需要对大量建筑物进行估价的场合，该方法是原城乡建设环境保护部 1984 年 12 月在《经租房屋清产估价原则》中提出的，其主要做法是将待估建筑物的各项条件与同类建筑物的成新度划分标准相对照，进而确定待估建筑物的成新度和已折旧的部分。《经租房屋清产估价原则》中对各类房屋的新旧程度划分标准作了具体规定，具体如下。

一、钢筋混凝土结构房屋新旧程度评定标准

(一) 十成新

新建房屋竣工验收合格，使用期在五年以内的。

(二) 九成、八成的标准

全部符合下列条件者为九成；部分符合下列条件者为八成。

1. 结构和楼地面部分

(1) 地基基础：有足够承载能力，无不均匀沉降。

(2) 承重构件：完好坚固。

(3) 非承重墙：墙完好牢固，无腐蚀、损坏、预制墙板节点安装牢固，拼缝处不渗漏。

(4) 屋面：不渗漏，防水层、隔热层、保温层完好，排水设施畅通。

(5) 楼地面：整体面层完好平整，无空鼓、起砂、下沉，硬木楼地面平整坚固、油漆完好、块料面层完整牢固。

2. 装饰部分

(1) 门窗：完好无损，开关灵活，纱窗完整，油漆完好。

(2) 内外抹灰：完整无损，无空鼓、裂缝（风裂除外）。

(3) 顶棚：完好牢固，无变形。

(4) 细木装饰：完整牢固，油漆完好。

3. 设备部分

(1) 水卫：上、下水管道畅通均匀无阻，各种卫生器具完好，零件齐全无损。

(2) 电照：电器设备、线路、各种照明装置完整牢固，绝缘良好。

(3) 暖气：设备管道完好能正常供暖。

(4) 特种设备：现状良好，使用正常。

(三) 七成、六成的标准

全部符合下列各条件的为七成；部分符合以下条件者为六成。

1. 结构和楼地面部分

(1) 地基基础：有承载能力，有少量不均匀沉降，但已稳定。

(2) 承重构件：基本完好。

(3) 非承重墙：外墙面稍有风化、轻微裂缝、勒脚有侵蚀，预制墙板拼缝处嵌缝不密实，有裂缝；稍有渗水，间隔墙的面层少量破损。

(4) 屋面：个别渗漏，保温层、隔热层有损坏，卷材防水层稍有空鼓、翘边和封口不严，刚性防水层稍有纤维性裂缝，块体防水层稍有脱壳，排水设施基本畅通。

(5) 楼地面：整体面层稍有裂缝、空鼓、起砂，硬木楼地面表面少量磨损，油漆尚完好，块料面层稍有裂缝脱落。

2. 装饰部分

(1) 门窗：少量开关不灵，钢门窗少量变形锈蚀，玻璃、五金零件少量残缺，纱窗部分破损，油漆尚完好。

(2) 内外抹灰：稍有空鼓裂缝。

(3) 顶棚：面层稍有脱钉翘角、松动，裂缝部分压条损坏。

(4) 细木装饰：稍有松动、残缺，油漆尚完好。

3. 设备部分

(1) 水卫：上、下水管道基本畅通，各种卫生器具基本完好，个别零件缺损。

(2) 电照：电器设备、线路、各处照明装置基本完好，个别零件损坏。

(3) 暖气：设备管理基本畅通，稍有锈蚀，个别零件损坏，基本上能正常供暖。

(4) 特种设备：现状基本良好，使用正常。

(四) 五成、四成的标准

全部符合下列条件者为四成；稍好于下列条件者为五成。

1. 结构和楼地面部分

(1) 地基基础：承载能力不足，有较大不均匀沉降，对上部结构已产生一定影响。

(2) 承重构件：有轻微裂缝，混凝土剥露，钢筋锈蚀。

(3) 非承重墙：间隔墙面局部损坏，部分立筋松动变形，失修严重。

(4) 屋面：局部漏雨，保温层、隔热层严重损坏。

(5) 楼地面：整个面层部分空鼓、裂缝、剥落、严重起砂，硬木楼地面部分有腐朽、蛀蚀、翘裂、松动，油漆老化。

2. 装饰部分

(1) 门窗：部分开关不灵，少量门窗松动翘裂、木质腐朽，部分钢门窗变形，玻璃、五金零件部分缺残，纱窗破缺，油漆老化剥落。

(2) 内外抹灰：部分空鼓、裂缝、剥落，贴面掉角，稍有空鼓、脱落，勒脚抹灰严重侵蚀。

(3) 顶棚：面层局部损坏，有明显下垂变形。

(4) 细木装饰：木材部分腐朽、蛀蚀残缺、油漆老化。

3. 设备部分

(1) 水卫：上、下水管道不够畅通，管道有锈蚀，个别滴、漏、冒，卫生器具部分损坏，零件残缺不齐。

(2) 电照：设备陈旧、电线部分老化，少量照明装置有损坏残缺。

(3) 暖气：部分设备管道锈蚀严重，暖气供应不正常。

(4) 特种设备：不能保证正常使用。

(五) 三成、二成的标准

全部符合下列条件者为二成；稍好于下列条件者为三成；低于下列条件的房屋按残值计算。

1. 结构和楼地面部分

(1) 地基基础：强度不足，有明显不均匀下降。

(2) 承重构件：严重损坏，有明显下垂变形、裂缝，混凝土剥露和钢筋锈蚀。

(3) 非承重墙：砖墙体有严重裂缝、倾斜、腐蚀，间隔墙立筋松动、断裂面层严重破损。

(4) 屋面：严重漏雨，保温层、隔热层严重损坏。

(5) 楼地面：整体面层严重起砂、剥落裂缝，硬木楼地面层翘裂、腐朽。

2. 装饰部分

(1) 门窗：门窗普遍开关不灵、剥落。木材腐朽构件松动、翘裂，钢门、窗严重变形锈蚀。

(2) 内外抹灰：严重裂缝、空鼓、剥落。

(3) 顶棚：吊筋松动，木筋弯曲翘裂、腐朽蛀蚀、个别断裂，层面破损、残缺不齐，严重下垂变形。

(4) 细木装饰：木材腐朽、蛀蚀残缺不齐，油漆严重老化。

3. 设备部分

(1) 水卫：下水道严重堵塞、锈蚀、漏水，卫生器具零件较大部分损坏、残缺。

(2) 电照：电器设备陈旧残缺，电线普遍老化、零乱，照明装置残缺不齐，绝缘不符合安全用电要求。

(3) 暖气：设备、管道锈蚀严重，零件损坏残缺不齐，跑、冒、滴现象严重，基本上已无法使用。

二、砖混结构房屋新旧程度的评定标准

(一) 十成新

新建房屋竣工验收合格，使用期在五年以内的。

(二) 九成、八成的标准

全部符合下列各条件者为九成；部分符合以下条件者为八成。

1. 结构和楼地面部分

(1) 地基基础：有足够强度，无不均匀沉降。

(2) 承重构件：承重砖墙（柱）、屋架完好牢固，墙体全好，无破损。

(3) 非承重墙：墙体完好，无破损。

(4) 屋面：不渗漏，基层平整完好，排水设备畅通。

(5) 楼地面：整个面层完好平整。

2. 装饰部分

(1) 门窗：完好无损、开关灵活，纱窗完整，油漆完好。

(2) 内外抹灰：完整牢固，无空鼓、裂缝（风裂除外）。

(3) 顶棚：完整牢固，无破损和下垂脱落。

3. 设备部分

(1) 水卫：上、下水管道畅通无阻，各种卫生用具完好，零件齐全。

(2) 电照：线路及各种照明装置完好，绝缘良好。

(3) 暖气：设备管道完好，能正常供暖。

(4) 特种设备：现状良好，使用正常。

(三) 七成、六成的标准

全部符合下列条件者为七成；部分符合以下条件者为六成。

1. 结构和楼地面部分

(1) 地基基础：有承载能力，有少量不均匀下降。

(2) 承重构件：承重构件（柱）基本完好，木屋架的各部件节点连结基本完好。

(3) 非承重墙：砖墙体轻微裂缝，面层破损。

(4) 屋面：局部渗漏，排水设施基本畅通。

(5) 楼地面：整体面层基本完好。

2. 装饰部分

(1) 门窗：少量开关不灵，纱窗部分破损，油漆尚完好。

(2) 内外抹灰：稍有空鼓、裂缝、风化。

(3) 顶棚、少量面层翘裂、缺损，部分压条或垫圈脱落。

3. 设备部分

(1) 水卫：上、下水管道基本畅通，各种卫生器具基本完好，个别零件缺损。

(2) 电照：线路和各种照明装置基本完好，零件个别损坏。

(3) 暖气：设备、管道基本畅通，基本上能正常供暖。

(4) 特种设备：现状基本良好，使用正常。

(四) 五成、四成的标准

全部符合下列条件者为四成；稍好于下列条件者为五成。

1. 结构和楼地面部分

(1) 地基基础：有一定强度，有较大不均匀沉降，对上部结构已产生一定的影响。

(2) 承重构件：部分墙体（柱）产生下垂变形，有轻微裂缝，木屋架有局部腐朽。

(3) 非承重墙：部分墙体裂缝，间隔墙面层局部损坏，部分立筋松动变形，失修严重。

(4) 屋面：局部漏雨，基层局部有腐朽变形损坏，屋面局部高低不平，排水设施锈蚀、断裂。

(5) 楼地面：整体面层部分空鼓、裂缝。

2. 装饰部分

(1) 门窗：部分开关不灵，纱窗破缺，油漆老化剥落。

(2) 内外抹灰：局部裂缝、空鼓、剥落，勒脚严重侵蚀风化。

(3) 顶棚：局部破损，吊筋松动，木筋翘裂，顶棚下垂变形。

3. 设备部分

(1) 水卫：上、下水管道不够畅通，卫生器具部分损坏、零件残缺不齐。

(2) 电照：部分电线老化，少量照明装置有损坏，残缺。

(3) 暖气：部分设备锈蚀严重，暖气供应不正常。

(4) 特种设备：不能保证正常使用。

(五) 三成、二成的标准

全部符合下列条件者为二成；稍好于下列条件者为三成；低于以下条件的房屋按残值计算。

1. 结构和楼地面部分

(1) 地基基础：强度不足，有较大不均匀沉降、断裂、腐蚀，且仍在继续发展，整个房屋多处出现裂缝，影响正常使用。

(2) 承重构件：承重砖墙（柱）严重损坏，有明显的下垂变形，木屋架端节点腐朽，屋架有明显的下垂或倾斜。

(3) 非承重墙：墙体裂缝、倾斜，间隔墙立筋松动、断裂，面层严重破损。

(4) 屋面：严重漏雨，基层腐烂，屋面高低不平，排水设施严重锈烂、断裂、残缺不全。

(5) 楼地面：整体面层严重起砂、剥落、裂缝。

2. 装饰部分

(1) 门窗：门窗普遍开关不灵。

(2) 内外抹灰：严重裂缝、空鼓、风化、酥松、剥落。

(3) 顶棚：吊筋松动，部分断裂、腐朽，面层普遍破损、残缺，明显下垂变形。

3. 设备部分

(1) 水卫：下水道严重堵塞、锈蚀、漏水；卫生器具零件较大部分损坏、残缺。

(2) 电照：电线普遍老化、零乱，绝缘不符合使用要求，照明装置残缺较多。

(3) 暖气：设备、管道锈蚀严重，基本上已无法使用。

(4) 特种设备：严重损坏，已无法使用。

三、砖木结构房屋新旧程度评定标准

(一) 十成新

新建房屋竣工验收合格，使用期在五年以内的。

(二) 九成、八成的标准 (即完好标准)

全部符合下列条件的为九成；部分符合以下条件的为八成。

1. 结构和楼地面部分

(1) 地基基础：有足够强度，无不均匀沉降。

(2) 承重构件：承重件完好坚固，无变形、腐朽、节点松动。

(3) 非承重墙：墙体完好。

(4) 屋面：不渗漏，木基层平整牢固，排水设施畅通。

(5) 楼地面：水泥整体面层完好，木楼地面平整牢固，油漆完好。

2. 装饰部分

(1) 门窗：完好无损，开关灵活。

(2) 内外抹灰：完整牢固，无裂缝、剥落。

(3) 顶棚：完整牢固，无变形、腐朽。

3. 设备部分

(1) 水卫：上、下水道畅通无阻，各种卫生器具完好。

(2) 电照：电器设备、线路、各种照明装置完整牢固，绝缘良好。

(3) 暖气：设备管道完好，能正常使用。

(4) 特种设备：现状良好，使用正常。

(三) 七成、六成的标准 (即一般损坏标准)

全部符合下列条件的为七成；部分符合为六成。

1. 结构和楼地面部分

(1) 地基基础：有承载能力，有少量不均匀沉降。

(2) 承重构件：木结构稍有损坏，个别节点有松动，铁件锈蚀，支撑松动。

(3) 非承重墙：墙体基本完好。

(4) 屋面：局部渗漏，屋面瓦有少量破碎、松动、灰埂，屋抹灰有裂缝。

(5) 楼地面：水泥整个成层基本完好，木板地面部分磨损。

2. 装饰部分

(1) 门窗：少量有变形，开关少量不灵，玻璃、五金纱窗少量残缺，油漆失光。

(2) 内外抹灰：稍有裂缝，勾缝砂浆有少量酥松脱落，面层松动。

(3) 顶棚：无明显变形，抹灰层有细裂缝，部分压条脱落。

3. 设备部分

(1) 水卫：上、下管道基本畅通，各种卫生器具完好。

(2) 电照：电器设备、线路、各种照明装置基本完好。

(3) 暖气：设备、管道基本畅通，基本上能正常供暖。

(4) 特种设备：现状基本良好，使用正常。

(四) 五成、四成的标准 (即严重损坏标准)

全部符合下列条件的为五成；部分损坏略为严重的为四成。

1. 结构和楼地面部分

(1) 地基基础：局部断裂，有较大不均匀沉降，对上部结构已产生一定影响。

(2) 承重构件：木构件局部侧斜，下垂侧向变形、腐朽、裂缝，少数节点松动、脱榫，铁件锈蚀严重。

(3) 非承重墙：部分墙体裂缝。

(4) 屋面：木基层部分腐朽，排水设施锈烂、断裂。

(5) 楼地面：水泥整体面层部分裂缝，木楼地板大部分磨损裂缝，油漆大部分剥落。

2. 装饰部分

(1) 门窗：部分变形，部分残缺，开关不灵，木质腐朽，油漆老化翘皮。

(2) 内外抹灰：部分有裂缝、脱落，勒脚抹灰严重侵蚀，勾缝砂浆酥松脱落。

(3) 顶棚：吊筋松动、弯曲变形、腐朽，面层破烂、脱落，有下垂变形。

3. 设备部分

(1) 水卫：上、下管道不够畅通，卫生用具部分损坏。

(2) 电照：设备陈旧，电线部分老化，少量照明装置有损坏残缺。

(3) 暖气：部分设备管道锈蚀严重，暖气供应不正常。

(4) 特种设备：不能保证正常使用。

(五) 三成以下的标准 (即局部危险和严重破坏的标准)

1. 结构和楼地面部分

(1) 地基基础：有明显不均匀沉降，且在继续发展，严重影响上部结构安全和正常使用。

(2) 承重构件：木构件严重侧斜、下垂、侧向变形、腐朽、蛀蚀、榫头榫折断拔出、榫眼无裂缝，铁件少量残缺，严重锈蚀。

(3) 非承重墙：墙体裂缝，严重锈蚀。

(4) 屋面：严重漏雨，木层严重腐朽，排水设施严重锈烂、断裂、残缺不全。

2. 装饰部分

(1) 门窗：大部分开关不灵，翘曲变形，部件残缺，腐朽锈蚀，油漆见酥。

(2) 内外抹灰：普遍空鼓、裂缝、风化脱落，勾缝砂浆严重酥松脱落，墙面渗水。

(3) 顶棚：面层破烂不堪，严重下垂变形，吊筋松动、弯曲、断裂、腐朽、蛀蚀。

3. 设备部分

(1) 水卫：下水道严重堵塞、锈蚀、漏水，卫生用具零件较大部分损坏、残缺。

(2) 电照：电气设备陈旧残缺，电线普遍老化零乱，照明装置残缺不齐，绝缘不符合安全用电的要求。

(3) 暖气：设备、管道锈蚀严重、零件损坏残缺不齐，基本上已无法使用。

(4) 特种设备：严重损坏，已无法使用。

四、简易结构房屋新旧程度评定标准

(一) 十成新

新建房屋竣工验收合格，使用期二年以内的。

(二) 九成、八成的标准

凡全部符合下列条件的为九成；部分符合条件的为八成。

1. 结构和地面部分

(1) 承重构件：竹、木构件节点牢固，无断裂糟朽、蛀蚀。

(2) 非承重墙：竹笆墙、芦帘和苇箔墙完整无破坏。

(3) 屋面：不漏雨，石灰炉渣、青灰层面光滑平整，油毡层面牢固无破损。

(4) 地面：平整完好。

2. 装饰部分

(1) 门窗：完整无损，玻璃、五金齐全。

(2) 外抹灰：完整无破损。

(3) 内抹灰：完整无破损。

(4) 顶棚：完整牢固。

(三) 七成、六成的标准

凡全部符合下列条件者为七成；部分符合为六成。

1. 结构和地面部分

(1) 承重构件：竹木构件节点较牢固，有蛀蚀，铁件锈蚀。

(2) 非承重墙：竹笆墙、芦帘和苇箔墙有少量损坏。

(3) 屋面：稍有漏雨，石灰炉渣、青灰层面稍有裂缝，油毡屋面有少量破洞。

(4) 地面：表面不平整。

2. 装饰部分

(1) 门窗：部分开关不灵，玻璃、五金不齐全。

(2) 外抹灰：稍有裂缝、剥落损坏。

(3) 内抹灰：稍有裂缝、剥落损坏。

(4) 面层：少量破烂。

(四) 五成、四成的标准

1. 结构和地面部分

凡符合下列条件者为五成；部分损坏较重者可定为四成。

(1) 承重构件：竹、木构件节点个别松动，竹木材料开裂、蛀蚀、糟朽，局部构件变形。

(2) 非承重墙：竹笆墙，芦帘和苇箔墙的墙脚糟烂，竹柱脚糟朽。

(3) 屋面：局部漏雨，石灰炉渣、青灰层面局部风化、脱壳、剥落，油毡层面有漏洞。

(4) 地面：地面磨损有坑洼。

2. 装饰部分

(1) 门窗：部分门窗翘裂、腐朽，开关不灵，玻璃破损不齐，五金残缺锈蚀。

(2) 外抹灰：部分空鼓、剥落。

(3) 内抹灰：部分空鼓、剥落。

(4) 顶棚：面层局部破损，芦帘筋、梗绑扎松动。

(五) 三成以下的标准

好于以下条件者为三成；全部符合以下条件者为二成；低于以下条件者按残值计算。

1. 结构和地面部分

(1) 承重构件：竹木（质次）构件松动、变形，竹木材弯曲断裂、糟朽，整个房屋倾斜变形。

(2) 非承重墙：竹笆墙、芦帘和苇箔墙严重损坏、糟朽、坑蚀、残缺不全，墙体倾斜。

(3) 屋面：漏雨严重，石灰炉渣、青灰层面大部分冻鼓、裂缝、脱壳、剥落；屋顶油毡老化，大部分损坏，脱落。

(4) 地面：地面剥落、坑洼、高低不平。

2. 装饰部分

(1) 门窗：门窗部分严重残缺不全，开关普遍不灵，玻璃、五金残缺，锈蚀严重。

(2) 外抹灰：严重空鼓、剥落。

(3) 内抹灰：严重空鼓、剥落。

(4) 顶棚：面层严重残缺，芦苇梗糟朽。

五、房屋新旧程度评定标准

房屋新旧程度是以主体结构为主进行评定的。如果在评定时各部分有交错的应以主体结构为主进行评定。

(2) 平均年限折旧法。平均年限折旧法又称定额法、直线法。该方法假定建筑物在其耐用年限内每年的折旧额相等，由此计算年折旧额，即用待估建筑物的折旧总额，除以单一的耐用年数，以求得每年的折旧额的方法。

假设每年的折旧额是 D，则

$$D=\frac{C-CR}{N}=\frac{C(1-R)}{N}$$

经过 n 年的折旧累计额为

$$D_n=C(1-R)\frac{n}{N}$$

$$D_n=C(1-R)\frac{N-n'}{N}$$

$$D_n=C(1-R)\frac{n}{n+n'}$$

建筑物现值用如下算式来计算：

$$P_n=C-C(1-R)\frac{n}{N}=C\left[1-(1-R)\frac{n}{N}\right]$$

$$P_n=C\left[1-(1-R)\frac{N-n'}{N}\right]$$

$$P_n=C\left[1-(1-R)\frac{n}{n+n'}\right]$$

以上式中　D_n——经过 n 年中的减价累计额；

P_n——经过 n 年后的现值；

C——重置价格；

R——残值率；

N——耐用年数；

n——到评价价格时的经过年数；

n'——在评价价格时的剩余耐用年数。

由于折旧累计额与经过年数成正比，如图 12－1 中所示，建筑物累计折旧额从重置价格中扣除后的现值显示成直线减少。

(3) 定率折旧法。定率折旧法又称残存渐减法、递减折旧法、余额递减法，是指建筑物每年末价格乘以同一固定比率（折旧率）以求得每年折旧额的方法。

第 i 年折旧额 D_i 的计算公式为

$$D_i=C(1-d)^{i-1}d$$

其中

$$d=1-\sqrt[N]{S/C}$$

上二式中　S——残值；

C——重置价格；

d——年折旧率；

N——耐用年限。

经过 n 年（$n \leqslant$ 耐用年限 N）的现值 P_n 的计算公式为

$$P_n = C(1-d)^n$$

如图 12-2 所示，年折旧额初时最大，随着年度的增加而递减。

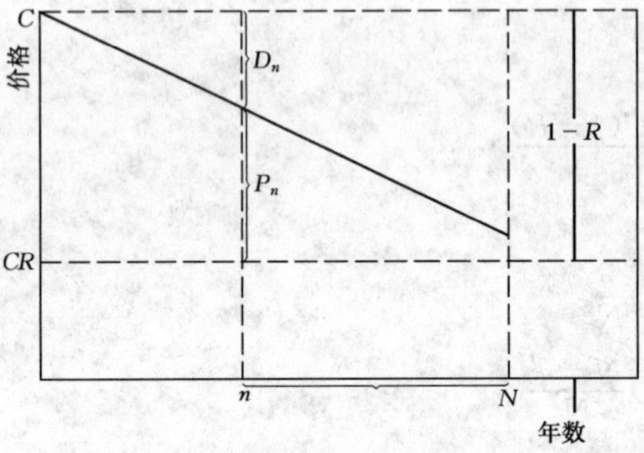

图 12-1　平均年限折旧法示意图

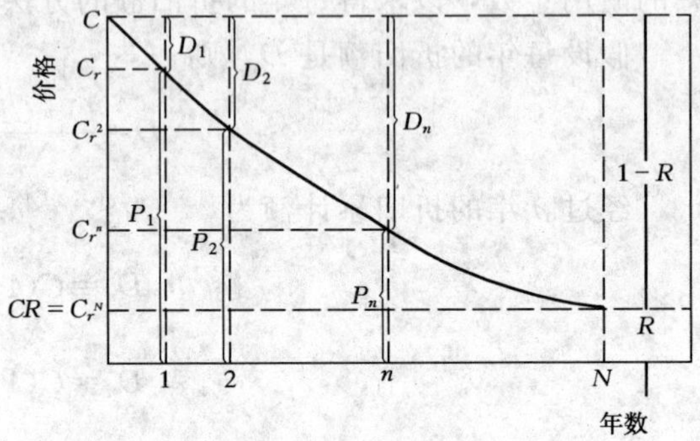

图 12-2　定率折旧法示意图

（4）年数合计法。该法是利用分数的比率计算，其中分子为建筑物剩余使用寿命在当年开始的数字，分母为全部寿命的年数总和。若用 S_N 表示这个总和，则有 $S_N = 1+2+3+\cdots+N = N(1+N)/2$。

第 i 年折旧额 D_i 的计算公式为

$$D_i = \frac{N-(i-1)}{S_N}(C-S)$$

式中，N、C、S 含义同上。

已经使用了 n 年的建筑物的折旧总额 D_n 为

$$D_n = \frac{n[2N-(n-1)]}{2S_N}(C-S)$$

采用年数合计法折旧下的建筑物现值为

$$P_n = C - D_n = C - \frac{n[2N-(n-1)]}{2S_N}(C-S)$$

（5）偿还基金法。偿还基金法又名偿债基金法，指待估建筑物满了耐用年限时，包括折旧累计额和对折旧累计额的复利计算的利息额，按耐用年限计算偿还的方法。

假定每年公积金额为 A。第一年的公积金 A 在耐用年限 N 的本金和利息合计为 $A(1+i)^{N-1}$，i 为公积金利率，则 A 的计算公式为

$$A = \frac{(C-S)i}{(1+i)^N - 1}$$

又因 $C-S = C-CR = C(1-R)$，则

$$A = \frac{C(1-R)i}{(1+i)^N - 1}$$

经过 n 年的折旧累计额 D_n 为

$$D_n = nA = \frac{n(C-S)i}{(1+i)^N - 1}$$

或

$$D_n = \frac{nC(1-R)i}{(1+i)^N - 1}$$

则经过 n 年时的现值 P_n 为

$$P_n = C - D_n = C - \frac{n(C-S)i}{(1+i)^N - 1}$$

或

$$P_n = C - \frac{nC(1-R)i}{(1+i)^N - 1} = C\left[1 - \frac{nC(1-R)i}{(1+i)^N - 1}\right]$$

如残存耐用年数（将来保全年数）是 n'，则如图 12-3 所示，现值的算式为

$$P_n = C\left[1-(N-n')\times(1-R)\frac{i}{(1+i)^N - 1}\right]$$

$$P_n = C\left[1-n\times(1-R)\frac{i}{(1+i)^{n+n'} - 1}\right]$$

4. 折旧方法的比较

平均年限折旧法每年的折旧额均相同，由于简单易行，常为人们普遍采用。但这种方法的假设前提往往不符合实际。

定率法与年数合计法两者都属于加速折旧的方法。早期折旧额多些，后期则逐渐减少。其中定率法每年的折旧率相同，而折旧额不同。

偿还基金法每年的折旧额相同，每年的折旧额加算利息，每年折旧额比平均年限折旧法少。

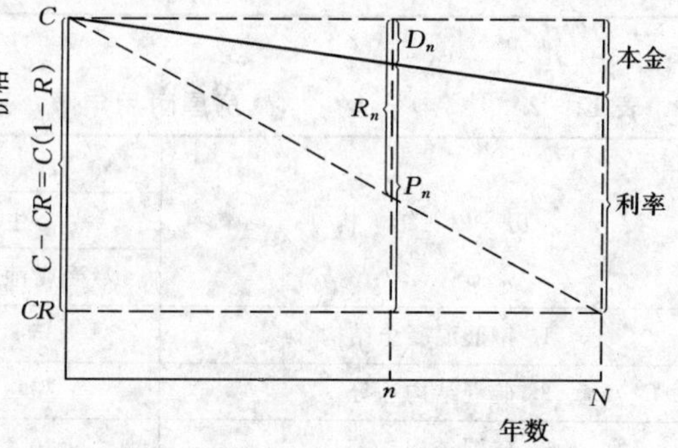

图 12-3 偿还基金法示意图

平均年限折旧法、定率法、年数合计法、偿还基金法与新旧程度折旧法相比，前四种方法的优点是具有理论基础，缺点是不考虑使用者的使用、保养情况，不论建筑物如何，只要重置价格、耐用年限、经过年数等相同，所求得的折旧额必然相等。新旧程度折旧法的优点是针对建筑物的实在观察，可把握建筑物的个别状态。缺点是成新度须依估价人员判断，结果粗略。

5. 计算折旧应注意事项

估价上的折旧与会计上的折旧有本质的区别。估价上的折旧注重的是价值的减损，科学地说不是折旧，而是“减价修正”；会计成本上的折旧注重的是原始取得价值的摊销与收回。在会计成本上，C 为资产原值，不随时间变动而变化；在估价上，C 为重置造价，而且是估价时点上的，因此估价时点不同，C 值就不同。

建筑物的耐用年限有自然耐用年限（又称自然寿命）与经济耐用年限（又称经济寿命）之分。前者是指建筑物自建造完成之日起因使用、自然磨损达到不堪使用的年数，后者是指建筑物自建造完成之日起预期产生的收益大于运营费用的持续期。对于房地产估价来说，所采用的耐用年限应为建筑物的经济耐用年限。

实际求取建筑物的折旧时，还应划分建筑物的主体与附属设备，因为它们的耐用年限不同，折旧率也不同。建筑物的附属设备是指与建筑物不可分割的各种附属设备，如水、暖、电、卫、通风、电梯等设备。

在实际操作上，通常将建筑物的折旧率分为综合折旧率、分类折旧率和个别折旧率三种。

6. 建筑物耐用年限的确定

房屋建筑物耐用年限一般是根据房屋的建筑结构和建筑材料等确定。表 12－1 是《经租房屋清产估价原则》中对房屋建筑物耐用年限的残值率的评定标准。

表 12－1　房屋耐用年限、残值率评定标准(一)

房屋结构	耐用年限（年）	残值率（%）
1. 钢筋混凝土结构	60～80	0
2. 砖混结构一等	40～60	2
3. 砖混结构二等	40～60	2
4. 砖木结构一等	30～50	6
5. 砖木结构二等	30～50	4
6. 砖木结构三等	30～50	3
7. 简易结构	10～15	3

另外，《房地产单位会计制度——会计科目和会计报表》中对房屋耐用年限和残值率也作了相应规定，见表 12－2。

表 12－2　房屋耐用年限、残值率评定标准（二）

房屋结构	耐用年限（年）			残值率（%）
	生产用房		非生产用房	
	受腐蚀	不受腐蚀		
1. 钢筋混凝土结构	35	50	60	0
2. 砖混结构一等	30	40	50	2
3. 砖混结构二等	30	40	50	2
4. 砖木结构一等	20	30	40	6
5. 砖木结构二等	20	30	40	4
6. 砖木结构三等	20	30	40	3
7. 简易结构		10		0

上面列举的是国家制定的耐用年限标准。

各地可根据国家的标准，结合当地实际情况及建筑物的不同用途，确定各地不同建筑结构的耐用年限。

7. 建筑物折旧额的计算

利用各种计算折旧额的方法，首先需要确定建筑物已使用年限，然后将重置价格、耐用年限、折旧率等代入相应的公式，即可计算得到建筑物的折旧额。

在实际的工作中，有必要并用几种方法。正确进行折旧额的计算，可先用以耐用年限作为标准的方法算出折旧额，然后用新旧程度折旧法加以修正，或者通过新旧程度折旧法将建筑物经过年数或残余耐用年数等，与待估建筑物现状一致起来进行修正，确定出待估建筑物的折旧额。

（五）建筑物价格评估

将建筑物重置价格、已使用年限的折旧额、建筑物成新度代入重置价格折旧法的基本

公式中，计算出建筑物价格，即有

$$建筑物价格 = 建筑物重置价 \times 成新度$$

要最终确定建筑物的评估现值，要在按基本公式计算出建筑物价格后，还需综合考虑影响建筑物价格的其他因素，对评估值进行修正后，再予以确定。

二、对照法

对照法亦称标准法，就是把评估对象的客观条件与标准房价要求的条件相对照，从中查出与评估对象条件基本相同等级的标准房价。

应用对照法评估建筑物的主要步骤如下。

1. 确定待估房屋建筑物结构等级

对评估房屋的结构、装修、设备等做认真的查勘分析，并做详细记载。需要特别注意的是，不属于不动产范围的装饰、设备和设施不应作为评估标的物，也就不能作为评定房屋等级的条件因素。把查勘得到的标的物特征与房屋等级划分标准细目相对照，如评估标的与对照标的条件基本吻合，就可以确定对照标的结构等级就是评估房屋的结构等级。

2. 对照标准查房价

在此之前，首先需要制定出一个城市的标准房价。标准房价制定一般以房屋建筑成本为测算依据。标准房价的测算数据是通过调查和直接计算取得的。标准房价制定的测算数据是通过调查和直接计算取得的。标准房价制定的主要方法步骤如下：

(1) 从城市各类房屋中选找样板房，每个等级样板房应在10个以上，样板房的容量越大，就越接近这类房屋的实际平均价格。

(2) 对样板房的造价调查测算。对选中的样板房进行测算，计算出单位造价。对近期竣工新建类型的房屋的测算数据，可通过调查的方式取得。对建造年代久远、近年来又没新建的旧式房屋，可采用做预算的方法，计算出房屋的重置价格。

(3) 对样板房的造价进行时间修正。由于选定的样板房在建造时间上和施工用料的价格上都有差异，这些差异的程度直接影响计算出来的平均造价的准确程度，所以在平均计算前应对每个样板房的造价按照确定的评估期日的建筑材料正常市场价格进行修正，使测算的样板房在同一起跑线上进行比较和应用。

(4) 把选定的同一等级的样板房的现值加权平均，其结果就可作为这个等级房屋的标准房价。

根据标准房价测定标准，把确定的评估标的的结构等级与标准房价的结构等级相对照，从中查出相应的标准价格，作为评估标准的基础房价。

3. 对基础房价进行调整

标准房价是按幢、新房、排除环境影响测算出来的，但实际上同一等级房屋存在新旧程度、楼层、朝向、周围环境的差异，这些差异不同程度地影响着房屋的使用效能和价值量。因此必须对查出的标准房价，做不同程度的修正，使其更接近评估标的物的实际价值。

(1) 房屋新旧程度的修正。就是计算房屋的折旧。计算房屋折旧的方法可采用重置价格折旧法中提供的几种计算方法。

(2) 房屋坐落朝向、采光对房屋评估价格影响的修正。评估的房屋坐落朝向、采光情况是各异的，其使用效能大的，其价格应该高一些，使用效能小的，其价格就应低一些。这就需要在评估某处房屋价格、应用标准房价时，对标准房价进行朝向、采光、影响程度的修正，计算出房屋朝向、采光的差价。房屋的朝向、采光一般表达式为

房屋朝向、采光差价 ＝ 标准房价 × 房屋朝向、采光修正系数

(3) 楼房层次对评估价格影响的修正，楼房分层评估时，还要考虑各层次使用功能的差异对价格的影响。

(4) 房屋共用部位对评估价格影响的修正。

(5) 时间的修正。如果标准房价颁布的时间，与评估期日间距较长，且在这段时间内建造房屋的各种费用有较大的变动，还应对采用的标准房价进行时间的修正。

4. 确定房产评估价格

房产评估价格试算公式为

房屋评估价格＝[(标准房价 × 共用部位修正系数 ± 朝向差价 ± 楼层差价) × 成新度] × 评估总建筑面积

三、建筑物残余法

建筑物残余法是指用收益还原法以外的方法，能求出建筑物所占用的土地价格时，从全部纯收益中扣除归属于土地的纯收益，得到归属于建筑物的纯收益，再根据建筑物的还原利率与折旧率，采用收益还原法求出建筑物的收益价格的方法。

用建筑物残余法估算建筑物价格时，其估价步骤为：①计算土地与建筑物总收益；②计算土地的收益；③计算建筑物收益；④确定还原利率；⑤估算建筑物价格。按上述步骤，如

$$a=a_1+a_2=P_1r_1+P_2(r_2+d)$$

式中 a——建筑物及其基地发生的全部纯收益（折旧前）；

a_1——归属于土地的纯收益；

a_2——归属于建筑物的纯收益；

P_1——土地价格；

P_2——建筑物的价格；

r_1——土地的还原利率；

r_2——建筑物的还原利率；

d——建筑物的折旧率。

则上述算式所计算的建筑物的纯收益为

$$a_2=a-a_1=a-P_1r_1$$

那么，建筑物的收益价格为

$$P_2=\frac{a_2}{r_2+d_2}=\frac{a-P_1r_1}{r_2+d}$$

在土地及建筑物评估中，由于建筑物有折旧，而土地无折旧，一般情况下 r_2 大于 r_1，两者之间的关系为 $r_2=r_1+d$。

四、比较法

所谓比较法，是在求取估价对象建筑物价格时，将估价对象建筑物与在较近时期内已

发生了交易的类似建筑物加以比较，从已发生了交易的类似建筑物的已知价格，修正得出估价对象建筑物的价格的一种估价方法。所谓类似建筑物是指在用途、建筑结构、所处地区等方面与估价对象建筑物相同或相似的建筑物。

运用比较法进行建筑物价格评估，同比较法评估土地的原理基本一致，只是比较的因素、项目不同。进行建筑物的比较评估，选择的因素主要是影响建筑物质量的建筑结构、建造年份、设计标准、装修设备、建筑面积、层次、朝向、用途、产权状况等。通过比较分析、对评估建筑物的条件与买卖实例的建筑物条件有差别的，则通过系数进行调整修正。其计算公式为

$$建筑物价格=买卖实例单价\times\frac{评估时建材价格指数}{交易时建材价格指数}\times\frac{评估对象交易情况}{交易实例交易情况}$$

$$\times\frac{评估对象的比较因素条件系数}{交易实例的比较因素条件系数}\times建筑面积$$

第三节 建筑物估价方法应用

一、建筑物估价中应注意的问题

(1) 经常了解建材价格的变动状况。估价师应随时注意建材的价格状况，尤其是主要建材价格以及建筑工人的工资水准，这些因素是构成建筑物价格的基本因素，如果不能把握其变动方向，很难达到理想的估价。估价师更应注意建筑材料品质的变动及新的替代品的发明和使用。

(2) 全面了解建筑有关的法律法规。现代国家的管理离不开法律，房地产业或建筑业也是如此，估价师必须对这些法律有全面的了解，并于估价实务上提及相关法规内容以供报告使用人参考。

(3) 建筑物估价应注意各楼层的差异。一方面建筑物各楼层，在建筑结构、建筑设计、内部装修和使用功能上可能存在着差异；另一方面各楼层尽管各方面建筑条件均一致，但由于楼层层次的不同，在使用上也会产生不同的效用。因此，在估价时应分别说明各楼层的室内状况及使用情况，如果必要应分别进行估价。

(4) 区分动产与不动产。建筑物估价很容易与动产混淆，因此也称之为必要设备。其必要设备几乎没有一定的范畴，因为必要设备并没有一定的认定标准。因此，估价实务上主要是看是否定着于建筑物上。

(5) 增建建筑物的折旧问题。建筑物常因某种需要而分次加建楼层，增建的层次折旧应以基层折旧程度为准，否则会造成同一栋楼房折旧年限不一致、折旧不平衡的不合理现象。

(6) 分析建筑物自然条件。建筑物除人工条件改善其效用外，其自然条件对建筑物价格影响也十分重要。自然条件包括通风、采光、形状、施工情况等。如果建筑物通风良好、采光也佳、环境优美，则必然能提高建筑物的价值。因此，建筑物在设计之初在这方面的考虑应十分周详，或可利用设计的完美改善基地地形的不良状况，估价师应仔细勘察这方面因素对建筑物价格的影响。

(7) 说明建筑物所具备的必要的内部设施。建筑物必要的内部设施，如防火设备、安全梯、停车场、卫生设备、清洁维护及管理设施等，这些设施的有无及可供使用状况，在估价中必须予以充分考虑。

二、建筑物估价例题

【例 12-1】 某房屋占地面积 30m²，建筑面积 36m²，耐用年限 55 年，已用 5 年，重置单价 1500 元/m²，残值率为 20%，求该栋房屋的现值。

解：1. 计算房屋重置价格（总价）

$$重置价格=1500\times36=54000\ (元)$$

2. 计算房屋已折旧额

(1) 依平均年限折旧法计算年折旧额：

$$年折旧额=54000\times\frac{1-20\%}{55}=785.5\ (元)$$

(2) 计算已折旧总额：

$$总折旧额=785.5\times5=3927.5\ (元)$$

3. 计算房屋现值

$$房屋现值=54000-3927.5=50072.5\approx50070\ (元)(取整)$$

【例 12-2】 建筑物之部分估价。

(1) 不动产简介。本例估价对象为二栋建筑物，对象建筑物 A 是轻便铁骨造石棉瓦的铁工厂，面积 158.60m²，于 1967 年兴建，使用材料品质普通，管理状态良好，残余耐用年数 6 年。对象建筑物 B 的面积 47.26m²，作事务所使用，其他情况与 A 相同。二栋建筑物在同一基地上。

(2) 估价日期。1979 年 7 月×日。

(3) 估价目的。债务清偿。

(4) 估价条件。在建筑物与基地构成一体的前提下，求建筑物的估价（部分估价）。

(5) 价格种类。正常价格。

(6) 估价方法。本件不动产是采用原价法与建筑物残余法两种方法来进行估价，兹分别说明如下。

1) 原价法。由表 12-3 求得对象建筑物的重新建造原价：A 为 4667000 元，B 为 1659000 元。

表 12-3　积算价格计算表

项　目	积算实例 a. 140m²		积算实例 b. 148m²		对象建筑物 A 158.60m²			对象建筑物 B 47.26m²		
	构造、施工	单价（元/m²）	构造、施工	单价（元/m²）	实例	补正	重新原价（元）	实例	补正	重新原价（元）
临时设施	（直接）	2800	（直接）	2542	(b)	1.00	403161	(b)	1.00	120135
基础		5183		6511	(a)	1.00	822024	(a)	1.00	244949
躯体	铁骨	14155	铁骨	11290	(b)	1.00	1790594	(b)	1.00	533565

续表

项　目	积算实例 a. 140m²		积算实例 b. 148m²		对象建筑物 A 158.60m²			对象建筑物 B 47.26m²		
	构造、施工	单价（元/m²）	构造、施工	单价（元/m²）	实例	补正	重新原价（元）	实例	补正	重新原价（元）
屋顶	大浪石棉板		大浪石棉板							
		4846		6381	(a)	1.00	768576	(a)	1.00	229022
外墙	小浪石棉板		石棉大平板							
内墙	—	—	(1) 涂马赛克	(1) 702	—	—		(b)		
地板	塑胶砖	2273	(2) 木造	(2) 3942	—	—		(2)	1.25	232874
天花板	—	—	—	—	—	—				
设备	电气、给排水消除栓	8826	电气给排水卫生、电话	1728	(b)	1.00	274061	(b)	1.00	81665
小计	15％	38083		33096			4058416			1442210
诸经费		5712	15％	4964	15％		608762	15％		216332
合计		43795		38060						
重新建造原价							4667000			1659000

注　1. 建筑物估价是采用间接法，这是由于对象建筑物缺乏积算资料，故以同种建筑物的建设实例加以分析补正，以求对象建筑物的积算价格。

2. 对象建筑物 B 是做事务所使用，但与对象建筑物 A 同时建筑，主要构造也相同，故与 A 同样方式加以估价。

对象建筑物 A 与 B 同样经过 12 年，残余耐用年数 6 年，依定额法进行减价修正结果，其积算价格如下：

对象建筑物 A　　　　1556000 元

对象建筑物 B　　　　553000 元

2）建筑物残余法。就对象土地与建筑物合成一体的工厂所能得到的租凭收益，扣除必要经费，求得工厂及其基地纯收益之后，再从此项纯收益中，扣除归属于基地（土地）的纯收益，由此得到建筑物的纯收益，然后加以资本还原，即得对象建筑物 A 与 B 合计的收益价格为 227300 元。兹将实际演算过程说明如下：

a. 总收益（年额）。对象建筑物在 1975 年 12 月的月租金是 10 万元，无押金或权利金的授受。就此租金与其他租赁实例加以比较考虑，并进行期日修正，得估价期的月租金是 105429 元。则总收益为

$$105429\times12=1265148\text{（元）}$$

期日修正是以物价指数、租金指数等加以综合判断（1975 年 12 月为 10 万元，1979 年 7 月为 105429 元）。

b. 必要经费。建筑物的减价折旧费、维持管理费、损害保险费等，判定为总收益的 35％，故必要经费总额为

$$1265148\times0.35=442802\text{（元）}$$

c. 求土地与建筑物合成一体的纯收益，就是从总收益中扣除必要经费总额，即 1265148－442802＝822346 元。

d. 求归属于土地的纯收益：

（a）基地面积。由于对象建筑物是平房，故以建蔽率求基地面积，即

$$\frac{(158.60+47.26)}{0.6}=343.1\ (m^2)$$

（b）基地价格。以近邻地区及同一供需圈内类似地区的买卖实例，求得对象基地素地价格为 45900 元/m^2。但对象基地现在的利用效率判定 42%，故现在的价格为

$$45900\times0.42\times343.1=6614282\ (元)$$

（c）归属于土地（基地）的纯收益。设期待利率为 5%，则

$$6614282\times0.05=330714\ (元)$$

e. 归属于建筑物的纯收益。从土地与建筑物合成一体的纯收益中，扣除归属于土地的纯收益，即

$$822346-330714=491632\ (元)$$

f. 建筑物的收益价格。对象建筑物的残余耐用年数为 6 年，就此加以有限年期还原，利率为 8%，则收益价格为

$$491632\times4.623\approx2273000\ (元)$$

（年利率 8%，6 年的复利年金现价率）

（7）估价额之决定。由以上两种方法所求得试算价格见表 12－4。

这两种试算价格的差距不大。就积算价格来说，虽然缺乏对象建筑物的原设计图及平面图等，但估价时，对其内外部加以详细的观察，并听取委托估价者的说明，由此所求得的价格，故精度不差。至于收益价格，因为补正修正项目较多，因而精度稍差，故以积算价格为准，判定本件对象建筑物的估价额，见表 12－5。

表 12－4　　建筑物试算价格

对象建筑物	A	B	合计
试算价格			
积算价格	1556000 元	553000 元	2109000 元
收益价格			2273000 元

表 12－5　　建筑物的估价额

对象建筑物 A	1556000 元
对象建筑物 B	553000 元
合　计	2109000 元

复习思考题

1. 何谓建筑物估价？其基本原理是什么？
2. 影响建筑物价格的因素有哪些？
3. 何谓重建成本？何谓重置成本？
4. 求取建筑物折旧的方法有哪几种？
5. 建筑物的自然耐用年限及经济耐用年限的含义是什么？
6. 建筑物估价有哪几种方法？估价中应注意哪些问题？

第十三章　电子计算机的应用

建筑工程经济学是20世纪60年代产生的一门新兴科学。应用电子计算机技术则较晚，80年代初期，随着这门科学的完善和发展，电子计算机的应用，已进到一个崭新阶段。例如，用其进行宏观和微观的经济效益分析，建筑生产结构，建筑生产要素合理配置，产品产量的预测，编制工程概预算等。

第一节　电子计算机应用特点

电子计算机的应用，已经渗透到国民经济各个领域和社会生活的各个方面。在现代化建设中，电子计算机的应用越来越引起人们高度的重视，主要原因在于：

(1) 计算准确、速度快。电子计算机运算速度取决于电信号的传播速度。电磁波以30万km/s的速度进行传播。如果信号传播距离为1cm，从理论上说，电子计算机每秒可传播信息300多亿次。

(2) 存储信息容量大。一台微形或小型电子计算机的内部存储器可以存放几千至几万个数据，一台大型电子计算机可以存放80万到上百万数据。此外，还可以通过外部存储器来存放大量数据。

(3) 计算数字精度高。一般可以精确到小数点后第7位，如果特殊需要还可以精确到小数点后第14位，有的可以到小数点后第28位。

(4) 避免重复劳动。对于不同的建筑工程经济活动来说，建立模型所需要的数据，有一部分是相同的。因此，出现抄写、计算重复现象，时间和人力浪费是相当可观的。电子计算机的应用，避免了重复劳动，可以把数据存放到电子计算机内，根据不同问题各取所需。

第二节　电子计算机应用于建筑工程经济势在必行

随着我国建筑商品生产的发展，建筑工程经济科学同其他科学技术一样，发展很快。无论是研究对象、研究内容还是研究方法，都有新的突破，原来的计算手段远远不能适应新形势的要求。突出表现在以下三方面：

(1) 定性分析与定量分析。定性和定量分析相结合的方法，是近几年来建筑工程经济研究工作的一个显著进展。定性分析是建筑工程经济工作者常用的分析方法。根据有关经济理论，通过调查研究、积累资料，并进行归纳分析，运用理论抽象方法，提出方向性的决策意见。但是，这种分析往往不能精确地反映各个因素的变化关系，更无法把握各个因素影响经济活动的时限区间，也就是说不能反映“度”的界限，只有在定性分析的基础上，求助于定量分析才能解决。由于建筑工程是自然再生产和经济再生产交织在一起的活动，进行定量分析时，影响因素繁多、关系复杂，数据处理、计算量很大，进行手工计算是不可能的。

(2) 重视宏观与微观经济问题。社会主义经济是有计划按比例发展的。这就决定了建筑工程经济的研究内容，既要重视微观经济问题，也要重视宏观的经济问题。宏观经济问题，由于涉及部门专业和学科繁多，所以，在数据处理和指标运算等方面，工作量是相当大的。从新中国成立到1983年，全国共建成各类项目30多万个，产值近万亿元。例如要建立“中国建筑动态结构模型”，包括几千个建筑单位，30年数据，1000多个变量，如预测某年产值时，涉及24个省、自治区、直辖市，几千多个建筑单位、几万项数据。对于宏观经济模型来说，有时计算方法并不复杂，主要是进行大量重复性工作以及数据存储、处理和计算。这些工作通过人工是无法完成的。

(3) 静态分析和动态分析。最近几年，在建筑工程经济分析中，已引用了时间因素，这是一个新的进展。由于采用动态分析，一方面能够更确切地反映经济效果的实际情况；另一方面也反映了经济模型的复杂性，历史数据多。像这样大的工作量，不用电子计算机是无法完成的。

上述表明，随着建筑工程经济的发展，电子计算机的应用和普及已经提到日程上来。但是，由于基础工作、资金和专业人员的限制，这项工作还需要有一个过程。

第三节　电子计算机在建筑工程经济中应用概况

在20世纪，世界上发生了四大科学革命，即遗传工程、原子能、航天技术和计算机革命。其中电子计算机技术发展很快，已广泛地应用到各个领域。在建筑工程经济中，主要表现在以下两个方面：

(1) 处理各种信息。建筑工程经济信息，主要包括建筑生产、经济条件、环境和建筑材料等。建筑工程经济效果往往取决于生产管理者占有信息的数量、质量和速度，以及这些信息所发挥的作用。以手工为主处理数据，往往不能及时、准确地提供所需要的信息，从而影响了建筑工程经济效果。1980年全苏联约有5631个计算机管理系统。其效果，部一级管理系统指挥生产，增产为7.9％，减少消耗8％～10％，减少管理费用15％～20％，投资回收期平均缩短到3.3年。

环境资源是编制建筑设计方案，制定计划、预报预测等不可缺少的基础信息，许多国家都在建立相应的信息管理系统。如日本国土地理院，从1974年开始建立数字国土信息系统，存入地貌、土地利用、行政区划和各种经济条件等信息。我国从1982年起已经开始进行这项工作。

(2) 对建筑生产和经济管理进行数学模拟研究。应用电子计算机对建筑生产和经济管理进行数学模拟研究，是当代世界各国重点研究项目之一。所谓建筑生产和经济管理模拟，就是对建筑过程或曾经活动的某些环节进行定性定量分析，在总结大量实测数据和观察结果的基础上，建立模型。再将其中的数量关系抽象出方程式，然后计算其结果，据此进行实体试验。

这项工作我国刚刚开始。根据我国建筑工程结构和社会经济特点，已经建立了若干县、地级建筑经济生态模型，并通过调整现有建筑工程结构，取得经济效益。

以上所述仅仅是电子计算机在建筑工程经济上应用的部分成果，随着电子计算机的发展和应用，今后必将取得更大的成绩。

第四节 电子计算机对建筑工程经济问题模拟过程

电子计算机在解决建筑工程经济问题时，大致按照如下步骤进行：

(1) 明确要解决问题的性质。在建筑生产和科研工作中，要解决的建筑工程经济问题是很多的，有宏观的，有微观的。如农村建筑发展的一些战略问题：建筑结构、农村规划、投资效果经济评价等。首先要确定解决的问题是属于哪一类的问题。

(2) 确定数学方法。当前建筑工程经济研究工作的突出特点，是定性分析和定量分析相结合、以定性分析为基础，通过定量分析，使问题更趋向全面、准确、科学化。在建筑工程经济中，常用的数学方法主要有：边际（增量）分析、回归分析、正交分析、线性规划、生产函数、聚类分析、网络技术和投入产出综合平衡等。具体要依问题的性质而定。

(3) 数据资料收集整理工作。根据计算方法的要求，确定数据收集范围。数据是一切计算的基础，无论手工计算还是计算机计算，都要求必须具有准确、及时、全面的数据。如果数据本身缺乏可靠性，即使使用了先进计算工具和科学的计算方法，也不可能得到有用的结果。

为了得到准确、可靠的数据，在收集数据时，经常采用实际调查与收集上报资料结合的办法。通过对数据的核实、修正、归纳整理，方可使用。

(4) 建立建筑工程经济数学模型。所谓建筑工程经济数学模型，就是通过数学公式表达建筑工程经济问题的共性关系。数学模型是程序设计的基础，是电子计算机解决实际问题的前提。

如何建立建筑工程经济问题的数学模型，要因问题而异。常用的数学模型有边际分析、线性规划、回归分析、生产函数等几种。

(5) 程序设计或利用软件包。建筑工程经济模型建立后，接着就是程序设计。对于建筑工程经济工作者来说，不需要懂得更多的程序设计知识，只要能够掌握应用软件包就够了。一般来说建筑工程经济工作所需要的程序，如线性规划、回归分析、相关分析和聚类分析等，都有软件包，只要掌握用法就行了。

(6) 填写程序纸并进行输入。按照软件包的要求，把建筑工程经济学模型填入到程序纸上，并输入。一般采用两种输入方式：一种是通过终端（DAF：显示终端，TTY：电传终端）输入；另一种采用卡片穿孔输入。

(7) 宽行打印机或电传终端输出。把模型、数据输入到中央机以后，通过设计的程序或软件包的程序进行计算，经过调机，最后由宽行打印机或终端输出，如图 13-1 所示。

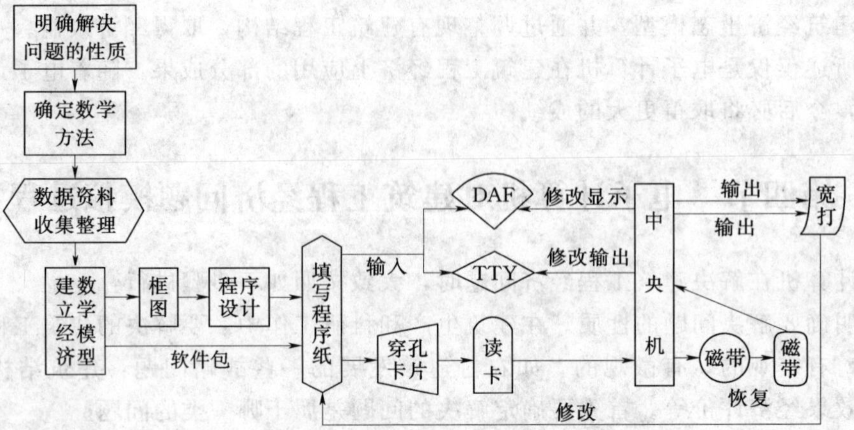

图 13-1　电子计算机模拟示意图

第五节　建筑工程经济工作者运用电子计算机必备条件

电子计算机在建筑工程经济中的作用，已越来越引起人们重视。目前，广大建筑工程经济工作者，正在摸索运用这门现代化技术解决实际问题。由于历史条件的限制，我国许多建筑工程经济工作者对数学模型还很陌生，更不熟悉电子计算机的应用。解决这个问题，可通过三条途径：①全面深入地掌握数学方法和计算机技术；②与有关人员合作，如与数学专业或计算机专业人员合作，取长补短；③掌握工业常用的数学方法及其软件包的使用方法。

第一条显然是不现实的，特别是现阶段，让建筑工程经济工作者花费很大精力从头学习数学和计算机的知识，可以说是一种浪费。

第二条是可行的。沈阳农业大学在铁岭进行的乡村建筑规划课题，就是由建筑工程经济、数学和电子计算机专业人员共同完成的。但是这种结合，涉及人员多，需要相互弥补知识，程序设计时间长。往往意见不易统一。

第三条是理想的途径。建筑工程经济工作者，对建筑工程常用的一些数学方法是比较熟悉的，只要能够结合实际学会应用、学会建立数学模型，问题是可以解决的。对于建筑工程上常用的软件包，不需要了解软件包中程序的设计，只要掌握怎样把数学模型填入到程序纸上，会看打印结果和错误信息就可以了。至于输入和运算过程，那是穿孔员和操作员的职责范围。这种途径好处在于，建筑工程经济工作者从收集资料、整理分析、选择数学方法、直到建立模型，完全可以按照自己意图去做。这样就会使模型设计更接近实际，计算结果更可靠，速度更快。这是一条多快好省的途径。目前相当多的建筑工程经济工作者正在走这条路子，并取得了可喜的成绩。

第六节　应用电子计算机编制建筑工程概预算

建筑工程概预算编制工作，大部分是简单的四则运算，数据多、处理量大。传统的手算容易出错、效率低，赶不上工程需要。

为了使概预算编制准确、及时，用电子计算机来代替手算是有效的。我国已有许多地区和单位研制了建筑工程概算编制的电算程序，并在不同程度上进行了推广使用。实践表明，它有以下优点：

（1）速度快，效率高。使预算人员摆脱了繁重的手算工作，改变了赶不上工程需要的被动局面。

（2）口径一致，计算准确。地区统一电算程序，使计算公式、定额套用和有关规定口径一致，只要数据和输入正确，结果就无误。

（3）计算项目完整，数据齐全。电算还便于同时提供更多的数据。如工料分析、单位面积工料、金额指标、万元指标，甚至按分层分段提供资料、分析资料等。

（4）不受经验限制，有利于培训新的预算人员。

限于篇幅，这里只对用电子计算机编制概预算的原理和应用方法作简单介绍。

一、基本原理

建筑工程概预算编制电算程序，有的用算法语言编写，有的用汇编语言编写。前者具有直观，程序编写、调试方便的优点，但要占用较多的内存单元，容量小的计算机使用时受到限制。后者编制与调试要求细致，但可设计得紧凑合理，节省内存单元。也有采用两种语言混合编写的。各种程序的编算过程大都是手算过程的模拟，编制时先按总体逻辑画出主程序总框图和各个计算、打印子程序的粗框图，然后画出细框图，最后写出程序。预算编制主程序的总框图如图 13－2 所示。框图中打印初始数据的目的是为了核对输入的计算数据是否正确。

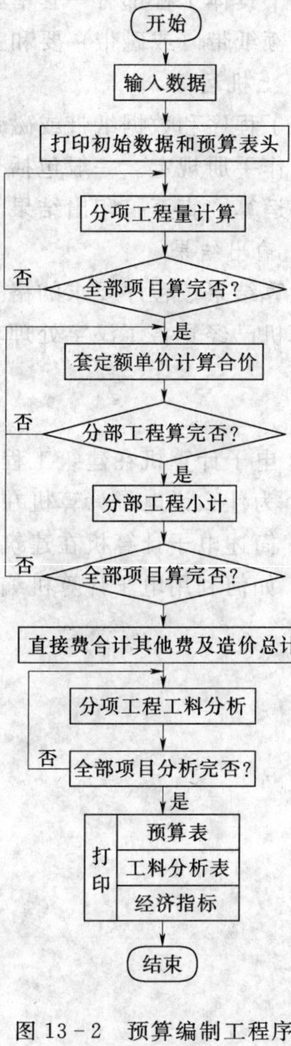

图 13－2　预算编制工程序框图示例

用电子计算机编制概预算程序还需要将定额资料的内容输给计算机。定额数据组成"定额库"。由于数据量大、占内存多，是中小型计算机电算的突出问题，所以要研究数据组成形式、定额编号及贮存方式、材料编号及贮存方式等。

二、用电算机编概预算的一般步骤

电算程序和定额库通过调试检验后，即可按下述步骤进行工程预算的编制。

1. 填写数据

填写数据按程序规定的表格形式进行。如有的程序要分别填写工程初始数据表（或工程特征数据表）、建筑面积表、工程量计算表和补充定额表等几种。

工程特征数据表中填写工程代号、层数、结构类型、建筑类型工程是否在远郊、土方场外运输等内容。

工程量计算的填写方法与程序有关。如有的程序用通用计算表的方式，包括计算体积的四数通用表（含长、宽、高或厚及件数四个数）、计算面积的三数通用表、计算长度或件数的二数通用表。有的还设计有专用计算表，如砖基础、挖土及垫层、杯形基础、矩形柱、工形柱等专用表。表 13－1 为挖土及垫层计算专用格式。

表 13－1　　挖土及垫层工程量计算表

定额编号	表号	部位	长度 L	宽度 b	深（厚）度 h	件数 n

2. 数据输入准备

源程序和工程数据都要用适当方式记录下来，以便向计算机输入。多数计算机是用穿孔纸带通过光电机将信号输入的，小型或微型机也有用键盘输入或用磁带输入的。

每个具体工程都有一套单独的工程数据表，而源程序和定额库却是相同的。所以源程序和定额纸带（或磁带）要和工程数据分开。

3. 上机运算

有了程序和数据纸带或磁带，就可以上机运算了。上机操作的具体步骤根据机器的型号由操作手册规定。一般包括全机置零、启动、输入程序、编译、输入定额库、输入工程数据、运算，直至打印出结果。

4. 输出结果

运算结果按程序要求的格式打印成表格。通常要将表头译成汉字使用。现在某些型号的计算机已经具备了汉字处理功能，可以打印出汉字表格。

复习思考题

1. 电子计算机在建筑工程经济应用中有什么优点？
2. 为什么说电子计算机在建筑工程经济中的应用势在必行？
3. 简述电子计算机在建筑工程经济中应用概况。
4. 如何利用电子计算机编制建筑工程概预算？

第十四章　建筑产品的生产与环境保护

当前环境问题是世界各国面临的重大社会问题之一，环境问题主要由人类的生活和生产活动迅速发展所引起的，又对生产和生活发生重大影响；而这个问题的形成和解决又与建筑产品的生产有着密切的关系。因此，建筑产品布局、生产和使用过程中必须重视和妥善处理有关环境保护问题，防止污染，造福于人类。

第一节　自然环境是人类生存的最基本条件

所谓环境，就是指人类和生物生存的空间。根据环境的形成和发展情况，可分为自然环境和人工环境，前者如陆地、海洋、森林、草原；后者如城市、农村、水库、工矿区等。地球表层由大气圈、水圈、土壤岩石圈构成，适合于人类及其他生物生存的地表范围称为生物圈。从地表面到几十公里乃至1000km的高空，覆盖着由许多气体成分组成的大气层，不但供给生物所需的碳、氢、氧、氮等元素，而且保护地面生物免受外界空间各种宇宙射线照射的危害，防止地球表面温度剧烈变化和水汽散失。天然水体包括海洋、江、河、湖、地下水。海洋占地球总水量的97%，覆盖地球表面70%以上，是生命的起源地，也贮藏着许多物质资源。地表岩石经多年风化侵蚀和生物作用，逐步形成不同类型土壤，而成为植物生长的基地。地表下岩石层，则是人类社会必需的矿产资源和能源的重要蕴藏地。

大气圈、水圈和土壤岩石圈之间，通过气流、蒸发、降水、径流、渗流和各种物理化学过程，再加上生物的生命活动和人类的社会生产活动，经常进行着能量交换和物质循环。生物圈表现出一定程度的平衡调节机能。生物循环和能量流动是自然界的重要功能，除无生命过程外，它们常常是由各种生物集团（其中包括植物、动物和微生物）参加和起媒介作用来完成的。人类或生物集团与周围环境相互作用，通过物质流和能量流共同构成生物和环境的综合体系，这就是生态系统。森林、河流、城市等都是性质不同的生态系统，每个生态系统都有它的地区性和特殊的结构，以及物质循环和能量转化的规律，从而形成了该系统与环境之间相制约的因果关系。生物与周围环境间的这种相互作用、相互制约的关系，在一定条件下形成动态平衡状态。若某一环节在一定限度内有所变化，整个系统可以进行适当调整，保持原有平衡状态不遭破坏。但是这种调补和平衡的能力终究有一定限度，如果人类活动使自然环境剧烈变化，造成排入自然生态系统中的有害物质过多，超出了自然系统的调节功能，及人类和生物所能忍受的程度，就会破坏生态平衡，从而使环境不能满足社会需求，甚至危及人类的正常的生活和经济发展。

例如，水体中的有机物，在有足量的溶解氧时，可由需氧细菌分解为有机物，使水质保持良好；若大量有机废物排入水体，使溶解氧消耗殆尽，转由厌氧细菌分解，就会使水变质发臭，使水生生物无法生存，从而破坏了水体生态系统的正常结构与功能。再如大量燃烧炭，向大气排放二氧化硫和烟尘，二氧化硫能形成酸性雾滴，再经氧化成为硫酸，不仅刺激人体，有损人体健康，而且其所造成的酸滴，还可大面积损害森林、草原、土壤和水体，破坏生产及自然界生态平衡。自然环境和人类生活环境是一个不可分割的整体，一般说来，凡是破坏自然平衡和大幅度干扰生态系统正常功能的活动，必然会直接或间接地影响人类的生活环境。生物同环境相互作用经过100多万年的长期进化过程，形成了今天的生物圈，人类和人类社会正是在这样的环境体系中产生、进行而发展起来的。随着人类社会的生活和生产活动规模日益增大，自然环境中正常的循环功能，以及在此基础上形成的自然生态平衡所受干扰和破坏愈益严重，环境保护问题就成为人们面临的日益突出的问题，不能掉以轻心。

研究和重视保护环境问题的目的：一是为人类保持良好的生活环境；二是保护人类所需要的资源。根据自然资源的性质，自然资源大致可分为生态资源、生物资源、矿物资源。生态资源又称恒定资源，如太阳辐射、气温、水分等，它们不以人类意志为转移，此类资源有明显的地区性，如能充分利用现代科学技术，因地制宜发挥优势，则可被永恒使用。生物资源，包括森林、草原、鸟、兽、鱼、虫等动植物及土壤等。此类资源的特点是具有再生机能，如合理使用、科学管理，不仅能再生不已，且可根据人类意志，有计划地繁殖扩大。矿物资源，包括煤、石油、矿石等。此类资源的贮藏有限，基本上属于非再生资源，如何采取综合措施，充分发挥各种物质的潜力，是合理利用此类资源的关键，也是减少“三废”污染的有效预防措施。

环境问题和生态问题归根到底是一个经济问题。这是因为人类社会的存在，离不开物质资料的再生产，而物质资料的再生产，又离不开劳动力的再生产。对人健康的保护就是对劳动生产力的保护，而人的健康又与环境密切相关。环境污染，必然造成对人体的危害以及影响人类死亡率的高低和有关费用的支出或经济效益的好坏；再者，任何建设项目的兴建，都要以具有相应的资源为前提条件，在某种程度上看来，资源的优劣直接影响着建设项目（建筑产品）的经济效益高低。环境条件的好坏，直接影响到生产、建设的进行和经济的发展，主要研究宏观经济问题的建筑经济学就不能不研讨环境保护和生态平衡问题。我们既要讲建筑产品的建造和使用的经济效益问题，又要讲环境效益问题。讲求环境效益，就是防治环境污染，维护生态平衡，在建筑产品建造和使用过程中，合理地开发利用各种资源，为人们创造一个清洁、优美、舒适的优化环境。

第二节　国外环境污染状况

1986年，第三世界环保国际会议指出，当前严重威胁世界环境的主要问题有：河水遭到严重污染；大量使用农药；酸雨现象正在发展；渔业资源逐渐减少；饮水资源越来越少；森林资源遭到严重砍伐；野生动物大量灭绝；土地沙漠化日益严重；世界人口急剧增加；地球温度明显上升。这十大问题中有些与建筑产品建造和使用直接有关，有些则属间接有关，有些问题与建筑产品关系不大，亦应引起我们注意。

环境污染问题是随资本主义产业革命开始到20世纪初期逐渐发生和发展起来的。当时英国伦敦陆续发生了3次由于燃煤造成的烟雾事件，死亡人数共约1800名。有的资料载1952年12月伦敦发生的一次烟雾事件，两天死亡4000人。日本足尾铜矿的废水、废气污染，受害面积达数百平方公里，使几十万人流离失所，造成严重后果。以后随着石油的大量使用和资本主义工业迅速发展，环境污染日趋严重。如日本水俣事件是含汞废水污染造成人体甲基汞慢性中毒，死亡率高达38%。如今，加拿大每年因酸雨造成的损失达50亿美元❶。

据有关文献记载，远古时代地球表面约有2/3陆地为森林覆盖，总面积达76亿hm^2。后遭到人为的严重破坏，目前世界现有森林面积为38亿亩，平均覆盖率为22%，每年约有2000万hm^2被伐毁，而人类造林面积每年也仅有400hm^2。

盲目毁林垦荒造成严重后果。如在美国由于其东北部及中部将近20亿亩森林被砍，结果于1934年发生了一场举世闻名的"黑风暴"，连刮了三天三夜，席卷美国2/3大陆，足以把装满100万趟列车的地表沃土刮进大海，加之雨水每年又冲走30亿t泥土，致使农田大受其害。全世界沙漠面积正以5000万～7000万hm^2/年的速度迅速扩大。

环境污染问题的严重化，迫使一些资本主义国家拨出大量资金来解决环境污染问题。例如1971～1975年，环保经费占国民生产总值的比例：日本为2%～3%，美国为1.6%，西德为1.8%，意大利为0.6%，即使如此也难完全解决问题。据统计，到2000年，世界环境（非局部性）将出现危机。全世界每年用燃料70亿t，燃放排到大气中的二氧化碳有20亿t。空气中二氧化碳增加一倍，低层大气就会升高1.5～3℃，将造成两级冰雪融化，海平面上升，淹及沿海陆地。高空超音速飞行迅速发展，大量使用有机氯等，地球表面臭氧层将受到破坏，估计30年将减少7.5%。大气中臭氧减少，大量紫外线辐射将引起皮肤癌剧增。20世纪末，森林、渔业、石油等资源逐渐短缺，全球性农业土壤将会受污染。水土流失、盐碱化、沙漠化的破坏将日趋严重。因为人和经济的迅速增长，加剧了资源的消耗和枯竭，导致环境的污染和破坏，从而又进一步降低了资源利用率；自然生态平衡的破坏，人口的压力也造成农业环境退化；不适当的工业发展，资源浪费，污染了环境，还使人口涌向城市，更使城市环境恶化。因此，发展经济，进行基本建设或建筑产品建造，必须与环境相互协调，以期很好满足人民各方需要，正如恩格斯所指出，人本身是自然界的产物，是在他们的环境中并且和这个环境一起发展起来的❷人与环境处于对立统一中，违反自然规律就会受到自然界的报复。据统计，环境污染造成的损失在西欧各国就占到国民生产总数的3.5%。从经济发达国家情况看国民生产总数翻一番，污染便会增长20倍以上。

第三节　我国环境保护基本特点

一、我国自然环境特点

我国人口众多，幅员广大，文化发达，960万km^2国土上山河纵横，地跨寒、温、热

❶ 《中国环境报》1986年3月8日第三版。

❷ 国家经济局《中国经济年鉴》（1986年）第5页。

三带，物产丰富，森林也曾茂密，故自古以来，木结构就广泛地使用于房屋建筑中。然而，按人口平均，我国每人也不过1.5～2.0亩可耕土地，远少于世界平均数。同时森林资源也十分缺乏，人均占有森林面积也不过1.8亩，为世界平均水平的1/6。这是由于历代王朝无计划地砍伐，再加上战争的破坏造成的。目前，我国森林资源急骤减少，据1976年调查，全国森林面积仅约18亿亩，森林覆盖率为12.5%，1985年下降为12%[圭亚那（法）为97%，芬兰为71%，巴西为67.6%，日本为67.2%，印尼为64%，瑞典为57%，苏联为41.1%，美国为32%，西德29.4%]；林木蓄积量为102.6亿m^3（世界现有森林资源蓄积总量为3000多亿m^3），而可供全国采伐利用的成熟林蓄积量约为34亿m^3。随着城乡经济情况的好转和四化建设的发展，木材需要势必日益增加。全国建新房的农户1980年有500万户，1981年就达700万户，每户农民建房平均以40～50m^2计，需木材10～30m^3，全国农民建房就需7000万～21000万m^3。

森林资源是一种有再生能力的生物资源，既可采伐利用，又可培育更生。开采利用量理应小于培育更生量，违背此规律就会带来不良后果。随着森林资源的破坏，地球动植物品种有濒于灭绝的危险，据估计目前大约有2000种脊椎动物和10%的开花植物濒临灭绝。与此同时，世界气候变动反复无常，旱涝灾害逐渐严重，耕地沙漠化日益扩大。如四川省，水灾已由百年一遇变为十几年一遇，旱灾已由3年一遇变为3年两遇。再如目前世界上有64个国家面临沙漠化的威胁，沙漠波及地球全部陆地面积的1/3以上。在我国，沙漠及沙化土地的面积，新中国成立初为103万km^2，新中国成立后新增6.5万km^2，其中90%是不合理利用自然资源造成的。

森林资源的破坏，已引起相当严重的水土流失。我国水土消失面积1982年已达120万km^2，每年流失的土壤约50多亿t，是世界上水土流失量最大国家之一。据推算，流失的土地养分相当于四五千万吨化肥，而兴建年产4000万t化肥的工程项目，就约需360亿元以上。

总结历史经验，面对森林资源的严重破坏，许多国家已采取积极措施，努力改变这种状况。如瑞士，历史上曾一度是荒山秃坡，自然灾害连年不断。19世纪中期以来，大力植树造林，今天森林覆盖率已达57%，成为世界的森林资源丰富的国家。

从实际情况来看，改善我国森林资源状况，使之能适应四化需要，要提高认识，大力植树造林；切实执行《中华人民共和国森林法》，保护森林资源，采育结合，年采伐量不能超过年生产量；在基建和生产中，要发展木材代用品，努力减少木材使用范围及使用量，提高木材综合利用率。

我国草原面积，按人口计算本来就不多，仅为世界人口平均的一半。由于盲目毁林开荒，毁草原种粮食，使我国草原面积1982年减少到31.908万hm^2，严重地影响着畜牧业的发展。

二、工业发展对环境的影响

工业三废，即废气、废水、废渣，对生产、生活环境的污染，是伴随工业迅速发展而出现的新问题。一般说来，“三废”污染分为三个发展阶段（或称代）：第一阶段是以废水、废气污染为主，即以煤烟尘和二氧化硫造成的大气污染和采矿冶炼、无机化学工业的废水污染为主；第二阶段的特点是，石油和石油化工等有机化学工业及其产品的污染问题较突出；第三阶段是光化学烟雾、放射性污染等较突出。目前我国第一代污染相当严重，第二代污染正迅速发展，第三代污染开始出现。

党和政府对我国环境保护问题给予了极大的重视。早在1979年全国人民代表大会常务委员会就颁布了《中华人民共和国环境保护法》，指出环保工作的方针和要求，明确规定："一切企业、事业单位的选址、设计、建设和生产，都必须充分注意防止对环境的污染和破坏。"还规定基本建设中有关防止污染及其他公害的设施，必须与主体工程同时设计、同时施工、同时投产。以后全国人民代表大会常务委员会还制定和颁布了《中华人民共和国海洋环境保护法》、《中华人民共和国水污染防治法》。根据这些法律，国务院有关部门还颁布了诸如《基本建设项目环境保护管理办法》等一系列环境保护的行政法规、办法，并在全国城乡付诸实施。尤其"六五"期间，我国环境保护工作出现了新局面。主要表现在我国工业污染防治的成绩显著，城市环境恶化的趋势有所控制，乡镇企业的污染防治得到重视，自然生态环境保护工作有了发展，全民族的环境意识有了很大提高。环境保护已成为我国一项基本国策，明确了"经济建设、城乡建设和环境建设同步规划、同步实施，同步发展"，实现"经济效益、社会效益和环境效益的统一"的总的战略方针。

在党的领导下，我国环境保护工作取得了可喜的成绩。但是总的说来，全国环境污染和生态破坏仍然相当严重，远未得到控制。从"三废"污染的分布看，主要是在大、中城市和工矿区，近几年来随着乡镇企业的大量发展，"三废"污染也开始危害村乡。据有关部门估算，1981年全国排放的废气中多种有害物质约4200万t。1985年我国燃煤电厂烟尘排放量为890万t，工厂锅炉、烟尘排放量为794万t，烧煤工业窑炉烟尘排放量为234万t，水泥粉尘排放量为468万t，工业粉尘排放量160万t。1985年全国工业污染源二氧化硫排放量达1170万t。1984年全国废水总排放量为303亿吨，其中工业废水占79%，我国每年排放的多种工业废渣达4.3亿t，历来积存废渣已达54亿t以上，占地已达4万多hm^2工业废渣的综合利用率仅为19.3%，长年累月积存的煤矸石达10亿多t，钢渣达2亿t，仅1985年产生的钢渣就达3000万t。电力工业产生的粉煤灰达4800万t，工业锅炉产生炉渣6500万t。我们现在工业的规模比工业发达国家小许多倍，但"三废"排放量已进入世界的前列。现在全国大气中受污染的城市有22个，严重污染的有18个。以降尘量来看，国家规定标准是每月每平方公里6～8t，而据几个主要城市工业区的测定，已分别达到100多t、500多t，有的高达1000多t；超过标准几十倍到一百几十倍。而某钢厂区的降尘量为166t，高27倍；有些城市市区的降尘量分别为44t和82t，比日本钢铁厂内的降尘量还高许多倍。个别大城市大气污染近年呈恶性发展态势。如兰州市，大气飘尘浓度1974年超过国家标准4.2倍，1977年猛增到15.6倍；大气中二氧化硫的浓度，1974年超过国家标准2.5倍，1977年增加到4.1倍，比伦敦烟雾事件时的含量还高；近年又多次出现第三代公害光化学烟雾。据环境监测，全国有20个省、自治区、直辖市的部分地区出现酸雨，重庆、苏州、桂林等地酸雨中含酸浓度都比较高。

在我国一方面对水资源使用浪费较严重，如1988年我国每万元工业产值耗水量达573m^3，每万千瓦时电耗水1162m^3，与世界其他国家相比都偏高。另一方面对水资源的污染极为严重，如1979年全国每年排放废污水约264.4亿t，其中工业废水占81.2%，城市生活污染占18.8%；1985年工业废水排放量达257亿t、其中10%是乡镇企业排放的。近几年来乡镇随着企业的蓬勃发展，水污染问题更加严重。

在我国，据44个城市的调查，就有41个城市地下水受到酚、氰、砷等的污染，其中重度污染的9个城市，中度污染的17个城市，地面水包括长江、黄河、淮河、松花江、珠江、湘江等在内的全国87条主要河流都受到污染，其中受到一种以上有害物质污染的有54条，严重污染的有14条，如汾河（太原段）的含酚量超过国家标准3800倍，成为名副其实的“汾河”。淮河（蚌埠段）严重污染，使得蚌埠自来水厂的含酚量和含汞量分别超过标准56倍和9倍。黄浦江实际成了上海最大的下水道，全市每天有230万t未经处理的污水排入江中，苏州河更是长年黑臭。第二松花江自吉林化学工业公司到下游23km的江段，水中含汞量高达2.3～20μg/L，比轰动世界的日本水俣病首发地水中含汞还高1.4～5倍。

我国是一个水资源相对匮乏的国家，按降雨量及河川径流量计，人均不过2000多m^3，居世界第88位，如此污染下去，必然出现清水贵似油的局面。

“三废”污染给人民健康和工农业生产带来了严重危害。癌症、心血管、呼吸道等与环境有关疾患，在许多城市和工矿区的死亡病因中都进到了前列。以癌症来说，新中国成立30年来死亡率增长了145%，在死因顺位中由第九位上升到第二位。华北某焦化厂一号矿近10年癌症死亡人数占职工总数的10%，山西某焦化厂10年以上工龄的工人60%患癌症。再如内蒙古某钢铁公司的含氟废气，使周围1万多km^2内的百万居民健康受到威胁，据三个生产队抽查的结果，患明显氟中毒症的占总人口的5.5%。湖南资水某工厂下游受污染的地区，黄疸性肝炎及肝肿大患者占总人数的35%。由于长期饮用被污染的水、食用被污染的粮食、蔬菜等，不少地区畸形婴儿或怪胎与年俱增。

“三废”污染给农、林、牧、渔各业造成了巨大的损失。如前述内蒙古某钢铁公司的含氟废气，曾造成8万头大牲畜死亡，几十万头大牲畜丧失役使能力，几万亩耕地被迫弃耕。20世纪50年代我国淡水鱼的年捕捞量为60万t，现在减少了一半，除围湖造田外，水质污染也是重要原因之一，仅此一项一年就损失近亿元。不少河流和海湾污染严重的地段，原来丰产的鱼类有的已基本绝迹，如黄河（包头段）的鲤鱼、松花江（吉林段）的白鱼等。

工业“三废”也危害到工业生产本身，厂房、设备管道受腐蚀设备正常运转受影响、产品质量下降、水处理费用增加。不少火电厂由于水质污染设备堵塞，每年少发电几千万千瓦时。每城市仅由于地下水污染，硬度增加，锅炉结垢加快，煤耗提高，一年的损失就超过5000万元。有些沿江河布置的工厂，废水不加处理，引起连锁污染，造成一系列损失。如第二松花江上，造纸厂、火电厂、化肥厂、化纤厂由上而下鱼贯相连，造纸厂的污水堵塞、腐蚀发电厂的设备，一年少发电9600多万kW·h；发电厂的粉煤灰排入江中，堵塞化肥厂的设备，一年少产化肥3万多t；化肥厂的含炭黑的污水，又使化纤厂的印染织品变色报废，几个厂加在一起，每年污染损失就达2000万元。

现在不仅像鞍山、包头、抚顺、兰州、吉林、太原这样的钢城、煤都、化工城是空中群“龙”升腾，水中群“蛇”乱舞、地上渣堆成山，连杭州、桂林这些闻名天下的风景区，优美的自然环境也遭到“三废”污染的洗劫，给旅游业的发展带来了严重的威胁。污染造成的经济损失，据 1983 年估计，每年达 3500 亿元，环境污染和自然资源破坏的严重状况，不能不引起人们的关切和焦虑，尽快扭转这种状况实为迫切的问题。

第四节 建筑产品生产与环境的关系

由上节所述情况看来，中国乃至世界环境污染，自然资源、生态平衡的破坏已相当严重。造成这种状况的主要原因，除了自然因素之外，主要是人为因素。就我国情况看，主要由于长期以来对环境问题缺乏认识，以及经济建设工作中的失误。其次是由于目前科学技术水平的限制，有些“三废”尚难彻底处理；或按现有方法处理，花费太大，以致污染问题难以解决。人类社会同人类所处环境就是这样连续不断地进行物质交换的，环境严重污染、资源严重破坏，反映了生产活动与周围环境的严重失调。

我国的许多环境问题，是和建筑产品的生产或基本建设活动直接相关的。

(1) 在基本建设前期工作中，确定工程建设项目，往往只从眼前需要出发，很少考虑对环境的影响，布局不合理、厂址选定不恰当所造成的环境污染和破坏，是一个普遍问题。片面强调大城市建设条件好，尽量地往大城市摆大中型项目，使城市环境污染日益严重。例如，某些建设项目建设工程，就没有很好考虑对城市的环境污染问题，事先没有作环境评价分析，就贸然确定在大城市中建造。连“山水甲天下”的桂林市，也搞了一批污染严重的工厂，有 38 个风景点被 84 个工厂和单位挤占。作为桂林市象征的象鼻山公园，建了一个传染病医院，含菌污水就往江里排，使得国家现在不得不花费大量资金，来解决桂林污染问题。杭州的西湖、武昌的东湖、昆明的滇池等著名的风景游览区，都建了一些有污染的工厂，搞了些破坏自然景物的建筑，亟待迅速改善。

(2) 在编制基建计划时，不认真执行“三同时”规定，没有把污染治理设施同时纳入计划，造成了生产规模不断扩大，新污染源也不断增加。例如近些年份列入基建计划的在建设项目中，有污染而在建设内容中明确列出环保措施的只占应列项目总数的 27%。大部分工程项目，在制订基建计划时就没有考虑防治污染问题，这怎能不加重对环境的污染呢？如某铜矿采选工程，从计划、设计到施工各个环节，都没有安排环保设施，连起码的“尾矿坝”也未落实。按有关规定，在计划项目的建设内容中，环境保护投资应明确列出，以便检查。但实际上没有认真执行。

环境保护设施的投资，在国外都有一定的比例。如日本的石油工业，公害治理费用约占总投资的 27%，化学工业约占 25%，火力发电约占 47%。而我国没有比例要求。即使安排了一点环保污染治理费，但一遇到资金有缺口，往往就被挤掉。

(3) 在施工和竣工验收时，没有严格把关。山西某电厂一号、二号电机组投产时，贮灰场根本没有建设，灰水直接排入娘子关上游水源，严重污染滹沱河水系。某冶金矿山公司的某选矿工程，污染治理设施方案已确定，但由于安排计划时，资金有缺口，使治理设施落空，该厂主体工程已经投产，每天有 22000m^3 的尾矿“红水”(内含固体污染物 66t) 径杨柳河转入太子河排出，使河床淤积，冲压农田，严重影响了农业生产。只建主体工程，忽视“三废”处理，不认真执行“三同时”的例子比比皆是。

“三同时”执行得不好，主要是没有把环境保护纳入计划管理、基建管理的轨道，没有像抓主体工程和抓经济增长速度那样用力气去抓治理污染设施的建设。有的同志口头上也说贯彻“三同时”很重要，但实际上并没有真正落实。

污染要治，但光治还不行，更需要的是防止产生新的污染源。有些城市一方面在治理“三废”，努力减少污染物，一方面新的污染源却在增加，新的污染物以更快的速度在增长。这种局面的形成就与一些新的建筑产品或工程项目建成投产，而未认真处理“三废”问题有关。

第五节　建筑业加强环保工作的主要措施

环境和自然资源，是人类赖以生存的基本条件，是发展生产、繁荣经济的物质源泉。进行建筑产品生产的目的，是为了建设高度的社会主义精神文明和物质文明，其中就包括为人民创造优雅、清洁、舒适，宜于人民生存和发展的良好环境。从国内外一些经验来看，在建筑产品建造和使用过程中改善和加强环保工作，首先，要总结经验，使基建工作人员，尤其是领导人员，充分认识到我国人口多、土地少、资源有限、资金短缺；环境污染和自然资源、生态平衡的破坏已相当严重，管好我国环境，防止和治理污染问题，已成为我国国民经济和社会发展中一个突出政治问题和经济问题，决不能视而不见，听而不闻了。其次，要遵守自然规律，防止污染于未然。

工业发达国家对环境污染问题曾经是“头痛医头、脚痛医脚”，花费很大代价，尚难满意，现在虽已认识这不是根本解决问题的最优办法，但在资本主义制度下想采取最优的解决办法也是困难的。在我们社会主义国家里，有可能从全社会整体利益出发，探求和采取最优的办法解决环境污染和维护生态平衡的问题。遵守生态规律，最大限度利用环境容量，防止污染于未然，是最优对策之一。

污染问题一旦造成，然后再去处理，就费时、费事，花费更大，且会给人民生活和生产带来危害。如以治理污水为例，据有关资料，全国每天排放量约 1 亿 t，仅靠净化处理，基建投资就需 200 亿～800 亿元，每年还得耗电一百几十亿千瓦时，付出几十亿元的运转费。遵守生态规律，最大限度地利用环境容量就可收事半功倍之效。所谓环境容量，就是环境中容纳污染物而可及时自净、保持平衡的能力。例如工业生产中排放的烟雾经过扩散、分解，就会渐渐稀薄，二氧化碳被绿色植物吸收，从而可使大气得到净化。进入水体的有毒物质（如有机磷农药等），在环境因素作用下，会逐步分解，改变其结构形态，消除毒性。此种过程称为降解。污染的稀释和降解可保环境清洁，常称为环境的自净化作用。

遵守生态规律，要采取保护措施，使尚未被污染的大自然、人体和社会财富免遭污染破坏，为此应全面规划，合理布局。全国各个地区都应根据当地自然资源和社会环境条件，结合建设要求，合理布置，制定出合理使用土地方案，从基本建设来说，在兴建一个建设项目，尤其是新建大中型水利工程、污染严重的项目之前，应对拟建工程所在地的自然环境和社会环境进行调查研究，作出环境质量评价，并且要通过计算和模拟试验等方法，弄清楚建筑产品工程项目建设以后，对环境可能产生的影响，提出环境影响报告，作为基本建设可行性研究报告的重要组成部分。在环境影响报告中，应提出保护和改善环境的措施，防止破坏生态系统，维持所在地区水域水质良好状态。如建设矿山，对开发矿产资源，必须实行综合勘探，综合评价、综合利用，严禁乱挖乱采，妥善处理尾矿，防止破坏资源和恶化自然环境。在建设中还要注意保护和发展森林资源、牧草资源、野生动植物资源等。

城市规划与环境保护关系十分密切。城市环境主要是指整个城市作为物质实体存在的基本内容及其空间存在形式，既包括自然环境，也包括社会环境。如城市的产业、交通、通信、商业、服务等项活动及其空间分布状态，构成整个城市的社会环境。而城市中的空地、绿地、河流、园林、建筑物、街道等则构成整个城市的自然环境。建设的目的就是为了满足人民群众不断增长的物质和文化需要。对城市环境的建设必须以人为中心，在尊重自然规律和经济规律条件下根据生态平衡和人民提高物质文化生活水平要求，考虑经济效益来进行。在城市环境的建设和改善中，应因地制宜地建立起生态经济的投入—产出平衡系统，使城市内部各环境要求间的生态平衡与城市外部（城市的生产、消费、国土资源、地区经济负担能力等）的生态平衡协调和统一。为此，要做好城市规划。为防止对大气的污染，在城市规划方面要注意：合理确立城市规模，严格控制大城市的出现和不断膨胀，防止污染源过于集中；合理布置生产性建设项目或生产性建筑产品的建造和使用地点，如排废气的工厂就不宜建在城市上风头，排废水严重的工厂不能建在水源的上方等，当然也不能以邻为壑把污染物排给友邻城市，而应加以处理。在城市生活区，水源保护区、名胜古迹风景游览区等，不准建造污染环境的建筑产品，已建者还应限期治理、调整或搬迁。再者要合理布置城市绿化区（带）；建筑产品间的疏密关系要恰当；改善燃料结构，集中供热；采用无污染、少污染的新技术、新工艺、新产品，进行综合利用、除害兴利等。

为防止对水的污染（包括对已污染水的治理和未来污染的预防），在城市规划及有关方面可采取的主要措施有：改革有污染源工矿的工艺，综合利用，减少排污，加强工业废水的处理和废水的处理和废水排放管理，使排放的工业废水达到区域排放标准；完善城市排水系统，建设城市污水处理厂，充分合理利用自然净化能力，积极慎重发展污水灌溉。如修建有一定自净能力的排污渠，将污水排放口选择在流量大、流速快的河段，加速稀释扩散、曝气净化；以流域为单位，兼顾上下游、合理布置工业和水源地，统一管理。建立水源防护地带，对已有污染的重要工业实行改造、改产和搬迁。

为防止噪声污染，在规划上采取防止噪声污染的措施主要有：合理选择工厂厂址，使有噪声的工厂与城市住宅区保持必要的声学间距；合理布置城市交通运输系统，尽量减少或避免机动车辆特别是载重汽车和拖拉机通过城市中心，避免铁路线穿越城市；充分利用地形、绿化和人工构筑物的阻隔作用；合理进行居住区的规划，建筑布局上避免形成连续“走廊”，防止和减少居住区的噪声干扰。

即使采取上述措施，也还难以完全避免环境污染。环境污染在有的地区已成为严重问题，如在我国工业污染已相当严重，而且情况还在恶化。据 62 个城市的调查，大气中二氧化硫超过国家标准者有 17 个；全国 87 条主要河流中受到一种以上有害物质污染的有 54 条，污染严重者有 14 条。这就需要对一切工业污染源进行综合整治和处理，这是达到预防和保护目的的重要措施。这需要一定的投资。

对解决环境污染问题的有关项目，要切实纳入基本建设计划，进行综合平衡，确保按计划投入使用，发挥效用。

新建、改建、扩建的基建项目中，关于防止环境和其他公害的设施，应当与主体工程同时设计，同时施工，同时投产，收到预期的良好效果。但从近几年实际情况看，投产的大中型工程项目真正达到“三同时”要求的只有30%～40%，不少工程在设计时就没有考虑“三废”处理设施。有的工程设计上是有了，而在施工时往往只注意主体工程，忽视了“三废”处理工程。在施工计划上，往往是把“三废”处理工程排到最后，到最后投资花完了，“三废”处理工程项目也就给挤掉了。在质量上也是这样，到了施工后期，“三废”处理工程经常是马马虎虎地搞一下。1980年列入基建计划的在建项目中，有污染应采取“三同时”措施的为406项，在建内容中明确列出环保措施的只有110项，占应列项目总数的27%。

应当指出的是，整治工业污染，最优化的决策就是对“三废”开展综合利用，化害为利，变废为宝。制定和颁布有关环境保护法及相应实施原则，加强环境保护管理是防止污染、保护环境的必要手段和有效途径。工业废弃物，经过综合利用，可以成为“二次工业原料”，为工业原料、燃料开辟新的途径。19世纪，英国在用食盐和硫酸制碱过程中，排出大量盐酸，成为公害，当时认为是毒水，后来经过检验，发现盐酸可以利用，到现在已成为重要的化工原料。20世纪，德国在发展钢铁工业中大量使用煤炭，而煤炭在炼焦中产生的煤焦油，当时是“废物”，又不好处理，后来发现它却是染料、医药、三大合成材料（合成橡胶、合成纤维、合成塑料）重要化工原料，用煤制成合成纤维，价值要比煤增加1500倍，这是当时德国化学工业驰名世界的重要原因。水泥厂的废灰，就是很好的钾肥原料，用200t废灰就可以制成28t硫酸钾化肥。又如烧碱是造纸工业的原料，但每年造纸厂却把大量烧碱随废水排放掉，成为污染水源、危害渔业生产的一大公害。上海纸浆厂每天排放黑液污水600t，1969年建立回收车间，可处理400t，净化程度达到60.7%；1978年，他们做了工艺改进，建立洗浆车间，每天处理污水能力增加到550t，净化程度达到90%以上，全年回收烧碱3000t，大大减少了对水质的污染，节约了供应紧张的烧碱。由此可见，综合利用“三废”，化害为利，变废为宝，是解决污染的最优化途径，恩格斯曾说：“随着对自然规律的知识的迅速增加，人对自然界施加反作用的手段也增加了。”当人们认识并能利用这些“废物”时，又可以把它变废为宝，化害为利。由此可见，由消极排除“三废”到积极治理和利用“三废”，由单一利用资源走向综合利用资源，也是工业生产发展的趋势。

工业中各行各业都存在防治污染、综合利用“三废”的问题，都要结合生产技术特点来开展这项工作。但从国内外生产经验来看，综合利用“三废”的重点，主要是在化工、冶金、轻工等三大部门，从我国实际情况及国外经验看来，制定和切实贯彻环境保护法规，加强环境管理工作，也是重要的途径。

总之，保护环境是我国社会主义建设的一项基本国策和战略任务，是社会主义物质文明和精神文明建设的重要组成部分，也是与建筑产品再生产和其他国民经济部门有密切联系的事业。从我国环境问题现状和经济、社会发展趋势以及我们已取得的经验出发，在基本建设或建筑产品再生产和使用过程中，应努力实施几个坚持：

(1) 坚持经济建设、城市建设和环境建设同步规划、同步实施、同步发展，实现经济效益、社会效益和环境效益的统一，使环境建设与国民经济发展相适应。

(2) 坚持实事求是，从我国的国情出发，把防治工业污染与企业技术改造，综合利用资源、能源，加强生产经营管理结合起来，共同实施，相互促进。

(3) 坚持预防为主、防治结合的方针，全面规划、合理布局、突出重点、兼顾一般，逐步把工作重点转向环境的综合整治。

(4) 坚持谁污染谁治理、谁开发谁保护的原则，由污染破坏环境者承担环境补偿责任。

(5) 坚持自然资源的开发利用与保护增值并重，建立以保护资源为核心的管理战略。

(6) 坚持开展环境保护宣传教育工作，努力提高全民族的环境意识，特别是各级领导者的环境意识，动员群众共同搞好环境保护，共同使我国成为一个适宜人民生存和发展的优化环境。

复习思考题

1. 为什么要重视环境保护问题？
2. 当前我国环境保护基本状况如何？
3. 建筑产品生产和使用过程中加强环境保护工作的主要途径是什么？

第十五章 建筑业的科学发展

第一节 建筑业的科学进步与建筑工业化

建筑业是国民经济重要的生产部门，它从事勘察、设计、施工、制品、维修等生产经济活动，它的物质产品是房屋建筑和构筑物。建筑业与国民经济各部门的关系密切，在建筑业总产值中约有60%以上是其他部门产品的转移价值，它的发展，对国民经济各部门有巨大的波及效应。研究建筑业的科学发展方向，对研究建筑经济的发展有着重要作用。

建筑业作为国民经济的支柱产业，经历了曲折而漫长的发展历程。新中国成立后，随着国家经济建设大规模的开展，建筑业从无到有，得到了迅猛的发展。特别是党的十一届三中全会后，建筑业进行了一系列的改革，取得了显著成就。建筑业增加值占GDP的比重连续多年超过6%，成为仅次于工业、农业、商业的一个重要产业部门，居第四位。

在建筑业的发展中，制度创新发展可谓是成就最大的。具体而言，建筑业建立了招标投标体制，以及项目法人责任制、建设监理制、专业人员注册制，实现了管理、施工承包、专业承包、劳务分包的分离。在施工企业的组织方面，实现了管理层和作业层的分离，建立了项目经理部。在企业所有权的实现形式上，目前正在进行国有建筑企业的产权制度改革，大多数国有建筑企业都要实行某种形式上的股份制。在政府同国有企业的关系上，政府正在一步一步地停止对企业的直接干预。建筑业另一个重要创新就是非国有制企业迅速地发展起来。

国家在法律制度方面，颁布了《中华人民共和国建筑法》、《中华人民共和国招标投标法》等，引进了多种国际通用的管理思想和手段，如项目管理理论和手段、世界银行和国际咨询工程师联合会的FIDIC标准招标文件。这些制度的发展和创新总体上极大地促进了建筑业的发展和改革，提高了建设业的效率。

建筑业在技术创新方面的发展。比较突出的是新材料取代了许多传统的建筑材料。如双飞粉取代了大白浆，空心砌块取代了传统的黏土空心砖；塑料钢门窗代替了传统的木窗和钢窗；混凝土添加剂层出不穷，富于创新等。这已成为新时代建筑的亮点，为建筑业的发展注入了新的生命和活力。

预制构件、预制单元和预制体系的迅速发展。于1997年完工的举世瞩目的香港新机场候机大楼屋盖体系中使用了72m×36m×36m的预制单元，每个单元重达4500t。将建筑分解为一个个单元，单元都在工厂内完成，或施工现场之外预制，可以大大缓解施工现场拥挤的问题，可以减少现场的用工人数，减少职工上下班的交通费、现场的住宿和补贴费用、临时设施费等，从而达到节约开支的目的。由此可以预见，综合考虑到门窗公司的工厂化制作，将来的建筑业必然走工业化的道路，并向工业化的方向不断的迈进。

从国外的建筑工地上观察，中国传统的石头、砂子、水泥很难见到，取而代之是工厂化的生产，以及更多的钢构架、钢构件、复合钢墙等。据统计，美国、日本和一些欧洲国家建筑板墙占墙体材料总量的40%以上，而我国仅占2%，发展空间很大。

施工机械和工具的进展也是比较重要的。在一些重复性强、危险性大的作业中，许多国家采用了建筑用机器人，取得了一定的经济效益。例如，我国过去常用的小钢模及其支撑体系今天已经逐渐被用复合材料制造的、重量更轻、周转次数更多的新式模板和拆装更方便的新支撑体系所代替。

未来的建筑和建筑业，越来越朝着抗震、节能、节人，资源尽可能利用，废物处理方便，应用计算机等方向发展，并沿着实现建筑工业化的方向发展。

第二节　装配化与机械化施工

当代的建筑业，在整个施工组织和管理中，由于国家更加重视环境保护，企业越来越重视效益、质量的缘故，建筑工地越来越整洁和符合环保要求，日益向装配化、工厂化的方向发展。而且，装配化程度的高低，亦可代表一个国家、一个企业的形象。中国目前的装配化程度还很低，但可以断言，中国的建筑业的装配化水平会在一个较短的时间内赶上和超过世界先进水平。

关于机械化施工问题，亦越来越多地受到中国施工企业家们的重视。掌握和拥有现代化的各类施工机械，是许多建筑业企业家追逐的目标，也是企业生存和发展的一个方向。如传统的一般建筑，用普通的龙门吊和塔吊来解决垂直运输问题，显然塔吊的效率和灵活性会更大，速度亦会增加许多。但如果是较高的高层建筑，那么塔吊的使用就受到限制，必须利用施工专用电梯来解决垂直运输的问题。越是高层，机械化施工的比重越大，也就越依赖于机械化的施工。前面提到施工机器人的出现和使用，更是机械化施工，解决建筑业危险工种、危险劳动的有力证明。

北京的某建筑集团公司，在企业发展壮大的同时，十分重视机械化生产的需要，除拥有各种大型机械外，还拥有世界上比较先进的大直径钻孔机、锚杆机、盾构、大型摊铺机等，也是一个比较好的证明。

第三节　国外建筑业现代化的经验

“它山之石，可以攻玉”。借助国外建筑现代化的一些有益经验，可以更好地促进我们建筑业的现代化。从全面的范围来讲，国外建筑业现代化的经验是很多的，要用专著的形式才能说清道明，但从教材体系的角度，比较精炼地提出几个观点，供同学们学习时参考，也不失为一个好办法。关于国外现代化的经验，国内学者发表了许多有益的文章，但限于篇幅不全面加以介绍，仅提出几个主要的观点。

(1) 重视环境保护，重视生态建筑。这是世界建筑行业十分关注的问题，也是发展中国家面临的严峻挑战。到西欧，你会为法国塞纳河、德国莱茵河上的清澈河水赞叹不已，什么原因？乃是这些国家重视环境保护、重视生态建筑；建筑师赖特的“流水别墅”更是解决建筑、环境、生态问题的典范。

（2）重创造和创新。“创新是一个民族生存的不竭动力。”纵观全球建筑业的成功和发展，都离不开“创新”二字，墨守成规、故步自封，只能是慢性自杀。国外凡是成功和发展较好的建筑企业，都是在此方向做得比较好的，是我们学习的典范。具体地讲，创新又可以分为两方面。

一是制度创新。实际上是从管理上要效益、管理现代化出效率的佐证。建筑业在组合方式、交易方式，政府对建筑市场的监督、调节方式的转变等，亦能解放和发展生产力。目前我国正准备推行的“工程总承包制”办法，也是针对此方面而着手考虑的。

二是技术创新。使用新材料、新构件或配件，以及新的建造方法，永远是建筑业追求最高利益的动力源泉。在现今，上述创新的重点已转移到了为建筑施工提供设备和材料的制造企业和供应单位。

第四节　加速发展我国建筑工业化的主要途径

建筑工业化是各国建筑业的发展方向。早在1955年我国就提出了实行建筑工业化，发展工厂化生产、机械化施工，推行标准设计。在第一个五年计划期间，建筑工业化发展很快，初步建立了工厂化和机械化的物质技术基础，对保证国家重点建设任务起到了显著作用。1958年以后的一段时间内，在“左”倾错误影响下，建筑业提出了一些不切实际的口号，建筑工业化发展遭受挫折。1964年以后，国家再次强调“建筑工业化的方向是肯定的”。“十年动乱”中，建筑工业化几乎处于停滞状态。1978年粉碎“四人帮”之后，国家建委再次提出发展建筑工业化问题，认为“建筑工业化就是用大工业生产方式来建造工业与民用建筑”，并采取措施，促进我国建筑工业化的发展。特别是在最近几年，我国建筑工业化发展也较快，取得很大成就。

建筑产品设计标准化是实现建筑工业化的一个先决条件。近年来，我国在标准设计方面取得了新的进展。如修编和新编400多项全国通用标准设计、1200多项省级标准设计以及一些新型住宅建筑体系的标准设计外，还在改善标准设计方法方面做了尝试，使标准设计逐步为构配件大批量生产和解决建筑多样化问题提供有利条件。如北京市设计院搞标准设计时，参数（开间、进浮、层高）是控制的，构配件是定型的，住宅设计是多样的，根据这种方法，可设计出多种形式的住宅。

发展建筑工业化，就需要愈来愈多的建筑构配件，因而就必须建立和发展建筑制品生产基地，仅城乡建设环境保护部系统1985年在全国各地区的建筑制品企业数就达1591个，年总产值37亿元以上。若再考虑其他部系统所属的建筑制品企业，为数就更多。随着各类预制构件使用范围逐步扩大，建筑工业化水平在不断提高。与此相联系，我国建筑机械行业发展也很快，如在第六个五年计划时期，建筑机械产量平均每年增长14.6％，产值平均每年增长13.5％。

从当前情况看，影响进一步迅速、高效益地发展建筑工业化的重要问题，第一是我国计划、投资和物资供应体制还不适应建筑工业化的迅速发展要求；第二是建筑制品生产基地建设条块自成体系，存在“大而全”、“小而全”的状况。以钢筋混凝土构件厂为例，各地区重复建厂比较严重，难充分发挥各厂的作用。据不完全统计，上海市有 24 家，北京市 42 家，南京有 46 家，成都有 40 多家，实际上还不止此数。第三是建筑工业化经营效益不够理想，需进一步改善。随着城乡建设规模的不断扩大，客观上要求迅速发展建筑工业化，逐步实现从小手工业生产方式向社会大工业生产方式的过渡。

发展我国建筑工业化，必须从我国国情实际出发，只有这样，才能走出具有中国特色的建筑工业化道路，取得良好的效益。在这个问题上，我们应当考虑到我国幅员辽阔、地区性强；劳动力资源丰富，就业问题突出；物质技术基础尚不够强大，如钢材、水泥、木材等建筑材料供需矛盾很大，远远不能满足需要；以国有企业为主的多种所有制的建筑队伍并存；建筑管理落后，经济效益尚不够好等因素。

根据世界各国发展建筑工业化的经验，考虑中国的具体情况，加速我国建筑工业化发展主要有以下几条途径：

(1) 根据我国不同地区情况，确定建筑工业化的侧重点。就全国范围看，今后建筑工业化的侧重点应放在量大面广的住宅建筑商品上。

(2) 大力推进建筑产品设计标准化工作。从当前情况看，首先要在参数统一和模数协调的基础上，优化标准设计方法。其次要抓建筑构配件的标准化、系列化、通用化，即在确定统一模数、统一参数，统一构造节点公差和质量标准的基础上，使构配件定型，制定统一的构配件目录，以期能用类型相对较少的定型构配件，设计出适应多种不同要求而又各具特色的建筑产品来。应当强调说明的是，标准化应以具有完整使用价值的建筑产品（最终产品）为对象，从基建优化学观点出发，对生产全过程的各个机关要素进行通盘考虑，制定和贯彻配套的技术标准，从而形成相互协调、相互联系、相互制约、相辅相成的标准化系统，以求得技术、质量和经济效益的最优化。总结过去经验，发展建筑工业化，还应对建筑产品使用的安全性、适用性和耐久性给予必要考虑，确保工程质量优良。

(3) 要搞好构配件生产工厂化。要以一个城市为单位，统筹规划，合理安排预制品加工厂，逐步形成专业分工合理、产品种类齐全的生产系统，按商品化原则，统一生产供应和各类建筑构配件。

(4) 要搞好施工机械化，根据我国具体情况，积极研制轻便、易造、高效、多能的中小型配套建筑机械和各种加工厂的成套设备，尽力提高整个施工过程中的机械化水平；注意现有的机械的管、用、养、修、努力提高机械完好率、利用率和经济效益。

(5) 从实际出发，因地制宜，因工程制宜，把国家力量、企业力量和群众力量结合起来，机械化、半机械化和改良工具相结合；工厂化、半工厂化和现场预测相结合；逐步提高建筑工业化水平。

(6) 扩大建筑材料生产，开发新品种建筑材料。钢材、木材、水泥等材料，当前供应十分不足，严重束缚着我国建筑业进一步发展，亟须改变。为此，应提高建筑材料生产投资比重，迅速扩大建筑材料的再生产。墙体材料应向轻质、高强、多效能的方向发展。

(7) 加强科学研究，不断创造和推广先进的建筑科学技术成果，是实现建筑工业化的关键环节。

(8) 培训干部，不断提高干部业务水平，建立一支开拓进取与时俱进的高级工程技术人才队伍。

复习思考题

1. 建筑业技术发展主要方向是什么？为什么？

2. 我国进行建筑现代化、发展建筑工业化的主要途径是什么？

3. 建筑工业化的主要环节是什么？各个环节有何内在联系？

参　考　文　献

［1］ 关柯．王宝仁．建筑经济与企业管理［M］．北京：中国建筑工业出版社，1987.
［2］ 王宏经．建筑经济学［M］．北京：中国展望出版社，1988.
［3］ 何桂庭，刘天福．农业技术经济学［M］．北京：中国农业出版社，1987.
［4］ 谢文蕙．建筑技术经济［M］．北京：清华大学出版社，1984.
［5］ 黄如宝．建筑经济学［M］．上海：同济大学出版社，1993.
［6］ 刘发全．水利工程施工经济［M］．北京：中国水利电力出版社，1996.
［7］ 万威武．可行性研究与项目评估［M］．西安：西安交通大学出版社，1998.
［8］ 武献华，等．工程经济学［M］．大连：东北财经大学出版社，2002.
［9］ 宋国防，等．工程经济学［M］．天津：天津大学出版社，2003.
［10］ 黄仕诚．建筑工程经济与企业管理［M］．北京：中国建筑工程出版社，1998.
［11］ 刘伊生．工程造价基础理论与相关法规［M］．北京：中国计划出版社，2003.
［12］ 赵宗仁．建筑工程价格管理［M］．大连：东北财经大学出版社，1994.
［13］ 国土资源部土地估价资格考试委员会．土地估价师资格考试辅导教材［M］．北京：地质出版社，1996.
［14］ 杨传喜，孙文怀，等．建筑企业现代管理［M］．郑州：黄河水利出版社，2001.
［15］ 葛震明．建筑企业经营管理［M］．上海：同济大学出版社，2001.
［16］ 李远富．土木工程经济与项目管理［M］．北京：中国铁道出版社，2001.
［17］ 李慧民．建筑工程经济与项目管理［M］．北京：冶金工业出版社，2002.
［18］ 王孟钧．现代建筑企业管理理论与实践［M］．北京：中国建材工业出版社，2001.
［19］ 夏乐书，等．财务管理学原理［M］．北京：中国财政经济出版社，1993.
［20］ 廖友钧．江燕中．房地产开发会计［M］．广州：华南理工大学出版社，1995.
［21］ 尹贻林．施工企业管理学基础［M］．北京：中国计划出版社，1997.
［22］ 中国人民大学工业经济学基本建设经济教研室．工程造价管理相关知识［M］．北京：人民大学出版社，1987.
［23］ 查理德·H·科勒夫格伦．A 西尔斯．建筑项目施工管理［M］．哈尔滨：哈尔滨船舶工程学院出版社，1992.
［24］ 徐伟，徐蓉．土木工程概预算与招投标［M］．上海：同济大学出版社，2002.
［25］ 沈祥华．建筑工程概算［M］．武汉：武汉工业大学出版社，1999.
［26］ 郑连庆，等．建筑工程经济与管理［M］．广州：华南理工大学出版社，1996.
［27］ 徐全会，等．水利水电工程定额与概预算［M］．北京：中国水利水电出版社，1999.